JN005575

子ども家庭福祉における
地域包括的・
継続的支援の可能性

社会福祉のニーズと実践からの示唆

柏女霊峰 [編著]

藤井康弘・北川聡子・佐藤まゆみ・永野 咲 [著]

福村出版

JCOPY 〈出版者著作権管理機構 委託出版物〉

本書の無断複写は著作権法上での例外を除き禁じられています。複写される場合は，そのつど事前に，出版者著作権管理機構（電話 03-5244-5088，FAX 03-5244-5089，e-mail: info@jcopy.or.jp）の許諾を得てください。

はしがき

　わが国の現在に連なる子ども家庭福祉は日本国憲法の誕生とともに成立し，基礎固めの昭和期，展開期の平成期を経て令和期に入った。平成期は，子ども家庭福祉の基礎構造を変えないままに母子保健，保育・子育て支援，障害児支援，社会的養護などの各領域の施策が飛躍的に進展した。しかし，その結果，子ども家庭福祉の領域ごとの分断が著しくなった。所管も，平成初期は厚生省児童家庭局のみであったものが，平成終期には，厚生労働省子ども家庭局，同障害保健福祉部，内閣府子ども・子育て本部に三元化した。特定教育・保育施設も，保育所，幼稚園，幼保連携型認定こども園に三元化した。

　この動向は令和期に入っても変わることなく，都道府県レベルにおいては子ども虐待防止を中心に児童相談所のさらなる体制強化や機能分化が検討され，また，市町村においては，市区町村子ども家庭総合支援拠点，子育て世代包括支援センター，利用者支援事業，障害児相談支援事業など各分野の拠点が乱立している。都道府県と市町村の分断は，さらに深まっていくかのようである。

　一方で，高齢者分野では，地域包括的なケア体制の確立が今後の方向として志向されている。今後，人口減少社会は顕著になっていくことが想定されており，分野横断的な共生型サービスといった地域包括的支援も視野に収められている。厚生労働省のいわゆる地域共生社会推進検討会でも分野横断的サービスの検討が続けられている。そのためには，子ども家庭福祉分野内における地域包括支援や分野ごとの切れ目のない継続的な支援体制をつくり上げていかなければならない。

　本書は，これまで述べてきたように，子ども家庭福祉の令和期の課題は，領域ごとに分断されながら展開されてきた各施策や実践をできる限り統合し，地域包括的・継続的で切れ目のない支援を構築することであるとの考え方のもとに編まれたものである。子ども家庭福祉分野における包括的支援を「地域包括的・継続的支援」と定義し，その必要性とともに，子ども家庭福祉供給体制整備の参考となる全国調査結果及び考察，今後の方向性を提供している。子ども

家庭福祉分野に固有に必要とされるサブシステムである子どもの権利擁護システムと地域包括的・継続的支援システムとの整合についても検討を試みた。

　本書は，社会福祉法人麦の子会が公益財団法人日本財団から2016年度〜2017年度に受託した2か年にわたる調査研究の成果をもとにしている。編者は麦の子会がつくった「日本の子どもの未来を考える研究会」の座長をしており，執筆者の北川，藤井は副座長，佐藤，永野は調査研究担当で，この5人でワーキングチームを構成して，研究会の議論のための素材を提供してきた。今回，その5人の分担で本書を発刊することとしたのである。

　本書は4章立てとなっており，第1章では，子ども家庭福祉分野における地域包括的・継続的支援の必要性について執筆している。第2章は3節立てであり，第1節は編者が地域包括的・継続的支援の今後のシステムづくりについて提案している。また，第2節は，藤井が，自身の里親体験や政策立案体験から，家庭養護に対する地域包括的・継続的支援について，実践的側面，制度的側面の両方を踏まえて語っている。第3節は，北川が，麦の子会における実践を通して，特に障害児支援や社会的養護と子育て支援・保育との包括的支援の実際について事例紹介と考察を進めた。

　第3章は，全国の市区町村に対する包括的支援に関する質問紙調査，インタビュー調査の両方についての調査の分析と考察を進めている。佐藤が質問紙調査，インタビュー調査の全体を統括し，永野が全国調査を受けた10自治体インタビュー調査の結果について分析を進めている。最後に，第4章は，子ども家庭福祉分野における地域包括的・継続的支援のあり方や論点について，永野を除く4人が比較的自由に執筆している。

　なお，巻末資料として，「日本の子どもの未来を考える研究会」が地域包括的・継続的支援に前向きな10自治体に対して実施したインタビュー調査結果と，新たに同様の自治体1か所の取り組みを加え，子どもと家族のために実践されている仕組みや工夫，姿勢等についての取り組みを紹介している。ここには，切れ目のない支援のために取り入れることのできるアイディアやヒントが散りばめられている。ぜひ本文とあわせてご参照いただきたい。

　本書はまだまだ試論の域を超えないものであるが，令和期の課題として，今後も実践，研究，考察を深めていきたいと思っている。本書の読者は，子ども

家庭福祉・保育現場の専門職，子ども家庭福祉行政関係者，子育て支援者その他ボランティアの方々を想定している。特に，障害児支援と社会的養護，保育・子育て支援など複数の領域の連携に関心の高い方々に，ぜひ手に取っていただきたいと思う。本書が多くの方々に読まれ，そのことにより，子ども・子育ての福祉が少しでも進展し，多くの子どもたちや親たちに幸せ（福祉）をもたらすことを願っている。

2019 年 10 月

編者　柏女霊峰

目 次

第2章　子ども家庭福祉の制度・実践からひも解く包括的支援

第4章　今後に向けて

第1章

子ども家庭福祉における
地域包括的・継続的支援の必要性

第1節

子ども家庭福祉政策の推移と現代社会における福祉ニーズ

柏女霊峰

① 子ども・子育ての動向

　厚生労働省の統計（概数）によれば，2018年の出生数は約91.8万人，合計特殊出生率[1]は1.42であった。出生数は，第二次ベビーブームのピークである1973年の209万人の半数以下にまで減少した。同年生まれの女性は2019年度には46歳となり，第三次ベビーブームのピークは見られないまま終わった。

　また，1995年4月に約160万人だった保育所利用児童数はその後急激に増加し，2019年4月には保育所等利用児童数[2]は255.3万人となり，統計史上最高を更新している。放課後児童クラブ登録児童数も2018年5月現在，約123.4万人となり，これも統計史上最高を更新している。出生数が統計史上最低なのに，保育サービスは統計史上最高を続けているのである。

　さらに，2018年度の子ども虐待件数（速報値）は15万9850件で，全国統計が開始された1990年度1101件の実に145倍強となった。施設や里親のもとで暮らす子どもの数も減少せず，社会的養護のもとにいる子どもたちは，2018年度末現在，約4.5万人となっている。いわゆる子どもの貧困やいじめ防止対策[3]も，大きな政策課題として浮かび上がっている。

　政府は子ども虐待死亡事例の検証を進めているが，第15次報告の2017年度では65人（親子心中以外は52人），第10次～第15次報告の6年間，年平均76人（親子心中を含む）に及び，親子心中を除けば年間47人前後で推移している。それらの検証からは，望まない妊娠・出産，飛び込み分娩（妊娠したが一度も産婦人科を受診せず，臨月近くに来院し出産すること），貧困，頻繁な転居，孤立などの社会的排除やジェンダー問題といった現代社会の矛盾が凝縮して示されている。なお，（被措置児童等虐待）施設内虐待件数は，2017年度99件，2016年度

87件，2015年度83件であり，2014年度の62件から見ても増加している。このように，子どもにとってまだまだ住みにくい社会が存在している。

② 複雑化する子ども家庭福祉問題

複雑化した現代社会において，私たちは日々，さまざまな生活課題に直面することとなる。その生活課題を焦点として，個人や家族と環境との接点に介入し，さまざまな援助を進めるのが社会福祉実践である。その際，個人や家族に対してのみ働きかけるのではなく，地域社会そのものに対しても働きかけを行うことが特徴である。それは，いわば福祉社会づくりの活動といってよい。

現代の社会福祉が直面している問題としては，たとえば，子ども家庭福祉分野では，前述した動向を踏まえた場合，子育ての孤立化，保育サービス等の待機児童，子ども虐待，子どもの貧困，障害児支援，いじめ・ひきこもりなど幅広く存在している。そして，その多くは，つながりの喪失とその結果引き起こされる社会的孤立により深刻化していくこととなる。いわば，孤立と分断の社会がもたらす課題といってよい。

その要因の一つが，いわゆる公共のうちの「共」がやせ細ってきていることであるといえる。そして，そのことが「公」の肥大化を生み出し，その問題を，「私たち」の問題ととらえる素地を奪っていく。私たちは，古いしがらみ，束縛から解放された反面，新しい連帯がつくれず孤立に向かっているのである。そして，それが公の肥大化を招いていくこととなる。個の自立を前提として，人々が緩やかにつながる新しい連帯のかたちを，いかにつくり上げるかが問われているのである。「孤立と分断」から新たな「連帯と共生」の社会への移行が必要とされている。

ところで，公がつくる「制度」は，切れ目が生じることが宿命といえる。制度適用の可否を決めなければならないからである。そして，必ず制度から漏れてしまう人を生み出し，また，制度にアクセスできない人々を生み出していくこととなる。その制度と人々との間を埋める活動の一つが，地域包括的で切れ目のない支援といえる。制度的福祉と民間の地域公益的活動とが協働していくこと，両活動の介在者が存在することによって，それは生まれる。

インクルーシブ（包摂的）な社会づくりを実現するためには，切れ目を埋める民間の制度外活動を活性化し，制度内福祉と制度外活動との協働が必要とされる。制度の隙間を埋め，課題を抱える子どもや子育て家庭を発見，支援し，必要に応じて専門機関につなぐなど，制度と協働した民間のボランタリーな役割が重要となってくるのである。

③ 子ども家庭福祉制度の限界と新たな船出

もともと子育ては，親族や地域社会の互助を前提として行われていた。戦後にできた児童福祉法はこの互助を前提とし，地域の互助においては対応できない子どもや家庭があった場合に，その子どもを要保護児童（保育に欠ける児童，養護に欠ける児童等）と認定し，行政機関が職権でその子どもを保育所（市町村）や児童養護施設（都道府県）等の施設に入所させて福祉を図るという構造をつくった。隣人が子どもに注意を与えたり，互いに子どもを預け合ったりする関係も普通に行われていた。しかし，20世紀の特に後半，高度経済成長とともに地域社会の互助は崩壊に向かい，その結果，前述した前提そのものが崩れ，子育ては急速に閉塞的な状況を示すようになったのである。

これに対し，政府も子ども家庭福祉施策の改革を進めてきた。その主たる方向は，施策幅の拡大，施策の普遍化，権利擁護の進展の3点といってよい。子育て支援事業の相次ぐ法定化と，国家計画による設置数の増加も企図されてきた。しかし，こうした漸進的な改革では待機児童問題や子育ての孤立化，子ども虐待の増加など現代社会の実情に十分対応していくことができず，ついに政府は抜本的な子ども家庭福祉・保育施策の改革を行うこととした。つまり，高齢者福祉施策の抜本的改革として2000年に導入された介護保険制度に倣った仕組みの導入である。これが，2015年度から開始されている子ども・子育て支援制度である。

社会的養護も，家庭養護の推進をめざして新たな道に踏み出している。障害児童福祉も，地域生活支援をめざして大きく歩み始めている。子ども家庭福祉は，これまでの公的責任に基づく子どもの権利擁護施策とともに，利用者の尊厳と個人の選択を重視した社会連帯に基づく施策の併存という新たな時代に

入っていきつつあるのである。

④ 子ども家庭福祉の分野別課題

　子ども家庭福祉が対応すべき子ども・子育て問題にはどのようなものがあるのか，以下に項目のみ列挙してみる。

(1) 子ども虐待防止・社会的養護サービス

・早期発見・早期通告の体制づくり

・近隣で声をかけ合える関係づくり

・市町村子ども家庭総合支援拠点のあり方の検討

・市町村の子ども・子育て支援と都道府県の児童相談所，社会的養護のつなぎ

・一時保護のあり方検討

・司法関与の強化

・児童相談所の役割の再検討

・社会的養護改革（家庭養護優先の原則）——家庭養護の振興，自立支援，高等教育進学支援など

・特別養子縁組あっせんの振興

・妊娠期からの切れ目のない支援——望まない妊娠，国際養子縁組など

(2) 地域子ども・子育て支援サービス

・子育て支援の理念の共通理解

・利用者支援事業，子育て世代包括支援センターの展開（包括的支援，ワンストップ）

・放課後児童クラブの待機児童解消，質の向上

・地域子育て支援拠点，一時保育，ファミリーサポートなどの拡充

・育児の孤立化，育児不安

・有害環境，遊び場不足，交通事故など地域環境上の問題への対応

・子育てに対する経済的支援，子どもの貧困対策

(3) 保育サービス

・待機児童解消

・保育士不足の解消

・幼保一体化の進展

・保育サービスの質の向上

・多様な保育サービスの拡充

(4) ひとり親家庭福祉サービス

・子どもの貧困対策——学習支援，子ども食堂，高等教育進学支援など

・就労支援

・経済的支援

・養育費の確保，面接交渉など

・配偶者間暴力防止と子どもたちの支援

・生活支援——母子生活支援施設，ヘルパー派遣など

(5) 障害

・子ども・子育て支援一般施策における障害児支援の充実

・子ども・子育て支援施策から障害児支援施策へのつなぎの配慮

・子ども・子育て支援施策に対する障害児支援施策の後方支援

・障害児支援に固有の施策の充実

・新しい課題への対応——医療的ケア児への支援，発達障害児童への支援，障害児童の地域生活支援，合理的配慮など

・難病児対策

(6) その他

・ひきこもり・不登校対策

・非行防止

・いじめなど子どもの生活環境上の問題への対応

・多胎児支援

・その他

⑤ 子ども家庭福祉の理念

　こうした動向のなかで，2016 年 6 月，戦後にできた児童福祉法の理念が 70 年ぶりに改正された。その条文は，以下のとおりである。

2016年改正児童福祉法による子ども家庭福祉の理念

第一条　全て児童は，児童の権利に関する条約の精神にのつとり，適切に養育されること，その生活を保障されること，愛され，保護されること，その心身の健やかな成長及び発達並びにその自立が図られることその他の福祉を等しく保障される権利を有する。

第二条　全て国民は，児童が良好な環境において生まれ，かつ，社会のあらゆる分野において，児童の年齢及び発達の程度に応じて，その意見が尊重され，その最善の利益が優先して考慮され，心身ともに健やかに育成されるよう努めなければならない。

②児童の保護者は，児童を心身ともに健やかに育成することについて第一義的責任を負う。

③国及び地方公共団体は，児童の保護者とともに，児童を心身ともに健やかに育成する責任を負う。

第三条　前二条に規定するところは，児童の福祉を保障するための原理であり，この原理は，すべて児童に関する法令の施行にあたつて，常に尊重されなければならない。

第一節　国及び地方公共団体の責務

第三条の二　国及び地方公共団体は，児童が家庭において心身ともに健やかに養育されるよう，児童の保護者を支援しなければならない。ただし，児童及びその保護者の心身の状況，これらの者の置かれている環境その他の状況を勘案し，児童を家庭において養育することが困難であり又は適当でない場合にあつては児童が家庭における養育環境と同様の養育環境において継続的に養育されるよう，児童を家庭及び当該養育環境において養育することが適当でない場合にあつては児童ができる限り良好な家庭的環境において養育されるよう，必要な措置を講じなければならない。

　また，図1−1−1は，2016年児童福祉法改正後のわが国の子ども家庭福祉における子，親，公，社会の関係を整理したものでる。この図も含め，わが国における子どもの最善の利益保障の構造について整理してみたい。

　まず，改正児童福祉法においては，第1条の冒頭において，子どもの能動的

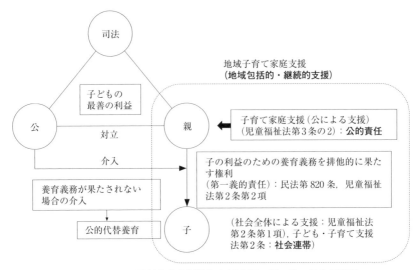

図1−1−1　子ども家庭福祉における子，親，公，社会の関係

出所：筆者作成

　権利をも保障する「児童の権利に関する条約の精神にのつとり」と規定される
など，子ども家庭福祉の理念は大きく前進した⁽⁴⁾。そのうえで，第3条にお
いては，これらが子ども家庭福祉の原理であることが示され，第3条の2で
は，「国及び地方公共団体は，児童が家庭において心身ともに健やかに養育さ
れるよう，児童の保護者を支援しなければならない」と規定した。国及び地方
公共団体が，「子どもの育成責任」のみならず「保護者支援の責務」を有する
ことを明確に規定したことは，重要な点といえる。また，家庭養護が施設養護
に優先することも規定された。

　これを踏まえ，図1−1−1を見ると，まず，子どもの権利条約第5条や児
童福祉法第2条第2項に親・保護者の子どもの養育に関する第一義的責任が
規定され，民法第820条には，親について，子の利益のための養育義務を排他
的に果たす権利が規定されている。そして，この養育義務が適切に果たせるよ
う，親・保護者に対する国・地方公共団体の子育て家庭支援義務（児童福祉法
第2条第3項，第3条の2），国民全体の努力義務（同第2条第1項）が規定されて
いる。これが，図の中心部から右側の部分である。

そのうえで，親・保護者が子の利益のための養育義務を支援によっても適切に行使することができないと公（国・地方公共団体）が判断した場合には，公的介入を親子関係に対して行うこととなる。この場合の介入を正当化する原理が「子どもの最善の利益」（子どもの権利条約第3条，児童福祉法第1条）であり，この介入によって親による養育が不適当と判断されれば，公が用意した代替養育のもとに子どもが入ることとなる。この場合，公の介入と，排他的に養育義務を果たす権利を有する親・保護者の意向とが相容れない場合には，司法が「子どもの最善の利益」を判断基準として審判を行うこととなる。そして，親が生活を立て直して，また子どもと暮らせるように支援する。これが，子ども家庭福祉供給体制の基本構造であるといえる。

　これに加え，「公」を中心とした子育て家庭支援に対し，地域を中心とする子育て家庭支援はこうした「公」による支援に加えて，児童福祉法第2条第1項に規定する国民，言い換えれば，社会全体による支援[5]を要請する。それは，子ども・子育て支援法第2条にも通ずるものである。そして，その組み合わせによる重層的支援の仕組みが展開されるのである。

　この場合，子どもの最善の利益や地域子育て家庭支援は，(1) 親子の支援における子どもの最善の利益（図1-1-1右側），(2) 親子関係に介入するための原理としての子どもの最善の利益（図1-1-1左側），(3) 親子関係を再構築するための子どもの最善の利益（図1-1-1左から右へ）など，いくつかの次元で考えられなければならないといえる。その際には，たとえば，(4) 親の利益か子の利益かといった論点（この論点の立て方が妥当か否かも含めて）についても，検討しなければならない。

⑥　子どもの最善の利益を考えるいくつかの論点ならびに原理について

　子どもの最善の利益を具体的に考える際には，まずは，図1-1-1の右側の親に対する支援構造のもとでの最善の利益と，左側の親子関係に対する介入・親子分離構造のもとでの最善の利益とは，ひとまず分けて考えることが適当ではないかと考えられる。ここでは，前者で機能すべき子どもの最善の利益の内容を「支援原理」と呼び，後者のそれを「介入原理」と呼ぶこととする。

さらに，親子の再統合を支援する場面における子どもの最善の利益も考えなければならない。その内容を「再統合原理」と呼ぶこととする。それらは，以下のとおり整理される。

（1）子どもの最善の利益原理の活用場面における原理

①支援原理——親子の支援における原理としての子どもの最善の利益

　親子の支援における子どもの最善の利益を考える際には，まずは，親が子どもの最善の利益を考えて行動することを最大限尊重し，それができるよう支援することが重要である。この場合，親の自由度を尊重しつつ，親の気持ちをしっかりと「受け止めること」が重要である。そのことにより，親が自己の養育観を振り返ることができることを助けるからである。そのうえで，情報提供等を行って親の判断を促していく支援が必要とされる。

②介入原理——親子関係に介入するための原理としての子どもの最善の利益

　親の行為や養育観が「養育義務が果たされていない」と考えられ，そのことを親に説明しても改善されない場合には，公が考える「子どもの最善の利益」をもとに親子分離するなど，親子関係に対して強制的に介入を行うことができる。これが，親の養育に対する強制介入の原理となる。この場合，最終的には，公の考える「子どもの最善の利益」は，司法によって確認されなければならない。

③再統合原理——親子再統合を行うための原理としての子どもの最善の利益

　この場合，親の行為や養育実践が子の利益を侵害していないか，子が希望しているか，里親のもとで暮らすより実親のもとで暮らすことが子どもにとって利益となるか，などの基準が満たされているかが判断基準となる。子の意向や希望も大きな判断基準となる。

（2）これらの原理を踏まえた子ども家庭福祉供給体制の改革

　先に整理した各種福祉ニーズはそれぞれ輻輳し，親子の生活を中心に据えた包括的で切れ目のない支援が求められている。それは，以上の原理を踏まえた

ものでなければならない。改革の方向を示すキーワードは,「親と子のウエルビーイング」（保育・子育て支援）,「あたりまえの生活の保障（家庭養護の推進と地域化）」（社会的養護）,「地域生活支援」（障害児童福祉）,「豊かな放課後生活の保障と生きる力の育成」（児童健全育成）であるといってよい。

すなわち,ウエルビーイング,子どもの最善の利益,あたりまえの暮らしの3つを保障することが通底する理念といえる。この実現のためには,後述するとおり,子ども家庭福祉供給体制の基礎構造改革が必要とされるが,その際,最も重視されるべきキー理念が,子どもの最善の利益保障であるといえる。

■注

(1) 15〜49歳の女性の年齢別出生率を合計したもので,一人の女性が,仮にその年次の年齢別出生率で一生の間に生むとしたときの子どもの数に相当する。

(2) 子ども・子育て支援制度の創設に伴い,これまでの保育所利用児童数に関する国の統計が修正され,保育所のほか,幼保連携型認定こども園,幼稚園型認定こども園等と地域型保育事業（2号・3号認定子ども）を含めた認可施設・事業利用児童数の総計が公表されることとなった。ここでは,保育所と幼保連携型認定こども園等の2,3号認定子どもの合計を指している。

(3) 2013年6月,「いじめ防止対策推進法」が公布され,学校におけるいじめの定義,いじめ防止基本方針の策定,基本施策,重大事態への対処（事実関係を明確にするための調査とそれをもとにした措置等）等が規定された。

(4) ただし,法の規定は子どもから見れば受動態のままであり,たとえば,第1条冒頭で,「全て児童は,児童の権利に関する条約の精神にのっとり,自己に影響を及ぼす全ての事項について自己の意見を表明する権利を有する」と,能動的権利を規定すべきではなかっただろうか。そのうえで,第2項で,その意見が尊重されるなどの受動的権利が規定されてもよかったのではないかと思われる。

(5) 「社会」の概念については,今後,十分な論考が必要とされる。2008年2月27日付で厚生労働省が公表した「『新待機児童ゼロ作戦』について」によると,財源論ではあるが,「国・地方・事業主・個人の負担・拠出の組合せにより支える『新たな次世代育成支援の枠組み』の構築に向け,その具体的な制度設計の検討を速やかに進める」との記載がある。子ども・子育て支援制度はこの点の検討がまだ不足しており,今後,「社会で育てる」「社会的養育」の意味について十分な議論と社会的合意が必要とされる。

第 2 節

複雑化する子ども家庭福祉の基礎構造

柏女霊峰

① 複雑化する子ども・子育て支援施策と施策の切れ目の課題

　子ども家庭福祉は，制度体系としての母子保健制度や障害児支援制度（障害者給付等制度），ならびに 2015 年度から創設されている子ども・子育て支援制度等を包含するが，それぞれの制度体系と子ども家庭福祉体系とは一部重なり合っている。子ども家庭福祉においては，サービスごとに実施主体が都道府県，市町村に分断されているのみならず，利用方法やサービス支給決定プロセス，サービス給付に関わる費用負担や財源等が異なっており，高齢者福祉，障害者福祉等に比べて非常に複雑な実施体制であり，これらは図 1－2－1 ならびに後述する表 1－2－1 のように示すことができる。

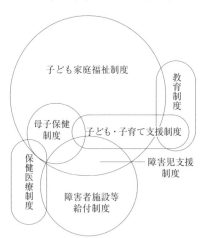

図 1－2－1　子ども・子育て支援制度の創設と新たな子ども家庭福祉制度体系

出所：筆者作成

少子・高齢社会の到来に伴い，多くの人があたりまえのように福祉サービスを利用し，また，多くの人が，これまたあたりまえのように福祉サービスの担い手となることのできる，福祉の「普遍化」が求められている。しかし，また一方で，困難な生活問題を抱える利用者を長期にわたって支え，あるいはケアし，さらには専門的に支援する福祉の「専門化」も求められている。

　この福祉の「普遍化」と「専門化」という2つの課題を，現代社会のなかでどのように整合化させ，システムとして実現していくかが問われているのである。また，近年では，価値観の流動化のなかで生じてきた各種の生活課題と，現行のサービス供給体制や具体的サービスとの乖離が大きくなってきており，高齢者分野を中心に地域包括ケアが提唱されるなど，社会福祉サービス供給体制の再構築が求められている現状にあるといってよい。

② 社会福祉の動向と子ども家庭福祉供給体制

　2017年6月，地域包括的ケアシステムの強化のための介護保険法等の一部を改正する法律が成立・公布された。そのなかの改正社会福祉法においては，子ども家庭福祉分野における地域子育て支援拠点や利用者支援事業，子育て世代包括支援センター（母子健康包括支援センター）等の支援社会資源に，住民に身近な圏域において，分野を超えて地域生活課題に総合的に相談に応じ，関係機関と連絡調整を行う努力義務が規定された。また，地域福祉推進のため，市町村における地域生活課題の解決に資する支援が包括的に提供される体制整備の努力義務が規定された。ここに見るとおり，地域包括的な支援は，今後の社会福祉の重要な方向性としてとらえられている。

　その詳細な評価はさておくとして，これからの社会福祉の方向性として，制度・分野ごとの縦割りを超えて，また，子ども，障害者，生活困窮者，高齢者といった世代別の専門的分断を超えて，地域包括的な支援が示されている。ところが，子ども家庭福祉分野においては，それぞれの領域がそれぞれにとって最良の方向を求め続けてきたこともあり，制度，援助ともに領域別に深く分断され，複雑な制度体系になっている。本来は包括的な支援をめざすことを目的とした子ども・子育て支援制度導入も，制度間ならびに他制度との相違を際立

たせる結果となり，それがさらに増幅される傾向にさえある。

　そのため，地域で包括的な支援を行うことが困難になっており，領域横断的なワンストップ支援や領域ごとの切れ目のない支援が強く求められてきている。そのような体制をつくるためには，どのような子ども家庭福祉供給体制を整備し，どのように援助者同士がつながればよいかを考えなければならない。

③　子ども家庭福祉供給体制再構築の必要性

　近年の社会福祉の二大潮流は，第一が当事者の意向の尊重，尊厳の保持であり，第二が利用者の権利の保障・権利擁護であるといってよい。第一については，いわゆる社会福祉基礎構造改革により高齢者福祉，障害者福祉が先導し，第二については，子ども虐待防止対策をはじめとして子ども家庭福祉が先導したといってよい。

　そして，第一については，2000年の高齢者福祉（介護保険制度），2006年の障害者福祉（障害者施設等給付制度）に続き，2015年の子ども家庭福祉（子ども・子育て支援制度）に結びつくこととなった。しかし，子ども家庭福祉分野におけるこの視点の改革は，家族の一体性重視，世帯重視，親の第一義的責任といった観点から他分野に遅れ，結果的に，都道府県と市町村に二元化され，職権保護を色濃く残す供給体制も併存することとなり，表1-2-2，図1-2-1のとおり，子ども・子育て支援制度創設によりこれまで以上に複雑化することとなった。

　今後は，当事者の尊厳，人権擁護，地域における包括的で切れ目のない支援を基盤とする共生社会創出の視点から，子ども家庭福祉供給体制のあり方を根本から検討する必要があるといえる。

④　子ども家庭福祉供給体制の特徴

（1）他の福祉分野との比較

　子ども家庭福祉分野では，サービス利用方法やサービス決定権限の所在が領域や施設種別により異なるなど，供給体制は非常に複雑な仕組みになっている。現在の高齢者福祉，障害者福祉，子ども家庭福祉における供給体制の現状を，柏

表１－２－１　福祉３分野のサービス供給体制

分野／仕組みの違い	高齢者福祉	障害者福祉	子ども家庭福祉
理念	・自立支援 ・利用者本位 ・権利擁護 （老人福祉法，介護保険法）	・個人の尊厳 ・共生社会の実現 ・身近な場所で必要な支援を受けられる ・社会参加の機会の確保 ・どこで誰と生活するかについての選択の機会が確保され，地域社会において他の人々と共生することを妨げられないこと ・社会的障壁の除去 （障害者総合支援法等）	・児童の最善の利益 ・児童の育成責任 ・保護者の養育責任 （児童福祉法等）
主たるサービス利用方法	社会保険，契約	契約	措置と契約
権利擁護のためのサブシステム	成年後見制度	・意思決定支援（市町村努力義務） ・成年後見制度（都道府県市町村努力義務）	未成年後見制度
措置の扱い	例外的	例外的，権利擁護	要保護児童の施設入所等は障害児の一部を除き措置援助
所管	厚生労働省	厚生労働省	厚生労働省，内閣府
主な実施主体	市町村（一元的）	市町村（一元的）	都道府県と市町村（二元的）
サービスの支給決定プロセス	・相談のうえ，要介護認定制度で2段階の判定で介護状態が認定され，サービス支給限度基準額が決まる。利用するサービス内容は，ニーズに応じたケアプラン作成のため介護支援専門員と決める ・ソーシャルワークのプロセスに一致する（担当者が変わっても一定の基準は守られる）	・相談のうえ，障害支援区分で状態が判定され，サービスの量が決まり，利用するサービス内容はニーズに応じて相談支援相談員と決める ・ソーシャルワークのプロセスに一致する（担当者が変わっても一定の基準は守られる）	・相談のうえ，担当者がアセスメントするが，客観的なアセスメントによる状態の判定はできず，サービスの量や内容，期間は客観的には決まらない。措置の場合は行政処分として決定する ・ソーシャルワークのプロセスに近いが大部分は担当者の経験の判断に委ねられる（担当者の力量により大きく左右される）
給付と費用負担	連動している 応益負担（原則1割）	連動していない 所得による4段階の応能負担	連動していない 応能負担
負担軽減	あり 低所得者の補足給付 高額介護（予防）サービス費	あり 高額障害福祉サービス等給付費 食費等実費減免措置（補足給付） 生活保護への移行防止策	あり 実費徴収に対する補足給付
財源	社会保険（介護保険）と税	税	税
税が占める割合	50%程度	ほぼ100%	ほぼ100%
市町村の負担	あり。約4分の1	あり。4分の1	あり（社会的養護を除く。詳細別表）
地域包括ケア	あり 2011年から推進 2015年から構築へ	過渡期 2013年から市町村基幹相談支援センターを中核機関とする体制強化と自立支援協議会法定化・設置	（全体としては）なし 2015年から子育て世代包括支援センター設置するも，仕組みより機能面の話。子どもの援助ごとに児童相談所と市町村が連携する状態

出所：柏女・佐藤（2017: 13）を筆者が一部修正

女・佐藤（2017）の表をもとに一覧にまとめると，表 1 - 2 - 1 のようになる。

（2）子ども家庭福祉供給体制の領域別特徴のまとめ

また，子ども家庭福祉分野の領域ごとの供給体制の現状を一覧にまとめると，表 1 - 2 - 2 のようになる。

表 1 - 2 - 2　子ども家庭福祉分野の領域別供給体制

仕組みの違い ＼ 分野	社会的養護	保育
理念	・家庭環境を奪われたあるいは支援が必要な子どもの代替的環境における支援 ・要保護児童の自立	・保護者の就労や疾病等で保育を必要とする乳幼児のためのサービス体系
サービス利用方法	・措置	・子ども・子育て支援制度の施設型給付・地域型保育給付 ・幼保連携型認定こども園・その他の認定こども園・施設型給付を受ける幼稚園と地域型保育給付は公的契約 ・私立保育所は保育の実施
措置の扱い		一部の要保護児童
所管	厚生労働省子ども家庭局	厚生労働省子ども家庭局，内閣府子ども・子育て本部
主な実施主体	都道府県	市町村
サービスの支給決定プロセス	相談→一時保護→児童相談所長が施設入所措置決定→施設入所	申請→客観的基準による教育・保育の必要性認定→決定→支給認定証発行→公的契約→利用開始
サービス給付に関わる費用負担	応能負担	応能負担
財源	税＋利用料負担	税＋一部事業主負担＋利用料負担
市町村の負担	なし 国庫負担と都道府県・指定都市・児童相談所設置市で2分の1ずつ	あり （新制度の施設型給付） 公設公営：市町村が全額 民営：国2分の1，都道府県4分の1，市町村4分の1
地域包括ケア	―	―

出所：柏女・佐藤（2017: 14）を筆者が一部修正

(3) 子ども家庭福祉供給体制の特徴

　この結果わかることは，以下のとおりである。第一に，子ども家庭福祉供給体制が高齢者福祉，障害者福祉のそれと決定的に異なるのは，供給主体が都道府県と市町村による二元化体制であることである。第二に，社会的養護領域な

子育て支援	障害児	母子生活支援
・旧来の地域の互助による子育てを制度的に構築して保護者と子どもを支援	・障害者総合支援法の理念と児童福祉法の理念	・母子家庭の就労や生活等の安定。自立支援
・自由に利用 ・保護者の申込により調整	障害児施設給付制度による ・障害児入所施設支援 ・通所給付決定	・母子保護の実施
なし	要保護児童	なし（利用の勧奨）
厚生労働省子ども家庭局，内閣府子ども・子育て本部	厚生労働省社会・援護局障害保健福祉部	厚生労働省子ども家庭局
市町村	給付の判定は都道府県（児童相談所），入所は都道府県，通所は市町村	市（福祉事務所を設置している町村を含む）
申請→登録→利用開始	入所支援：児童相談所に申請→障害支援区分認定→給付制度決定→直接契約→利用開始 通所支援（発達支援）：市町村に申請→障害支援区分認定→通所給付決定→障害児支援利用計画作成→公的契約→利用開始	申請→母子保護の実施の決定→施設入所
応能負担	応能負担	応能負担
税＋一部事業主負担＋利用料負担	税＋利用料負担	税＋利用料負担
あり 地域子ども・子育て支援事業：国・都道府県・市町村で3分の1ずつ 妊婦健康診査，公立の延長保育事業は市町村が全額（事業主拠出金あり：延長保育，病児保育，放課後児童クラブ，仕事・子育て両立支援事業）	あり 通所：国2分の1，都道府県4分の1，市町村4分の1 ※入所は国2分の1，都道府県・指定都市・児童相談所設置市2分の1	あり 市及び福祉事務所の設置町村：都道府県立施設（国・都道府県で2分の1ずつ），市町村立施設・私設施設（国2分の1，都道府県4分の1，市町村4分の1） 都道府県・指定都市・中核市：いずれの設置者でも国と都道府県・指定都市・中核市で2分の1ずつ
2015年より子育て世代包括支援センター設置推進。ただし，機能的な面が強く，必ずしも地域包括ケア体制ではない	※総合支援法に関わるところは包括的だが，児の部分だけを見ると子ども家庭福祉の他の領域が包括的でなく連動していないので包括的とはいえない	―

どサービス利用が行政による決定（行政処分）に委ねられている領域が多いということである。子ども・子育て支援制度という公的契約領域においても，保育所のような行政処分による保育の実施方式が混在している。第三に，国の所管が，厚生労働省子ども家庭局，同障害保健福祉部，内閣府子ども・子育て本部といった複数の府省等にまたがっていることである。

こうした特徴は，子ども家庭福祉分野における地域包括的で切れ目のない支援を困難にし，利用者にも支援者にも，非常に理解しにくい構造をもたらしている。次項で，このようなシステムがいかにして創設されてきたかについて振り返ってみることとしたい。

⑤ 子ども家庭福祉供給体制の特徴と現在までの到達点

(1) 平成期の子ども家庭福祉供給体制の経緯

平成期の子ども家庭福祉は，2つの大きな潮流が，子ども家庭福祉供給体制を市町村と都道府県に二元化させている。図1-2-2は，子ども家庭福祉分野における供給体制の流れを俯瞰したものである。

少子化対策は1990年の1.57ショックに始まり，待機児童問題，いわゆる規制緩和やいわゆる三位一体改革[1]，公的契約制度である認定こども園創設，次世代育成支援施策を経て，子ども・子育て支援制度創設に至る流れが見えてくる。この分野では，子育ての「社会的支援」や「社会連帯」等が理念となる。

一方，要保護児童福祉は，1994年の子どもの権利条約締結から子ども虐待対策（1996年度から本格開始）における家庭に対する公権介入の強化，司法関与の拡充が続き，配偶者暴力防止，被措置児童等虐待防止等の権利擁護の流れをつくり出していく。この分野では，「公的責任」「公権介入の強化」による「権利擁護」が理念となっている。

このように，子ども家庭福祉は，いわば子どもの育ち・子育てに対する「支援と介入」の強化をセットにして進められていくこととなる。また，前述したとおり，それぞれの国の所管が異なることを踏まえ，子ども家庭福祉制度体系そのものが「子ども・子育て支援制度」と「児童福祉制度」「障害児支援制度」

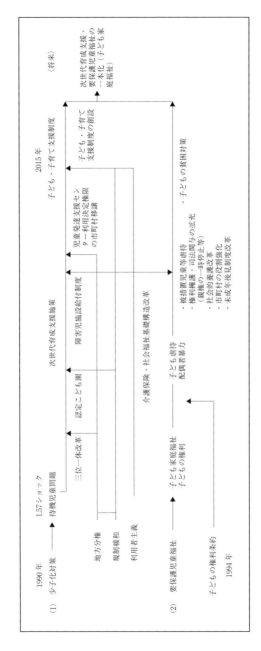

図1-2-2 子ども家庭福祉供給体制改革の動向と今後の方向

出所：柏女（2017a: 147）を筆者が一部修正

とに分断されてしまう事態も招きかねない。次のステージ，つまり，主たる3つのシステムの統合に向けての見取り図，羅針盤を用意しなければならない時期にきており，包括的・継続的支援体制づくりの実現が求められている。

(2) 到達点

①子ども家庭福祉供給体制の地方間分権の到達点

　子ども家庭福祉基礎構造のいわゆる地方間分権改革は，遅々として進んでいない。現段階における到達点としては，障害児支援を含む在宅福祉供給体制に関しては市町村を中心に再構築され，また，その他の要保護児童福祉についても，現段階では，子ども家庭相談における市町村の役割強化や要保護児童対策地域協議会等の協議会型援助の定着を図りつつ，その基盤整備が進められている段階といえる。

　2016年改正児童福祉法，改正母子保健法によって創設された市区町村子ども家庭総合支援拠点や母子健康包括支援センター（子育て世代包括支援センター）は，後述する子ども家庭福祉分野における地域包括的・継続的支援体制を創出する重要な社会資源となることが想定されるが，二元化されたままでの体制整備には課題が残るものとなる。

　筆者らの研究（柏女2008ほか）からは，都道府県から市町村への地方間分権化を進めるためには，市町村実施による「地域性・利便性・一体性」の確保と都道府県実施のメリットと考えられている「効率性・専門性」との分立，整合性の確保が課題とされる。この点は，2016年の児童福祉法等の一部を改正する法律によっても，児童相談所の設置を特別区に広げる改正はあったものの，一元化に向けての基本的な進展はなかったといえる。

②サービス利用のあり方に関する到達点

　一方，サービス利用のあり方に関しては，1990年代半ばから保育所利用制度のあり方検討を出発点として論議が始まる。成人の社会福祉サービスの利用が，いわゆる職権保護に基づく措置制度から，当事者・利用者と供給主体との公的契約に基づく制度に転換されているなかにあって，子ども家庭福祉サービスの利用制度については，親権との関係や職権保護の必要性から，保育所や助

産施設，母子生活支援施設が行政との公的契約システムであることを含め，これまでいわゆる行政によるサービス供給を図る制度が堅持されていた。

しかしながら，2006年10月からの認定こども園制度の導入や障害児施設給付制度の導入など，子ども家庭福祉サービス利用のあり方を当事者・利用者と供給主体とが直接に向き合う関係を基本に再構築する流れは，着実に広がりつつある。そして，この流れは，2015年度創設の子ども・子育て支援制度に引き継がれていった。

しかし，国会における修正によって保育所が保育の実施方式を継続することとされるなど，契約を補完するシステム整備が不十分なこともあって，公的責任論が根強く残るシステムとなっている。

(3) 複雑化する実施体制の現状

以上のように，子ども家庭福祉においては，サービスごとに実施主体が都道府県，市町村に分断されているのみならず，利用方法やサービス支給決定プロセス，サービス給付に関わる費用負担や財源等が異なっており，表1−2−2に示したとおり，非常に複雑な実施体制となっている。これらは図1−2−1のようにも図示できる。

■注
(1) 小泉首相時代である2002年に閣議決定された提言。補助金削減，国から地方公共団体への税源移譲，地方交付税の見直しの3つを一体的に改革するものであり，保育・子育て支援の財政構造が補助金，交付税，事業主拠出金などに分断され，統一性が失われた。

第3節

地域包括的で継続的な子ども家庭福祉供給体制の必要性

柏女霊峰

⬚1 地域包括的支援の必要性

　高齢者福祉，障害者福祉は，今後の少子高齢社会，人口減少社会のますます
の進展をにらみ，分野横断的・包括的な実施体制の確立をめざした検討が進めら
れている。特に，高齢者福祉分野においては，以下のとおり，すでに地域包括
ケアに向けての制度改革と実践の集積が進められている。

　まず，2000年に，社会福祉基礎構造改革が行われ，「地域での生活を総合的
に支援するための地域福祉の充実」がうたわれる。同時期には，「社会的な援
護を要する人々に対する社会福祉のあり方に関する検討会」報告書（2000年12
月）が，ソーシャル・インクルージョン（social inclusion：社会的包摂）の理念に
基づき，「地域社会におけるさまざまな制度，機関・団体の連携・つながりを
築くことによる新たな『公』の創造」を提言している。

　さらに，2009年地域包括ケア研究会報告書（2009）は，地域包括ケアシス
テムの定義を「ニーズに応じた住宅が提供されることを基本とした上で，生
活上の安全・安心・健康を確保するために，医療や介護のみならず，福祉
サービスを含めた様々な生活支援サービスが日常生活の場（日常生活圏域）で
適切に提供できるような地域での体制」と定め，2011年の介護保険法等改正
で，介護保険被保険者の支援にあたって地域包括的な支援の努力義務が法定
化（介護保険法第5条第3項）されている。そして，その後も地域包括ケアの
実践的検討[1]が試みられている。それらの詳細は，第2章第1節で整理して
いる。

② 新福祉ビジョンと法改正

　これらの動向，実践を受け，2015年，厚生労働省の「新たな福祉サービスのシステム等のあり方検討プロジェクトチーム・幹事会」において，全世代型福祉を構築するための報告書として，「誰もが支え合う地域の構築に向けた福祉サービスの実現——新たな時代に対応した福祉の提供ビジョン」（新福祉ビジョン）が示されている。

　新福祉ビジョンは，これからの福祉改革の方向性として，1. 包括的な相談から見立て，支援調整の組み立て＋資源開発，2. 高齢，障害，児童等への総合的な支援の提供，3. 総合的な人材の育成・確保，4. 効果的・効率的なサービス提供のための生産性向上，の4つの柱からなる新しい地域包括支援体制の創設を提言している。つまり，人材育成も含め，分野横断的な包括支援体制の整備を提言しているといえる。

　これらを受け，2017年6月には，前述したとおり，地域包括的ケアシステム強化のための介護保険法等の一部を改正する法律が成立・公布された。そのなかの改正社会福祉法においては，地域子育て支援拠点や利用者支援事業，母子健康包括支援センター等の支援社会資源が，「事業を行うに当たり自らがその解決に資する支援を行うことが困難な地域生活課題を把握したときは，当該地域生活課題を抱える地域住民の心身の状況，その置かれている環境その他の事情を勘案し，支援関係機関による支援の必要性を検討するよう努めるとともに，必要があると認めるときは，支援関係機関に対し，当該地域生活課題の解決に資する支援を求めるよう努めなければならない」（社会福祉法第106条の2）と規定された。

　つまり，子ども家庭福祉分野でいえば，地域子育て支援拠点や母子健康包括支援センター（子育て世代包括支援センター），利用者支援事業等に対し，ワンストップでの支援が可能となる体制づくりが努力義務化されたのである。また，地域福祉推進に向けて，市町村にそのための体制づくりとして，「地域住民等及び支援関係機関による，地域福祉の推進のための相互の協力が円滑に行われ，地域生活課題の解決に資する支援が包括的に提供される体制を整備する」

（社会福祉法第106条の3第1項）努力義務も規定された。こうした動向は，今後，さらに広がっていくことが予想される。

③ 公民協働による切れ目のない支援を進める

(1) 全社協　福祉ビジョン2011

　子ども家庭福祉は，行政と民間・地域活動との協働によって初めて達成されることを忘れるわけにはいかない。制度は切れ目が生じることが宿命ともいえる。前述したとおり，インクルーシブ（包摂的）な社会づくりを実現するためには，切れ目を埋める民間の制度外活動を活性化し，制度内福祉と制度外活動との協働が必要とされる。制度の隙間を埋め，課題を抱える子どもや子育て家庭を発見，支援し，必要に応じて専門機関につなぐなど新制度と協働した民間のボランタリーな役割が重要となるのである。

　全国社会福祉協議会（全社協）は，2010年12月に「全社協　福祉ビジョン2011」を策定している。同提言は，「現在の福祉課題・生活課題の多くは，つながりの喪失と社会的孤立といったことと関わりが深く，住民・ボランティアがこうした問題に目を向け，要援助者と社会とのつながりを再構築していく取り組みが期待されているのです」と述べ，制度内福祉サービスの改革とともに，制度外福祉サービス・活動の開発・実施を提言している。

(2) 子どもの育ちを支える新たなプラットフォーム
──みんなで取り組む地域の基盤づくり

　これを引き継ぎ，2014年，全国社会福祉協議会につくられた検討会は，こうした民間の地域公益的活動の活性化を子ども家庭福祉分野において図るため，「子どもの育ちを支える新たなプラットフォーム──みんなで取り組む地域の基盤づくり」と題する報告書（以下，プラットフォーム報告書）を作成した。報告書は，子ども・子育て支援制度の創設を機に制度上の課題と民間サイドの取り組みの視点を整理し，地域の基盤づくりとしてのプラットフォームの意義と立ち上げ・展開方法，活動例を取り上げたものである。プラットフォームの基本機能ならびにその立ち上げと展開に向けた具体的取り組みや手順も整理した。

ここでいう「プラットフォーム」とは，社会福祉法人（福祉施設），社会福祉協議会，NPO法人，民生委員・児童委員，ボランティア・市民活動グループ，自治会・町内会等地縁組織，その他，子ども・子育て支援に関する事業者団体，当事者組織などさまざまな組織・団体がそれぞれの活動理念や特性を発揮しながら，互いに連携し合い，課題の解決にあたる共通の土台と，報告書は定義している。そして，プラットフォームの先駆的事例を全国から15例取り上げ，具体的取り組みや手順を紹介している。

　このプラットフォームを起点に，組織や団体が自発的に対等な立場で協働することで力が組み合わされ，個々の団体だけではできないより大きな力が発揮され，多様なニーズや課題に柔軟，迅速に対応することができるのである。こうしたプラットフォームと制度とがつながることによって，横向き，縦向きの切れ目のない支援が実現し，「連帯と共生」の社会をつくる一翼を担うことが期待されている。なお，こうしたプラットフォームの実践の評価や，さらなる推進を図るための実践の知恵についても集積[2]が進められている。

④ 地域における包括的・継続的支援をめざして——子ども家庭福祉分野における「地域包括的・継続的支援」の可能性

　ところが，これまで述べてきたとおり，子ども家庭福祉分野は，市町村と都道府県に実施体制が二元化され，教育分野との切れ目も深いため，包括的・継続的（切れ目のない）な支援体制がとりにくい点が特徴である。インクルーシブな社会づくりを実現するためには，縦横の切れ目を埋める民間の制度外活動を活性化し，制度内福祉と制度外活動との協働が必要とされる。また，「子ども」期の特性である「有期性」[3]を克服し，切れ目のない支援を実現するためには，子ども期の始期と終期の切れ目克服が必要とされる。

　筆者は，子ども家庭福祉分野の「地域における包括的・継続的支援」（以下，地域包括的・継続的支援）を以下のように定義している。

　子ども家庭福祉分野における地域包括的・継続的支援体制とは，市町村域ないしは市内のいくつかの区域を基盤として，子どもの成長段階や問題によって

制度間の切れ目の多い子ども家庭福祉問題に，多機関・多職種連携により包括的で継続的な支援を行い，問題の解決をめざすシステムづくり並びにそのシステムに基づく支援の体系をいう。（柏女 2017b: 15 を筆者が一部修正）

　子ども家庭福祉分野における地域包括的・継続的支援につながると考えられる制度として現存するものとしては，要保護児童対策地域協議会や自立支援協議会子ども部会，母子健康包括支援センター（子育て世代包括支援センター），障害児相談支援事業（障害児相談支援専門員），利用者支援事業（利用者支援専門員）など多様である。しかしながら，いずれも公的分野を中心としていたり，領域限定だったりして，領域横断，継続支援，公民協働といった総合性，包括性に欠ける点は否めない。また，そのありようも統合されていない。さらに，民間の制度外活動までをも包含した総合的なシステムになっているとはいえない点が課題である。子ども家庭福祉の今後の方向は，分野ごとの分断を解消し，包括的でインクルーシブな基礎構造をつくり上げることにあると考えられる。

■注
(1) その後の地域包括ケア研究会の代表的報告書としては，以下のものがある。
　・新たな子ども家庭福祉の推進基盤の形成に向けた取り組みに関する検討委員会（2014）
　・地域包括ケア研究会（2013）
　・地域包括ケア研究会（2016）
(2) 全国社会福祉協議会（2019）など。
(3) 子ども家庭福祉供給体制と成人を対象とする福祉供給体制を分節するものの一つに，子ども期の特性がある。その代表的な視点について，筆者は，要監護性，発達性，専門性，代弁性，要保護性，有期性，受動性の7点に整理して考察を進めている（柏女 2017c）。

■第1章　引用・参考文献

網野武博.（2002）.児童福祉学──〈子ども主体〉への学際的アプローチ.中央法規出版.

新たな子ども家庭福祉の推進基盤の形成に向けた取り組みに関する検討委員会.（2014）.子どもの育ちを支える新たなプラットフォーム──みんなで取り組む地域の基盤づくり.全国社会福祉協議会.

地域包括ケア研究会.（2009）.地域包括ケア研究会報告書──今後の検討のための論点整理（平成20年度老人保健健康増進等事業）.地域包括ケア研究会.

地域包括ケア研究会.（2013）.地域包括ケアシステムの構築における今後の検討のための論点（持続可能な介護保険制度及び地域包括ケアシステムのあり方に関する調査研究事業報告書）.三菱UFJリサーチ＆コンサルティング.

地域包括ケア研究会.（2016）.地域包括ケアシステムと地域マネジメント（地域包括ケアシステム構築に向けた制度及びサービスのあり方に関する研究事業報告書）.三菱UFJリサーチ＆コンサルティング.

柏女霊峰.（1995）.現代児童福祉論.誠信書房.

柏女霊峰.（1997）.児童福祉改革と実施体制.ミネルヴァ書房.

柏女霊峰.（1999）.児童福祉の近未来──社会福祉基礎構造改革と児童福祉.ミネルヴァ書房.

柏女霊峰.（2008）.子ども家庭福祉サービス供給体制──切れめのない支援をめざして.中央法規出版.

柏女霊峰.（2009）.子ども家庭福祉論.誠信書房.

柏女霊峰.（2011）.子ども家庭福祉・保育の幕開け──緊急提言　平成期の改革はどうあるべきか.誠信書房.

柏女霊峰.（2015）.子ども・子育て支援制度を読み解く──その全体像と今後の課題.誠信書房.

柏女霊峰.（2017a）.要保護児童福祉施策の展開と今後の論点──社会的養護を中心に.社会保障研究, *2*(2・3), 144-157.

柏女霊峰.（2017b）.これからの子ども・子育て支援を考える──共生社会の創出をめざして.ミネルヴァ書房.

柏女霊峰.（2017c）.子どもの身体的・心理的・社会的特性と子ども家庭福祉ニーズ.淑徳大学研究紀要（総合福祉学部・コミュニティ政策学部）, *51*, 1-18.

柏女霊峰.（2018a）.第1章　総括報告　すべての子どもが日本の子どもとして大切に守られるために──子ども家庭福祉分野における地域包括的・継続的支援の可能性.すべての子どもが日本の子どもとして大切に守られるために──平成29年度日本財団助成事業報告書.日本の子どもの未来を考える研究会（麦の子会設置・柏女霊峰座長）.

柏女霊峰.（2018b）.子ども家庭福祉分野における地域包括的・継続的支援の可能性.子どもの虐待とネグレクト──共生社会の創出をめざして, *20*(2)（通巻第53号）, 132-142.

柏女霊峰. (2019a). 平成期の子ども家庭福祉——政策立案の内側からの提言. 生活書院.

柏女霊峰. (2019b). 子ども家庭福祉学序説——実践論からのアプローチ. 誠信書房.

柏女霊峰・佐藤まゆみ. (2017). 共生社会創出のための子ども家庭福祉サービス供給体制. すべての子どもが日本の子どもとして大切に守られるために——平成28年度日本財団助成事業報告書. 日本の子どもの未来を考える研究会（麦の子会設置・柏女霊峰座長）.

佐藤まゆみ. (2012). 市町村中心の子ども家庭福祉——その可能性と課題. 生活書院.

社会的な援護を要する人々に対する社会福祉のあり方に関する検討会. (2000). 社会的な援護を要する人々に対する社会福祉のあり方に関する検討会報告書. 厚生労働省.

全国社会福祉協議会. (2010). 全社協　福祉ビジョン2011.

全国社会福祉協議会（編）. (2019). 子どもの育ちを支えるプラットフォームの継続，発展に向けて. 全国社会福祉協議会.

第2章

子ども家庭福祉の制度・実践からひも解く
包括的支援

子ども家庭福祉における
地域包括的・継続的支援のシステムづくり

柏女霊峰

① 子ども家庭福祉制度の今後

　第1章でも述べたが，2015年9月，厚生労働省の新たな福祉サービスのシステム等のあり方検討プロジェクトチームが，「誰もが支え合う地域の構築に向けた福祉サービスの実現——新たな時代に対応した福祉の提供ビジョン」と題する報告書を公表した。これは「新福祉ビジョン」と呼ばれ，人口減少社会を視野に新しい地域包括支援体制の確立をめざす提言である。具体的には，地域において高齢，障害，児童等分野横断的な総合的な支援を提供することとし，そのための分野横断的な共生型サービスの創設や総合的な人材の育成・確保をめざすビジョンである。

　これを受け，2017年の介護保険法や社会福祉法等の一部改正により，高齢や障害分野においてその先取りが進められている。子ども家庭福祉分野においても，障害児支援分野において共生型サービスの創設が図られており，地域子育て支援拠点や利用者支援事業には，高齢者福祉や障害者福祉も含めたワンストップ相談機能を求める規定が設けられている。

　なお，新福祉ビジョンは，保育士，介護福祉士，社会福祉士，看護師等の対人援助専門職の共通資格課程の導入に向けた検討も求めている。一方で，保育士については幼稚園教諭との資格・免許の併有化が進められている。保育士には，社会的養護や放課後児童クラブにおける子どもの育成支援を担う人材といったチャイルド・ケアワーカーとしての専門性も求められており，今後，保育士資格をめぐって，さまざまな論議が起こることが予想される。

　平成期，子ども家庭福祉は格段に進展した。各分野改革のキーワードは，第1章で述べたとおり，「親と子のウエルビーイング」（保育・子育て支援），「あた

りまえの生活の保障（家庭養護の推進と地域化）」（社会的養護），「地域生活支援」（障害児童福祉），「豊かな放課後生活の保障と生きる力の育成」（児童健全育成）である。すなわち，ウエルビーイング，子どもの最善の利益，あたりまえの暮らしの３つを保障することが通底する理念といえる。

　しかし，これからわが国の人口減少は加速する。子ども数の減少も顕著である。こうした時代に，ここで取り上げた制度改革の実現のためには，児童，高齢者，障害者，生活困窮者女性といった属性，分野別の制度改革だけでは限界がある。具体的には，対象，分野横断的な制度設計が求められてくるであろう。そのためには，すでに述べたように，子ども家庭福祉分野の基礎構造改革が必要とされる。子ども家庭福祉の今後の方向は，分野ごとの分断を解消し，包括的でインクルーシブな基礎構造をつくり上げることである。そうした基礎構造の上に，対象横断的な制度構築が進められるべきである。そうしないと，子ども家庭福祉は，ますます分断されたシステムとなってしまうであろう。それが今後の最も大きな課題である。

② 高齢者分野における地域包括ケアの経緯と特徴

　2000年から実施に移された社会福祉基礎構造改革の意義として，「地域での生活を総合的に支援するための地域福祉の充実」が挙げられる。また，社会福祉基礎構造改革と前後して検討が進められていた厚生労働省の「社会的な援護を要する人々に対する社会福祉のあり方に関する検討会」報告書（2000年12月）も，前述したとおり重要な意義をもつ。報告書は，英国やフランスで注目が集まっている政策目標である，いわゆるソーシャル・インクルージョン（social inclusion：社会的包摂）のわが国における適用等について論じている点で画期的である。

　報告書においては，「包み支え合う（ソーシャル・インクルージョン）ための社会福祉」を実現する方法の一つとして，「地域社会におけるさまざまな制度，機関・団体の連携・つながりを築くことによる新たな『公』の創造」が提言されている。ここでいう「新たな公」とは「新しい公共」とも称され，地域のなかに官民の協働による支え合いのシステムを創造していくことを指している。

本報告書は実態論からのアプローチをとって検討した報告書であるが，いわゆるソーシャル・インクルージョンや社会連帯に注目した政府の報告書として重要な位置づけをもつ。

そして，その後も，地域福祉関係では，この理念に基づく報告書の公表や施策の推進が続いている。たとえば，これからの地域福祉のあり方に関する研究会報告書「地域における『新たな支え合い』を求めて――住民と行政の協働による新しい福祉」（2008年）では，「個人の尊厳を尊重する視点から，個々人の生活全体に着目し，たとえ障害があっても，要介護状態になっても，できる限り地域の中でその人らしい暮らしができるような基盤を整備していく」ことの重要性が提言されている。そして，それに基づいて，民間と行政の協働をめざす「安心生活創造事業」などが創設されている。

同じ2008年には社会保障国民会議「第2分科会中間とりまとめ」において「社会的相互扶助（＝共助）のしくみ」の具体的対応として「地域における医療・介護・福祉の一体的提供（地域包括ケア）の実現」が提言されている。そのなかでは，「医療や介護のみならず，福祉サービスを含めたさまざまな生活支援サービスが，日常生活の場（日常生活圏域）で用意されていることが必要であり，同時に，サービスがバラバラに提供されるのではなく，包括的・継続的に提供できるような地域での体制（地域包括ケア）づくりが必要である」と述べられている。

この提言の翌年，2009年3月に取りまとめられた地域包括ケア研究会報告書においては，地域包括ケアシステムの定義が提案されている。すなわち，「ニーズに応じた住宅が提供されることを基本とした上で，生活上の安全・安心・健康を確保するために，医療や介護のみならず，福祉サービスを含めた様々な生活支援サービスが日常生活の場（日常生活圏域）で適切に提供できるような地域での体制」と定義され，地域包括ケア圏域として，「『おおむね30分以内に駆け付けられる圏域』を理想的な圏域として定義し，具体的には，中学校区を基本とすることとしてはどうか」と提案している。この研究会は，その後も地域包括ケアシステムに関する諸課題についての研究を続けており，政策にも大きな影響を与え続けている。

2013年3月の地域包括ケア研究会報告書（2013: 1-6）では，地域包括ケアシ

ステムを「高齢者の尊厳の保持と自立生活の支援の目的のもとで，可能な限り住み慣れた地域で生活を継続することができるような包括的な支援・サービス提供体制を構築すること」と表現し，これまでの報告書で提言してきた5つの構成要素を「介護・リハビリテーション」「医療・看護」「保健・予防」「住まいと住まい方」「生活支援・福祉サービス⁽¹⁾」の5つにあらためて整理している。また，その5つの構成要素の支え方として，「自助」「互助」「共助」「公助」の4つに整理し，それぞれ費用負担の主体という観点から定義している。そして，この4つは互いに排除し合う関係ではなく役割分担であり，また，相互に重複し合うことを確認している。つまり，この4つの重層構造による支援を提示している。さらに，こうした「地域内の住民に対して提供される『地域包括ケア』の概念そのものは，どの地域でも共通のものだが，そのシステムは地域の実情に応じて構築されるべきである」としている。

　ちなみに，最初の地域包括ケア研究会報告書が2009年に提起されて以降，こうした議論や先駆的取り組みが展開されるなかで，2011年の介護保険法等改正においては，国及び地方公共団体が地域包括ケアシステムの構築に努めるべきと介護保険法に規定されている。その条文は，次のとおりである。

　　国及び地方公共団体は，被保険者が，可能な限り，住み慣れた地域でその有する能力に応じ自立した日常生活を営むことができるよう，保険給付に係る保健医療サービス及び福祉サービスに関する施策，要介護状態等となることの予防又は要介護状態等の軽減若しくは悪化の防止のための施策並びに地域における自立した日常生活の支援のための施策を，医療及び居住に関する施策との有機的な連携を図りつつ包括的に推進するよう努めなければならない。（介護保険法第5条第3項）

　そして，その後も，財政上の支援も含め地域包括ケアシステムの構築に向けた模索が続けられるとともに，地域の実情に応じた取組事例集⁽²⁾なども取りまとめられて現在に至っているのである。

③ 子ども家庭福祉分野における「地域包括的・継続的支援」の可能性

(1) 地域包括的支援の可能性

　地域包括ケアの提言と実施は，高齢者分野における援助体制整備の実践である。しかしながら，地域子育て家庭支援，さらには子ども家庭福祉全般にも当てはまる今後の方向として重要な視点であると考えられる。

　高齢者福祉，障害者福祉の実施主体は市町村で，都道府県は後方支援であるため，介護が必要となった高齢者も，障害のある人も，住み慣れた地域で安心して暮らせるための「地域包括支援体制（地域包括ケア）」が定着しつつある。一方，子ども家庭福祉では，いまだに実施主体が都道府県と市町村に二元化され，行政による職権保護を色濃く残す体制が続いている。

　地域包括ケアの実施主体は，市町村である。子ども家庭福祉においても，市町村が一元的に対応するシステムにし，都道府県，児童相談所が後方支援を担う仕組みを検討すべきである。市町村が第一義的に役割を担う仕組みにしなければ，都道府県の機関である児童相談所の機能をいくら強化しても一極集中は解消されず，安全確認等のための移動時間ばかりが増えて，職員の疲弊は続く。また，「地域における包括的・継続的支援」も進まず，その前提となる里親をはじめとする社会的養護の地域理解すらも進んでいかないであろう。

　前述のとおり，子ども家庭福祉分野は，市町村と都道府県に実施体制が二元化され，教育分野との切れ目も深いため，包括的・継続的（切れ目のない）な支援体制がとりにくい点が特徴である。インクルーシブな社会づくりを実現するためには，縦横の切れ目を埋める民間の制度外活動を活性化し，制度内福祉と制度外活動との協働が必要とされる。また，「子ども」期の特性である「有期性」を克服し，切れ目のない支援を実現するためには，子ども期の始期と終期の切れ目克服が必要とされる。

　こうした子ども家庭福祉分野の縦横の切れ目や制度の隙間をなくすために，子ども家庭福祉においても「地域における包括的・継続的支援」（以下，「地域包括的・継続的支援」）の可能性を探り，その概念や支援の枠組みを検討することが重要である。その際，高齢者分野で展開されてきた地域包括ケアシステム

づくりのノウハウが活かされる部分が大きいといえる。

　なお，子ども家庭福祉分野における地域包括的・継続的支援につながると考えられる制度として現存するものとしては，要保護児童対策地域協議会や自立支援協議会子ども部会，母子保健包括支援センター（子育て世代包括支援センター），障害児相談支援事業（障害児相談支援専門員），利用者支援事業（利用者支援専門員）などが挙げられる。しかしながら，いずれも公的分野を中心としていたり，領域限定だったりして，領域横断，継続支援，公民協働といった総合性，包括性に欠ける点は否めない。また，そのありようも統合されていない。さらに，民間の制度外活動までをも包含した総合的なシステムになっているとはいえない。

　今後は，こうした限界を乗り越え，地域において公民が協働した取り組みを展開していくことが必要とされる。また，制度的にも，高齢者の地域包括ケアに該当する仕組みの構築検討が必要とされる。2016 年の社会福祉法改正により社会福祉法人等の地域公益活動に対する社会的要請が高まっているが，こうした活動の活性化が不可欠である。そのことが，地域子育て家庭支援，子ども家庭福祉分野における地域包括的・継続的支援を生み出すことになると考えられる。地域子育て家庭支援を専門とする橋本（2015: 32）も，「今後，地域において一人の人間の一生を包括的に保障するためには，子ども家庭福祉領域の実践においても，高齢者や障害者領域との整合性を担保した地域の中で総合的支援を展開する仕組みと機能が必要になると考えられる」と述べている。

(2) 継続的支援，切れ目のない支援の可能性

　子ども期は，社会的に有期であるという特性がある。つまり，その始期と終期があるということであり，それぞれの連続性をどのように担保するかという視点を欠くことはできない。これが，いわゆる「切れ目のない支援」と結びつく。

　まず，始期については，妊娠期からの切れ目のない支援が必要とされ，要保護児童対策地域協議会も特定妊婦を支援対象とするなど，部分的には支援の幅が広がりつつある。ただ，一般には，母子保健法と児童福祉法の理念や施策に切れ目があり，この点をいかにつなぐかが問われることとなる。2016 年母子

保健法一部改正において，母子保健法に子ども虐待防止の観点が盛り込まれたこと，母子健康センターを母子健康包括支援センターに改称し，妊娠期からの切れ目のない支援をその機能としたことなどがそれにあたる。また，妊婦，女性の尊厳と胎児の権利，望まない妊娠・出産など緊急下の女性の視点と子どもの権利をめぐる議論も必要とされる。さらに，出生前診断，代理出産など生命倫理をめぐる課題への対処も必要である。これは主として，胎児の権利といわゆるリプロダクティブ・ヘルス・ライツとの関係により論じられたり，障害者の人権問題として論じられたりしているが，親のケアも含めた議論はあまり進んでいない。

続いて，終期については，特に社会的養護における18歳の壁問題[3]が課題である。また，発達障害，ひきこもり，無職少年など，成人期に引き続いていく課題もある。ところが，子ども・若者育成支援推進法は，それらを十分に引き継ぐ体制にはなっていない。公職選挙法改正により2016年度から18歳以上に選挙権が与えられているが，それに伴って，民法の契約その他，個の自立を支援する法改正や特定場面における保護期間の延長に関わる法改正等も検討されなければならない。また，他分野（公的扶助等）との整合性も必要とされる。さらに，特別養子縁組成立後の支援など，制度がつくる終期の延長可能性や妥当性についての議論も必要である。なお，障害児支援分野における18歳問題への対応，特に，いわゆる福祉型障害児入所施設における過齢児の滞留，重症心身障害，知的障害，発育全体に遅れのある子どもの就学や成人期をめぐる連続性の論点も課題である。

2016年改正児童福祉法において，「児童」は満18歳に満たない者をいうとする定義に変更はなかった。しかし，今回，政策のエアポケット（空白）になっていた子ども期の始期である胎児期（母親の妊娠期）と18〜20歳（終期）については，一定の改善が行われた。

まず，母子保健法に児童虐待防止機能が付け加えられ，妊娠期から切れ目のない支援を行う「母子健康包括支援センター（子育て世代包括支援センター）」の設置が市町村に位置づけられた（母子保健法第22条）。また，終期については，自立援助ホームにおいて，「20歳未満」だった入所条件が，大学等就学中の者を対象に「22歳の年度末」まで拡大された。そして，それらを受け，それを

担保する事業が創設されている。たとえば，利用者支援事業母子保健型の充実や社会的養護自立支援事業などが，子ども期の始期ならびに終期への支援として重要である。18歳を過ぎてからの施設・里親委託も，一部可能となっている。つまり，制度の切れ目が一部埋められたといえ，今後も，胎児期から子ども期へ，子ども期から大人期へのソフトランディング（軟着陸），すなわち，切れ目のない支援が重要である。

④ 児童の権利に関する条約と子ども家庭福祉

　第1章でも触れたが，高齢者や障害者のシステムとの統合や連携による分野横断的な地域包括システムを考える際には，子どもという対象の特性とその支援のための原理を確認してシステム整備を図ることが必須の要件となる。それを端的に示したのが，児童の権利に関する条約（以下，「子どもの権利条約」）に見られる「子どもの最善の利益」概念である。

　ちなみに，2019年は，この条約を締結してから25年の節目の年にあたる。子どもの権利条約は，国際連合が，児童の権利宣言30周年にあたる1989年11月20日に採択し，翌年9月に発効した児童の権利に関する総合的条約である。前文と54条とからなり，18歳未満の子どもが有する権利について包括的・網羅的に規定している。

　ユニセフ（UNICEF：国際連合児童基金）は，本条約が定める権利を，生きる権利，育つ権利，守られる権利，参加する権利の4種に整理している。「守られる権利」は子どもの受動的権利と称され，「子どもの最善の利益」を保障する国や社会の責務（第3条）から派生する権利といえる。1924年の国際連盟の「児童の権利に関するジュネーブ宣言」で初めて表現され，国際連合の「児童の権利に関する宣言」（1959年）に引き継がれて，権利条約においても最も重要な概念となっている。そして，その責務は，第一義的には親（第5条，第18条）に委ねられ，親がそれを果たせない場合には，公が代行することとなっている。

　これに加え，子どもの権利条約は，こうした子ども家庭福祉の基本的考え方を受け継ぎつつも，子どもも主体的に自分の人生を精一杯生きようとしている

主体的な存在であるという，権利行使の主体としての子ども観（第12条以下の規定）を鮮明に打ち出している。これが「参加する権利」と呼ばれているものである。すなわち，子どもの意見表明，思想・良心の自由など，成人と同様の権利を保障し，成人の義務から派生する受動態の権利のみならず，子どもの能動的権利をも保障しようとしているのである。

　わが国は，この条約を1994年に締結している。さらに，国際連合が2006年に採択した障害者の権利に関する条約も，その第7条（障害のある児童）において子どもの権利条約の趣旨を引き継ぐとともに，意見を表明するために支援を提供される権利を有することを言明している。わが国は，この条約を2014年1月に締結している。2つの条約は，障害のある子どもも含め，子どもの受動的権利および親の指導を見つめつつも，権利行使の主体としての児童観を打ち出した点において画期的なものになっているのである。

　この条約に基づく子ども家庭福祉供給の原理については第1章において述べているが，子ども家庭福祉分野，さらにはそれをも包含する社会福祉全体の地域包括的・継続的支援システムを整備する際には，対象が子どもであるところから導き出される固有のシステムの整備について忘れるわけにはいかないのである。それが，子どもの最善の利益保障のための公的介入保障ならびに子どもの意見表明確保のためのサブシステム整備である。

⑤　地域包括的・継続的支援システムとサブシステムとしての権利擁護システム

（1）実施主体の一元化と児童相談所のあり方

　子ども家庭福祉供給体制の再構築を図る際に最も重要視されるべき論点は，都道府県と市町村の役割分担のあり方であり，さらにいえば，現在の児童相談所の機能をどのように規定するかということである。つまり，子ども家庭福祉基礎構造に地域包括的・継続的支援システムを据え，そのサブシステムとして都道府県の子どもの権利擁護機能を整備することが必要とされるのである。市町村を中心とする体制整備を図るとすれば，市町村・地域レベルにおける子ども家庭福祉援助機能の強化とそれらの機関に対する間接的支援，専門的支援の

あり方が大きな課題となる。特に，支援機能と介入機能の分離などが検討すべきテーマとなる。

　すると，大きな課題となるのは，これまで子ども家庭福祉相談援助を担い続けてきた児童相談所をどのようにするかという問題である。極論すれば，児童相談所を機能別に解体し，介入機能は行政処分を伴うため行政機関たる児童相談所に残し，高度な臨床相談機能を療育センターやリハビリテーションセンターなどのような別機関とすることにより，両者の分離を図ることなども検討に値する。いわゆる欧米のシステムとして多く採用されている，Child Protective Service 機能と Child Guidance Clinic 機能との分離である。

　その例としては，フォスタリング，家族再統合[4]，一部の一時保護（委託一時保護）業務などが考えられる。こうした業務は民間の方がその特性を発揮することのできる可能性が高く，積極的に民間委託または民間のサービス購入を考えていくことが効果的である。ただし，しばらくは，児童相談所もそうした機能を一部担い，民間機関・施設とともに育っていく経過期間も必要とされる。また，そうした支援のマネジメントは行政が担う必要がある。いずれにしても，児童相談所という存在をどのように考えるかが最も大切なことである。

(2) 児童相談所の歴史的経緯

　児童相談所は，歴史的には鑑別機関として発足し，その後，いわゆるクリニック機能，措置等の行政決定・行政処分，一時保護の3つの機能を一体的に果たす世界的にもユニークな行政機関として定着してきた。あらゆる相談に応じるという性格から時代のさまざまな問題に先駆的に取り組み，それが持ち込まれすぎて十分に対応できないとの批判を受け，あらためてシステムづくりが行われて他の機関にその座を譲るという歴史を繰り返してきた。3歳児健診精密健診，1歳半健診精密健診，不登校相談，校内暴力，そして，現在では，子ども虐待相談などが好例である。

　善かれ悪しかれ，この児童相談所というシステムが存在することが，わが国の子ども家庭福祉を特徴づけてきたことは，まぎれもない事実である。このような歴史的経緯[5]と特色を有する児童相談所のあるべき姿を検討することは，今後の子ども家庭福祉供給体制のあり方を論ずる際に欠くことのできないこと

であろう。

　児童相談所は，多様な専門職を擁し，チーム・アプローチと合議制をその専門性の根幹として，各種の支援と一時保護，措置等の行政処分を時代の変化に対応させつつ行ってきた。筆者らが実施した児童相談所専門職員の業務分析[6]によれば，不登校，虐待等の相談種別によって専門職の関わり方の手法や関わる専門職の種類も大きく異なっている。たとえば，養護・非行相談（長時間・ソーシャルワーカー型），不登校相談（長時間・心理職型），障害相談（短時間・判定型），しつけ相談（短時間・助言型）等が代表的である。こうした多様な専門職の関わりを駆使しつつ，児童相談所は，時代のなかで起こる多様な課題に対応してきたのである。

(3) 児童相談所の限界と今後

　しかし，子ども虐待の増加・顕在化は，児童相談所のチーム・アプローチのあり方ならびに支援・介入手法の大きな変化を要請することとなり，児童相談所は大きな混乱に向かうこととなった。これまでは多職種連携が中心だったが，虐待対応では児童福祉司複数対応や緊急対応，家庭に対する法的強制介入[7]といったこれまでと異なる体制が求められることとなったのである。これは，鑑別機関から出発した相談援助機関としての児童相談所の成り立ちを，根底から揺さぶるものといえる。

　また，頻発する子ども虐待死亡事例を受けて家庭に対する公の介入強化や警察，司法との連携強化が進められるにつれて，いわゆる強制介入機能と支援機能との分離論が台頭してくることとなった。これだけ子ども虐待の増加・顕在化が進んだわが国においては，対応も欧米諸国のシステムに学ぶべきである。かつて，筆者が国の児童虐待防止専門委員会委員長として取り組んだ2004年改正児童福祉法における「要保護児童対策地域協議会」の設置は，英国の ARC（Area Review Committee），それ以降の ACPC（Area Child Protection Committee）における「登録⇒モニター及び情報収集⇒アセスメント⇒適切な介入⇒登録抹消」のシステムを意識[8]したものであった。そして，これらのプロセスにおける協働の専門性として，ネットワーク・モデルを提起したのである。これは，児童相談所におけるチームワーク・モデルの援用といえる。市

町村における要保護児童対策地域協議会を活性化させ，これを，警察や弁護士等との連携を強化した都道府県レベルの機関が支援するという仕組みに再構築することも検討に値する。

　また，児童相談所は都道府県レベルの相談援助機関であり，この活動が有効に機能するためには，市町村・地域レベルにおいて各種の相談援助資源を有効に活用して各種相談のネットワーク化を図り，保護者や子ども自身が気軽にしかも安心して相談できる体制の整備を図ることも求められている。2016年改正児童福祉法で設置の努力義務が規定された市区町村子ども家庭総合支援拠点の機能強化を進めること，そして，児童相談所の地域支援機能を強化することが求められているのである。つまり，いわゆるクリニック（clinic）機能，関係機関・施設に対するコンサルテーション（consultation）機能，コーディネート（coordinate）機能の「3つのC」機能を，いくつかのシステムに整理しつつ，それぞれ強化していくことも必要とされているのである。

　このように，児童相談所は，現在，大きな曲がり角にあるといえる。これまで多職種の機能分担で柔軟に各種児童問題に対応してきたが，子ども虐待対応ではその限界が見えており，新しいシステム整備が必要とされているとさえいえる。児童相談所のあり方は，子ども家庭福祉供給体制の再構築を通して論じられなければならない段階にきているのではないだろうか。

⑥　今後に向けて

（1）子ども家庭福祉行政実施体制の基礎構造改革の必要性

　今後に向けての大きな動向が，これまで繰り返し言及してきた2016年改正児童福祉法の成立，公布である。本法の意義は，児童福祉法の理念の見直し，「家庭養護優先の原則」の法定化，切れ目のない支援，児童虐待防止対策のさらなる充実の4点である。それは大きな意義をもつ。しかし，今回の改正児童福祉法の限界は，子ども家庭福祉の「基礎構造」に手をつけていないという点である。いまだに都道府県と市町村に二元化され，職権保護を色濃く残す体制が続き，サービス利用のあり方も分野やサービスごとにばらばらのままである。

地域包括ケアの実施主体は，市町村である。子ども家庭福祉においても，市町村（児童相談所の市設置を含む）が一元的に対応するシステムにし，都道府県，県レベルの児童相談所が後方支援を担う仕組みを検討すべきである。県に数か所しかない広域行政を所管する児童相談所が，年間15万件を超える子ども虐待通告に多大な移動時間をかけて（しかも複数で）安全確認に奔走していれば，専門的臨床機能が縮小して当然である。それは，無駄というほかない。また，地域における子ども虐待対応も進まないこととなる。

　子ども家庭福祉分野の地域包括的・継続的支援の主体を市町村に再構築することは今後の最大の課題であり，そうしなければ，「地域における包括的・継続的支援」も進まず，里親をはじめとする社会的養護の地域理解すらも進んでいかない。また，サービス利用のあり方も，領域ごとに変わる複雑なシステムを解消し，簡潔なシステムとすべきである。

(2) 子ども家庭福祉の基本構造——子ども，親，公，社会の関係

　子どもは，第一義的には，親または親に代わる保護者のもとで育つ。したがって，地域包括的・継続的支援の実現のためには，子ども，親，公，社会の四者関係のあり方を整理しなければならない。これが，高齢者福祉，障害者福祉のような成人を対象とする福祉供給体制との大きな相違と考えられるからである。

　第1章において，2016年改正児童福祉法施行後の子ども家庭福祉における子，親，公，社会の関係を図式化（図1-1-1）し解説しているが，こうした関係性をしっかりと押さえたうえで，供給体制の再構築がなされなければならない。具体的には，親子関係に対する支援と介入のバランス，児童福祉法による公的支援と子ども・子育て支援法による社会的支援を組み合わせた重層的支援が展開できるような仕組みが必要とされる。

(3) 子どもの権利擁護システムの整備

　(2)に関連し，子ども虐待から子どもの生命を守り，安心・安全を確保し，権利擁護を図るためには，現行の児童相談所が有する行政権限としての強行性に加え，警察，司法と連携しての強制介入のシステム整備が不可欠のものとな

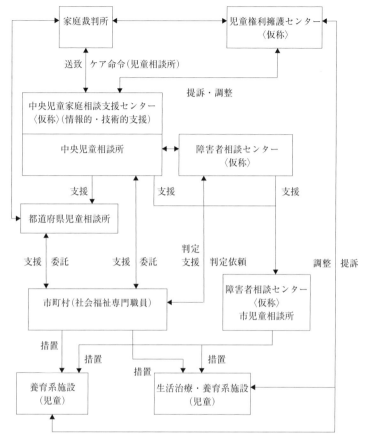

注：①市児童相談所は一時保護施設を付設しないことができる，ないしは一時事務組合立
　　②中央児童家庭相談支援センター〈仮称〉には弁護士，医師の配置

図2-1-1　子ども家庭福祉供給体制のあり方（試案）

出所：柏女（1997: 180）

る。こうした制度的担保のもとに，地域包括的・継続的支援のシステムが有機
的につながることが必要とされる。

　筆者は，かつて，児童相談所を中心とする要保護児童施策の体系化を図2-
1-1のように示したことがある。この図は，現在でも一定程度有効と考えら
れる。弁護士を配置するなど機能強化した中央児童家庭相談支援センターが各

児童相談所を強力に支援し，市町村がサービス決定の実施主体として機能しつつ，小さな自治体は都道府県の児童相談所に法的強制介入や措置の権限を委託することにより対処する。児童福祉施設は養育系施設と生活治療・療育系施設に大きく分類し，障害児支援施策とも連携を強化する仕組みである。こうした仕組みにすることで，市町村が行政処分の責任者となって施設等入所後の費用も分担することとなり，児童相談所も委託された役割を専門的に果たすことができるようになると考えられる。

　これに加えて，児童相談所等の子どもに対する権利侵害や不作為の問題に対し，子ども等からの訴えに応じ，必要な調査を行ったうえで機関・施設等と子どもの訴え等との調整を行うシステムとして，児童権利擁護センター（仮称）等の設置も検討されなければならない。

7 子ども家庭福祉における地域包括的・継続的支援を導くための論点

(1) マクロレベルの論点

　こうした支援を，地域包括的・継続的に展開できる体制整備を進めるための主要な論点としては，以下の4つが考えられる。

①都道府県と市町村に分断された二元体制をどう克服するか。

②市町村を中心として，地域包括的・継続的支援体制をどのように確立するか。

③援助理念や援助方法の分野間の共有化をどのように図るか。

④私的養育から公的代替養育まで幅広い「社会的養育」[9]をどのようなシステムで再構築するか。また，子ども家庭福祉の3P（popularization：啓発，promotion：育成，prevention：予防）と3S（support：相談支援，supplement：補完，substitute：代替）[10]の役割分担ならびにそれらの循環性の確保をどのような供給体制で確保するか。

　そして，それらの論点は，「子ども家庭福祉分野の地域包括的・継続的支援体制の構築は，都道府県と市町村との役割を明らかにし，それを手当てすれば，都道府県との二元的供給体制から市町村中心の供給体制に再構築できる」という理論仮説を検証することでもある。その際には，現在の二元体制の論

拠とされている「専門性・効率性」VS「地域性・利便性・一体性」を克服し，その整合性を確保するための論拠をどのように考えるか，たとえば，両者を一元的体制で両立させることはできないのかについての検討が求められる。

　さらに，子ども家庭福祉分野における領域横断的な地域包括支援体制をめざすとすれば，特定領域ごとの支援理念や支援用語，文化の相違などをどのように克服するかも課題である。また，その際の専門職のあり方，再構築はどのようにあればよいか，さらには，子ども家庭福祉サービス利用のあり方について，子どもの意向，親権者（未成年後見人を含む）の意向，公的機関の意向の三者の意向調整，ならびに司法判断の可否等についてどのように整理すればよいかなども大きな制度的課題となる。子どもの意向を聞き取りつつ伴走するオンブズ機能の整備も検討課題である。

(2) メゾレベル，ミクロレベルの論点

　メゾレベルの論点としては，子ども家庭福祉分野における支援拠点のあり方検討が重要な課題である。それは，「市町村による地域包括的・継続的支援体制の構築は，その核となる機関・施設の存在が鍵となる」という理論仮説を検証することでもある。地域のなかに，子ども家庭福祉分野横断的なワンストップにつながる核となる拠点を整備しなければならない。そして，その可能性を検証していかなければならない。その意味では，2016年改正児童福祉法により市区町村に置かれることとなった市区町村子ども家庭総合支援拠点の内実化[11] が今後の試金石となるだろう。

　続いて，ミクロレベルの論点としては，子ども家庭福祉各領域における援助理念や援助方法の共有化も大きな課題である。子ども家庭福祉供給体制はいくつもの舞台に分かれている。それぞれの舞台では支援者が優れた支援を行っているが，舞台が違うため交流も乏しく，それぞれのノウハウを共有することもできていない。今後は，援助者同士の相互交流や協働，援助観のすり合わせも欠かせないものとなる。なお，ソーシャルワークの手法も，個別分野ごとの手法ではなく，たとえば地域を基盤としたソーシャルワークなどがその基礎として機能していくことが必要とされる。

8 共生社会の創出と子ども家庭福祉供給体制

　子ども家庭福祉分野の地域包括的・継続的支援体制の確立は，こうしたマクロ，メゾ，ミクロの課題をいかに克服していくかにかかってくることとなる。そして，そこには，私たちがどのような社会を求めるのかといった社会づくりの理念が通底していることが必要とされる。そのためには，私たち子ども家庭福祉に携わる者が，「共生社会」を創出するという強いミッションをもち続けなければならないであろう。

■注

(1) 地域包括ケア研究会の2015年度報告書「地域包括ケアシステムと地域マネジメント（地域包括ケアシステム構築に向けた制度及びサービスのあり方に関する研究事業報告書）」においては，この用語は「介護予防・生活支援」と改められている。

(2) たとえば，厚生労働省ホームページには「地域包括ケアシステム構築モデル例」が地域の実情に応じて多数取り上げられており，それぞれダウンロードすることができる。

(3) 児童福祉法においては施設入所期限が原則として18歳到達後の年度末までとされるのに対して，民法に基づく契約年齢は20歳からとされていることや，18歳を過ぎてからの施設入所措置や親権者の意に反する施設入所の更新ができないことなど，18歳から20歳の間に制度の切れ目が生じていることをいう。2016年改正児童福祉法により，一定の場合，18歳を過ぎての一時保護や児童福祉施設入所措置ができることとなった。また，自立援助ホームは，大学等継続の場合には22歳の最初の年度末までの入所を可能とするなど，切れ目のない支援が一部進められた。

(4) むろん，家族再統合の進行管理など行政機能に属することなどについては，児童相談所に残すべきであり，臨床機関は高度な臨床機能を発揮し，その成果を親子に還元し，また，児童相談所等の行政機関に提示することが役割となる。

(5) 筆者の児童相談所の歴史的経緯に関する考察には，柏女（1997）や柏女（2008）などがある。

(6) 児童相談所専門職員の業務分析による相談種別ごとの相談援助構造については，柏女（2005）をご参照いただきたい。

(7) 児童相談所には，これまでも職権による一時保護や立入調査など保護者の意に反して子どもの最善の利益確保のための強制介入が可能であったが，実際には，平成期以降の子ども虐待防止対策が本格化するまでは，ほとんど利用されてこなかった経緯がある。

(8) 英国の子ども虐待防止システム整備の推移については，田邉（2006）に詳しい。

(9) 筆者による「社会的養育」定義は以下のとおりである。社会的養育については，私的養

育と代替養育の間を連続的，循環的に公や社会が支援するシステムととらえる視点が重要である。

「社会的養育とは，私的養育を支援することから，家庭で養育できない程度に応じて子どもの養育を社会的，公的に代替する代替的養育までも含めて，社会全体で子どもを養育するシステムの体系をいう。それは，私的養育から代替養育までの連続的な支援の営みであり，かつ，代替養育から家族再統合や特別養子縁組等により，再び私的養育につながる循環的な営みでもある」（柏女 2017b: 230）。

(10) 網野（2002: 180-181）は，わが国における児童福祉の内容・領域を子どもの育成責任との関係で 3 つの P と 3 つの S の 6 機能に分類している。これは，カドゥシン，A. の 3S 分類を参考にしたものである。

(11) 厚生労働省は 2017 年 3 月，「市区町村子ども家庭総合支援拠点」設置運営要綱を策定し，通知している。その機能は，「コミュニティを基盤にしたソーシャルワークの機能を担う」ものであり，支援にあたっては，「包括的・継続的な支援に努める」こととされている。

■引用・参考文献

網野武博．(2002)．児童福祉学──〈子ども主体〉への学際的アプローチ．中央法規出版．

新たな子ども家庭福祉の推進基盤の形成に向けた取り組みに関する検討委員会．(2014)．子どもの育ちを支える新たなプラットフォーム──みんなで取り組む地域の基盤づくり．全国社会福祉協議会．

地域包括ケア研究会．(2009)．地域包括ケア研究会報告書──今後の検討のための論点整理（平成 20 年度老人保健健康増進等事業）．地域包括ケア研究会．

地域包括ケア研究会．(2013)．地域包括ケアシステムの構築における今後の検討のための論点（持続可能な介護保険制度及び地域包括ケアシステムのあり方に関する調査研究事業報告書）．三菱 UFJ リサーチ＆コンサルティング．

地域包括ケア研究会．(2016)．地域包括ケアシステムと地域マネジメント（地域包括ケアシステム構築に向けた制度及びサービスのあり方に関する研究事業報告書）．三菱 UFJ リサーチ＆コンサルティング．

橋本真紀．(2015)．地域を基盤とした子育て支援の専門的機能．ミネルヴァ書房．

柏女霊峰．(1995)．現代児童福祉論．誠信書房．

柏女霊峰．(1997)．児童福祉改革と実施体制．ミネルヴァ書房．

柏女霊峰．(1999)．児童福祉の近未来──社会福祉基礎構造改革と児童福祉．ミネルヴァ書房．

柏女霊峰．(2005)．第 5 章　子ども家庭福祉相談援助体制の再構築．柏女霊峰（編），市町村発子ども家庭福祉（pp.135-160）．ミネルヴァ書房．

柏女霊峰．(2008)．子ども家庭福祉サービス供給体制──切れめのない支援をめざして，中

央法規出版.

柏女霊峰. (2009). 子ども家庭福祉論. 誠信書房.

柏女霊峰. (2011). 子ども家庭福祉・保育の幕開け——緊急提言 平成期の改革はどうあるべきか. 誠信書房.

柏女霊峰. (2015). 子ども・子育て支援制度を読み解く——その全体像と今後の課題. 誠信書房.

柏女霊峰. (2017a). 要保護児童福祉施策の展開と今後の論点——社会的養護を中心に. 社会保障研究, *2*(2・3), 144-157.

柏女霊峰. (2017b). これからの子ども・子育て支援を考える——共生社会の創出をめざして. ミネルヴァ書房.

柏女霊峰. (2018a). 第1章 総括報告 すべての子どもが日本の子どもとして大切に守られるために——子ども家庭福祉分野における地域包括的・継続的支援の可能性. すべての子どもが日本の子どもとして大切に守られるために——平成29年度日本財団助成事業報告書. 日本の子どもの未来を考える研究会（麦の子会設置・柏女霊峰座長）.

柏女霊峰. (2018b). 子ども家庭福祉分野における地域包括的・継続的支援の可能性——共生社会の創出をめざして. 子どもの虐待とネグレクト, *20*(2)（通巻第53号）, 132-142.

柏女霊峰. (2019a). 平成期の子ども家庭福祉——政策立案の内側からの証言. 生活書院.

柏女霊峰. (2019b). 子ども家庭福祉学序説——実践論からのアプローチ. 誠信書房.

柏女霊峰・佐藤まゆみ. (2017). 共生社会創出のための子ども家庭福祉サービス供給体制. すべての子どもが日本の子どもとして大切に守られるために——平成28年度日本財団助成事業報告書. 日本の子どもの未来を考える研究会（麦の子会設置・柏女霊峰座長）.

佐藤まゆみ. (2012). 市町村中心の子ども家庭福祉——その可能性と課題. 生活書院.

社会的な援護を要する人々に対する社会福祉のあり方に関する検討会. (2000). 社会的な援護を要する人々に対する社会福祉のあり方に関する検討会報告書. 厚生労働省.

田邉泰美. (2006). イギリスの児童虐待防止とソーシャルワーク. 明石書店.

全国社会福祉協議会. (2010). 全社協 福祉ビジョン2011.

里親家庭の現場から見た関連施策の連携と協働

藤井康弘

はじめに

　養育里親として東京都に登録してから13年目になった。その間いわゆる「不調」に陥った経験もあり，決してベテランでも優秀な里親というわけでもないが，それでも長期・短期合わせて10人あまりの子どもたちと生活をともにしてきた。2019年10月末現在では小学生を一人受託している。その一方で，筆者は2016年6月まで厚生労働省に勤務しており，2006年夏から2年間，子どもの社会的養護を担当する家庭福祉課長も務めた。

　したがって，現在の筆者の立場は，現場の里親であるという立場と，過去に行政官として社会的養護や障害福祉の政策立案に携わった立場との双方であり，本節もその両方の立場から執筆したものである。現場のいわばミクロの視点と，国の政策決定というマクロの視点の双方から，社会的養護を中心とした子ども家庭福祉分野における諸施策の連携・協働について，いくつかの課題を提起する。

１　里親の現場における連携ニーズの実例

　まず，東京都で里親登録[1]し実際に子どもたちを受託してきたわが家が，どのような施策，どのような機関と連携し協働してきたかについて，自らの経験を振り返るところから，本節をスタートしたいと思う。

（1）直接社会的養護に関係する機関等

　東京都に登録し受託をしている里親であるから，里子として受託する子ども

たちあるいは一時保護を受託する子どもたちを虐待家庭等から保護した，児童相談所及び東京都庁との連携は当然のことである。東京都の児童相談所は，子どもを保護しその後の養育に責任を有する「里子担当」（子担）と，里親の側を担当し里親に対して助言指導等を行う「里親担当」（親担）を分ける体制となっており，筆者たち里親は，基本的に子担，親担双方と連携しつつ，子どもの養育を行っていくこととなる。また東京都庁の担当課とも，たとえば子どもの養育費の関係などで疑義が生じた場合に照会するなど，制度的な面や予算上の取り扱いについて情報提供を受けることが多い。

　里親支援機関については，東京都では３団体が受託をしており，都内を３つの地域に分けて，里親関係のさまざまな活動を東京都から受託しているが，たとえば里子たちの自立支援計画を児童相談所とともに作成したり，里親の体験発表会や児童相談所ごとに設置されている里親委託等推進会議の事務局を務めたりしており，里親とさまざまな場面で連携している。

　乳児院・児童養護施設に関しては，わが家の里子が措置されていた施設とは，当然のことながら連携し，さまざまな助言や支援を受けているが，その一方で，厚生労働省の施策体系に沿い多くの施設に設置されている「里親委託等専門相談員」（里専員）が，近年里親支援に大きな役割を果たすようになってきている。特に東京都では2018年から「チーム養育」と称して，里親支援に関する児童相談所と里親支援機関，及び里専員の役割分担を組み換え，この三者と関係機関の連携によって里親家庭を支援していく体制に再編したが，そのなかで，里親家庭への訪問支援は基本的に里専員の役割とされている。したがって，「チーム養育」の施行以来，各里親家庭を管轄する施設の里専員と里親との関係は密になりつつある。

　「東京養育家庭の会」は東京都におけるいわゆる里親会で，他県の里親会と同様，会員相互の意見交換や親睦，ピアサポートによる各養育家庭への支援，さまざまな情報提供，都や児童相談所への要望活動等を担っている。都内11児童相談所の所管区域ごとに支部が設けられており，支部・本部ともに各里親家庭と深い関係をもつ組織である。

　これらのほか，さまざまなプログラムによって里親家庭を支援してくれる民間団体との連携も忘れてはならない。

(2) 子ども関係の諸施策に関わる他分野の機関等

　まず，幼稚園・保育園や学校との連携は不可欠である。児童相談所も里子が通うことになる幼稚園や学校には，里親への委託当初の説明から定期的な学校訪問によるフォローまで丁寧に対応するし，筆者も，学校や子どもの状況にもよるが，個人面談であれ電話であれ，実子を育てていたころよりもはるかに頻繁にコミュニケーションをとっている。

　医療関係では，かかりつけの小児科等の先生方とは子どもの状況を共有しつつ，お世話になっている。また子どもによっては児童精神科の先生と連携することも必要になってくる。

　次に市町村の子育て支援との連携であるが，東京都では児童相談所ごとに，里親と施設に各市町村の子ども家庭支援センターを含めた「四者交流会」を定期的に開催しており，相互に顔の見える関係をつくりつつ，連携を図っている。市町村によって対応に開きがあるものの，子育て広場の活用や保育所の入所調整等の場面で実際の連携が進みつつある。

　里子に障害がある場合，市町村の障害児支援施策との連携も重要である。児童発達支援センターや放課後等デイサービス等児童福祉法に基づく諸サービスは，里親としても活用できる社会資源である。また，障害のある子どもたちが里親家庭から巣立っていく場面では，障害者施策との連携も必要である。特に就労に関しては，子どもが通っている学校，ハローワーク，職場となる事業所，障害者就業・生活支援センター，障害者総合支援法に基づく相談支援事業者や就労関係施策の事業者等，多様な関係者との連携が重要になる。

　このほか忘れてならないのは，ご近所の皆さんとの連携であろう。わが家は基本的にご近所にも家庭の状況を説明しており，日常の声かけなどをお願いしている。

② 里親委託推進のための里親と施設の連携と協働

　以上のように，里親家庭たるわが家は，さまざまな主体，さまざまな機関と連携し，決してわが家だけで子どもを育てるのではなく，関係者間の連携と協

働によって子どもたちを養育することを日常的に心がけている。

　里親による養育は，「社会的養護」であるがゆえに，また，子どもたちがさまざまな課題を抱えていて子育てに一定の困難が伴うがゆえに，一般の子育て家庭よりもなおさら，孤立することなく，積極的に他の機関と連携する，あるいは他の機関を活用する姿勢が必要であり，重要である。

　少し話がそれるが，施設養護と比較した場合，里親委託を中心とした家庭養護のメリットを，筆者は次の4点に整理している。

①特定の大人との愛着（アタッチメント），年長児であれば強固な信頼関係を築きやすい。

②社会性やコミュニケーション能力，自立生活に必要な知識・技術を習得するための豊かな生活経験を得やすい。

③子どもたちが自ら家庭を築く際のモデルが得られる。

④委託解除後の実家機能が果たしやすい。

　いずれも施設による養育で果たしえないわけではないが，特定の大人と常にともに生活することとなる里親家庭の方が，これらの機能が果たしやすいことは明らかであろう。

　しかしながらその一方で，里親家庭には本質的な弱点があり，逆に，里親家庭から見ると施設には次のようなアドバンテージがある。

①職員一人ひとりが一定の専門的知識を有していることに加え，社会的養護の子どもたちを多数養育していることから豊富な経験の蓄積を有する。

②状況に応じて職員を交代するなど組織としての対応が可能となる。

　このように考え，里親家庭において子どもたちを養育するにあたり，連携の対象あるいは里親家庭への支援を提供する機関，さらには里親のリクルートや里親子のマッチング等の里親関係業務をも包括的に行う機関（フォスタリング機関）として，筆者は乳児院及び児童養護施設に大いに期待している。言い換えれば，児童相談所をはじめとした里親家庭と連携すべき諸機関のうち，筆者は施設との連携・協働が最も重要だと考えている。家庭養護の推進という社会的養護における大きな政策的潮流のなかで，これらの施設は，従来の入所機能だ

けではなく，里親家庭の支援を含めた多機能化，高機能化の道を，是非とも私たち里親とともに，積極的に進めていただきたいと思う。

そしてそのためには，各施設及び各施設を運営する社会福祉法人が，フォスタリング機関を中心とした多機能化，高機能化に前向きに取り組むインセンティブを得られるよう，措置費の体系を大きく見直す必要があると考える。厚生労働省の諸施策においては，医療保険における診療報酬，介護保険における介護報酬，障害者総合支援法における障害報酬によって，各分野の事業者に対し，社会全体が望む方向に向けての経済的なインセンティブを働かせる政策を長年にわたって実施してきている。子どもの社会的養護は，それらの諸施策と異なり，利用者と事業者の「契約」をベースにしたサービス提供が難しく，なお「措置」という体系を維持せざるをえないとしても，その措置費の体系を事業者に一定のインセンティブを用意するために改編することは可能ではないかと考える[2]。これからの検討を強く期待するものである。

③ 里親委託推進のための諸機関連携の課題

一方，里親委託を中心とした「家庭養護」を今後飛躍的に推進していこうという国の基本方針を踏まえ，より普遍的に，あるいは政策的に，里親家庭を中心に置いた諸施策の連携体制をどのように構築していくかという視点でわが家の養育を振り返ってみると，いくつかの重要な論点が浮かび上がってくる。

一つは，諸機関の連携・協働における「拠点」のあり方である。

社会的養護の子どもたちの養育とは，里親に委託されている場合であれ施設に措置されている場合であれ，その子どもが成長して大人になり自立していくまでの間，ケースワークないしソーシャルワークの対象として，児童相談所や里親支援機関，里親や施設といった関係者が連携協働し，子どもを支えていくことにほかならないが，その子どもの成育歴や現在の状況を把握し，支援のニーズを整理するためのアセスメントや，さまざまなニーズに対する支援をさまざまな機関に割り振る機能を果たす機関——いわゆるケアマネジメントの「拠点機能」をもつ機関——が本来必要である。

現状では，その機能を里親自身，施設自身が果たしていることも多いが，社

会的養護の子どもたちについては，元来それは児童相談所の役割なのであろう。

　実際，現在でもそうした役割をしっかり担っている児童相談所も存在するのであろうが，東京都を含む多くの都市部の児童相談所は，増加し続ける虐待家庭への対応に忙殺されている状況であり，一時保護した後の子どもたちの養育をしっかりとマネジメントする余力がない場合が多い。そうした場合には特に，前述したように，里親委託後の里親家庭に対する支援を，他の里親関係業務──里親のリクルートや研修，里子候補と里親候補のマッチング等──も含めて民間の施設に委託することも検討しなければならない。また施設だけではなく NPO なども委託先の選択肢になろう。厚生労働省に設置された有識者会議が 2017 年 8 月の報告書「新しい社会的養育ビジョン」のなかで提言している「フォスタリング機関」の設置は，こうした民間機関への委託も重要な選択肢として視野に入れたものである。また里親の視点から考えても，児童相談所の児童福祉司の頻繁な異動に伴い里親と児童相談所との信頼関係が築きにくいことや，土日休日の対応の難しさ，施設における子どもに対するケアワークの経験の豊富さ等に鑑みれば，もっと積極的に施設等の民間機関を活用することを，各都道府県も児童相談所も検討するべきだと考える。

　いずれにしても，児童相談所が担うのであれ，施設を含む民間機関が担うのであれ，里親が子どもを養育する場合の専門性をもったケアマネジメントの拠点の確保は，必須の課題であり，そこを中心にして各関係機関が連携・協働する体制を構築しなければならない。

　もう一つの大きな課題は，その「拠点」を含めた関係機関での里子里親の支援を担う人材の確保である。児童相談所であれ施設を含めた民間機関であれ，里子と里親家庭に対してしかるべきソーシャルワークを提供できる専門家が必要であることは論を俟たないが，こうした人材は単に社会福祉士の資格を有していればよいというわけではない。子どもと家庭のニーズに寄り添ってこれをさまざまな施策に結びつけていくためには，OJT（On the Job Traning）等による相応の訓練を経て経験を積み重ねることが必要である。こうした人材を継続的に確保するためには，相応の分厚い組織体制が必要である。たとえば，新たに配属された新人は当初の 1 年は前任者かベテランワーカーと常にコンビで動

きながらケースを引き継ぎ，経験を蓄えることが可能となるような人事配置ができないものか。そうした組織体制が望まれる。

④ 子ども・子育て支援施策全体における連携・協働の必要性

　ここまでは，筆者自身の里親としての経験をベースに，里親を中心とした家庭養護によって子どもたちを支える場合の関係機関の連携・協働について述べてきたが，社会的養護も子ども・子育てを支える施策全体から見れば，一部にすぎない。すでに本書第1章及び本章第1節でも述べられているとおり，高齢者施策や障害者施策と同様，子ども・子育て支援施策——母子保健，保育を含む子育て支援，社会的養護，障害児支援等——についても，これまでの制度が縦割りとなり，それに伴って現場も縦割りになりがちな状況を打破し，関連諸施策をどのように連携させていくかが大きな課題となっている。

　子育て世代包括支援センターをはじめ国の政策においても，いくつかの試みが行われてきているが，それらをも活かしつつ諸施策の連携に一定の成果を上げている地方自治体もあるものの（第3章参照），多くの地方自治体においては，まだまだこれからの大きな課題である。

　国のレベルにおけるマクロ的な制度論については，現時点で頭に浮かぶ論点を第4章でいくつか述べるが，一方で，第3章で紹介されている調査結果によれば，制度が縦割りであっても地方自治体の現場レベルでは関連諸施策の連携・協働が一定のレベルで実現できている例があることも明らかである。ここではそうした前提に立ち，現場レベルで諸施策の連携・協働を実現するためには何が必要かという視点から，里親としての経験にも鑑み，いくつかの課題提起をしたい。

（1）「拠点」のあり方

　前節で述べた社会的養護における関係機関の連携・協働と同様，子ども・子育て支援施策全体の連携・協働においても，子どもに対するケアマネジメントの中心となる拠点の存在は，当然のことながら，必須である。

　第3章で紹介されている地方自治体の事例を見ると，どのような機関がどの

ようなスタッフによって拠点機能を担っているかはさまざまであり，その地域の実情に合わせた体制を組み立てることが重要となるが，その際，次の2点には十分留意するべきだと考える。

一つは，拠点機関の「主体性」である。

拠点機能をどの機関に委ねるべきかについては，一概にはいえず，市区町村子ども家庭総合支援拠点であれ，子育て世代包括支援センターであれ，児童相談所であれ，その他の機関であれ，それぞれの地方自治体の人材をも含めた諸資源の配置の具合によりさまざまなバリエーションがあってしかるべきだと考える。

しかしながら，拠点たる機関の機能としては，まず，たとえば里親たる筆者が児童発達支援センターを活用したい場合において，単にここにこういう機関があります，と筆者に紹介していただくだけでは拠点機能を果たしたことにはならない。拠点機関におけるわが家の担当者は，実際に児童発達支援センターに出かけていって，顔の見える関係を構築しつつ，同センターのスタッフとわが家の里子に関する情報や支援方針を共有し，互いの役割分担を確認しなければならない。もちろんそこに里親たる筆者も加わる必要がある。そうした動きを着実に行うために，拠点機関のスタッフは，普段から関係機関に関する情報を収集し，所管区域内の市町村の関連部署やなにがしかのニーズが明らかになったときに子どもをつなげていける民間機関と，普段から顔を合わせ，一定の信頼関係のネットワークをつくっておかなければならない。

また，関係諸機関が連携するために一堂に集まる会議を主催し，地域の課題（当該地域における特定のサービスの不足や，逆に過剰による不適正な利用実態など）の抽出や対策の議論，あるいは個別ケースにおける役割分担を明確にする場合には，各関係者が意見を言いっ放しにするだけでは意味がない。筆者も地元の里親委託等推進会議等，この種の会議に出席することが時折あるが，こうした会議は，ただ皆が集まって言いたいことを言うだけでお茶を飲んで帰るだけであれば，何の前進もないのである。そうした会議の場では，拠点機能を担うべき機関のスタッフが会議を「仕切る」ことが必要である。すなわち，その場で明らかになった意見を整理し，課題を抽出し，それぞれの課題に対して各メンバーが何をやらなければならないかを明確にする。これをいわば「宿題」とし

て各メンバーに割り振り，次回は持ち帰った宿題をそれぞれがどのように果たしたかを評価し合い，成果を確認しつつさらに論点を洗い出して，また宿題を割り振る。こうした関係者全員で回していく PDCA サイクルを，拠点となる機関が責任をもって動かしていかなければならない。こうした関係者が集まる会議は，たとえば要保護児童対策協議会や障害者総合支援法に基づく自立支援協議会もそうだが，個別ケースに関する役割分担の明確化はもちろんのこと，会議を開くことによってその地域の課題が明らかになり，それらが解決に導かれることがなければ，結果として意味が乏しくなる [3]。

もう一つは，拠点を担うスタッフである。

上記のような機能を担うためには，地方自治体の規模にかかわらず，その機能を果たすことができるスタッフ——地域のなかで一定の信頼関係を得ていて，他の諸機関にも宿題が出せる，仕事を割り振れる，動かせる——スタッフが必要である。諸機関の幹部同士がたびたび顔を合わせて十分な意思疎通を図るとともに，自機関の職員に互いの連携の重要性を説くことも重要だが，やはり能力あるいは個性として，そうした仕事ができるスタッフが配置されることが重要である [4]。場合によっては，どこの機関が拠点を担うかということよりも，「誰が」担うかの方が重要なのかもしれない。そのように考えると，そうした業務ができるスタッフをどのように育てるかも，拠点機関の大きな課題となる。

そうした人材は，一般的に考えれば，社会福祉士の有資格者を中心としたソーシャルワーカーが最もフィットするのではないかと考えられるが，単に社会福祉士の資格を有しているというだけで十分な働きができるわけではないし，ソーシャルワーカーであった経験が必須ということでもないように思う。それぞれの現場で最も適切な人選をすることが重要である。また，日々の業務において常にその職員の後を引き継ぐ職員を育てていくことを意識する必要がある。

(2) 地方自治体の企画力の重要性

こうした子ども・子育て支援関連諸施策の連携体制を組み立てるにあたって，国レベルの制度論については所感を第4章第2節で述べることにするとして，その一方で重要性を増しているのは，地方自治体において，そうした連携

体制を組み立てていく「企画力」である。

　自らの所管地域のなかで，官民含めてどこにどのような資源が存在しているのか，それらがどのように結びついているのか，いないのか，それぞれの機関が手を伸ばせる地理的な範囲はどこまでなのか，キャパシティーはどの程度なのか等々を総合的に把握し，それをもとに，地域のニーズに比してどのサービスがどれくらい足りないのか，それをどのようにして拡充すればよいのか，どことどこをどのように結びつければより深い連携が可能となってよりよい協働体制が築けるのか，そして全体のシステムを仕切る役割はどの機関が担うべきなのか，そこで拠点機能を担う人材は誰か，そうした人材をどのようにして継続的に育成していくのか……。こうした事情は明らかにそれぞれの地域によって大きく異なっている。国レベルの制度によって一律に決められるものでは決してない。地域ごとに異なるシステムを組み立てるしかない。

　こうしたことを企画し実現に向けた戦略戦術を打ち立てていくことは，筆者のような一里親や施設だけで取り組めることではない。地域をカバーするサービスの供給システム全体を所管する地方自治体の企画力の見せどころである。

　各地方自治体が，現場の声を幅広く受け止めながら，第3章や巻末資料で紹介されているさまざまな事例を参考にしつつ，各地方自治体職員の総力をあげて，こうした「企画」に取り組むことを強く期待している。

■注
(1) 東京都では里親を「養育家庭」と呼称している。本節では，特別の必要がない限り，他府県の読者が多数存在することに鑑み，児童福祉法上の名称である「里親」または「里親家庭」を用いることとする。
(2) あわせて児童福祉法上の事業の体系も見直す必要がある。
(3) こうした拠点機能を考える際，社会的養護が基本的に都道府県の所管であり，子ども子育て支援等，他の多くの施策は市町村の所管であって，この両者が分断されていることが，諸機関の連携・協働を難しくし，拠点機能の発揮にも妨げとなる場合がある。その意味では，特別区や中核市が児童相談所を設置できることとなり，実際に多くの特別区が児童相談所を設置する準備を進めていることは，ここでいう諸施策の連携を図るうえで歓迎すべき動きであると考える。
(4) 第3章，巻末資料で紹介される地方自治体の事例においても，それを示唆する例が存在する。

地域包括的・継続的支援の実際：
民間レベルの子ども家庭支援「むぎのこ」の実践から

北川聡子

1 スタートは学生時代

　社会福祉法人麦の子会は，大学を卒業したばかりの学生4人で1983年4月に設立した。そのきっかけは，卒論のために入所施設を訪問し職員の方々からインタビューさせていただいた際，どこの施設でもこれまで知的障害の方々の処遇についてどう対応していいのかわからないという声が聞かれたことだった。現地の方々が対応に苦慮しているという実態を知り，また市町村においても療育支援体制がまだ整っているという状況ではなかったので，4人が集まって，幼児期から障害の重い子どもたち，特に自閉症の子どもたちの支援を充実していくことで，自閉症の方々の予後も変わってくるのではないかと考えたのである。そのころ札幌市では，定員60名の知的障害児通園施設（現児童発達支援センター）が1か所しか設置されておらず，当時の札幌市の人口規模から見ても，障害のある子どもの療育機関が，まだまだ必要であった。

　そのような経過で，教会をお借りして，無認可ながら7名の子どもたちを受け入れ，発達に心配のある子どもの通園施設がスタートした。

　紆余曲折を経て，13年後の1996年に社会福祉法人知的障害児通園施設として認可され，新たな場所で新園舎を建設してスタートを切った。

2 現在の様子

　現在は，子ども部門として，児童発達支援センター（定員47名）を中心に，児童発達支援事業10か所，放課後等デイサービス11か所，企業主導型保育園，クリニック，ファミリーホーム2か所と，子ども子育て，社会的養護，障

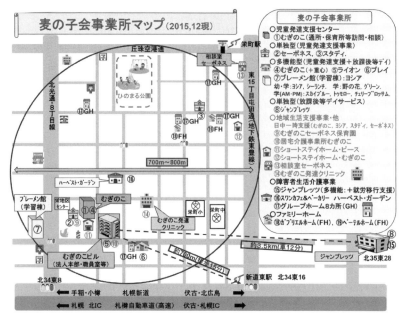

図２−３−１　麦の子会事務所マップ

害のある子どもと，制度の壁を越えて，地域に住むすべての子どもを対象に事業を行っている。また成人部門では，生活介護事業３か所，就労移行支援事業１か所と，０歳から大人まで，ライフステージにわたって，困り感ある方々を支えるためのシステムができている。社会福祉法人麦の子会以外のこれら諸事業を「むぎのこ」と平仮名で表記する。

　「子どもが本来持てる力を発揮できる大人になるためには，胎児期，幼少期に成長発達が阻害されることを予防するとともに，人間が信頼できるものであることを知り，自分が大切な人間であるという自尊心を育てることが重要である」(佐藤 2018: 37)。そのために，子育て環境を整える支援が必要である。このように，すべての子どもがもっている力を発揮できる大人になるために，大人が知恵と力を合わせて子育ての環境を整えていかなければならない。

③ 専門性の高い相談対応とワンストップの支援体制

　むぎのこには，表2-3-1にあるように，さまざまな経路から紹介を受け相談が寄せられる。在宅のお母さんからの子育ての相談，電話での相談は，札幌だけではなく，北海道内，全国各地から寄せられる。主訴は，幼児期は「子育てが大変」，思春期になってくると「本当の気持ちが誰にも話せないから聞いてほしい」という悩みである。

　むぎのこは，本来発達の心配な子どもの支援をする児童発達支援センターである。札幌市の発達が心配な子どもは，保健センターの検診の後，市が行っているさっぽろ子どもの広場という子育て支援を受け，その終了後に見学に来て，児童発達支援センターの支援につながるシステムがある。しかし子どもだけでなく家族にも支援が必要な場合は，保健センターや区の家庭児童相談室から直接紹介される家庭もある。不登校や思春期の課題，里親委託，家庭内暴力（DV），一時保護委託などは医療機関や児童相談所から連絡が来る。

　相談のなかには人生に関わる深刻な問題も多く，対応する側には高い専門性が必要である。高い専門性とは，発達のスクリーニング的な指摘をするような支援ではなく，支援される側に立った，心配事を話しやすくなるよう，気さくに相談できるようにすることであると考える。むぎのこでは，その後の支援などをワンストップで行えるような体制を整えている。

表2-3-1　紹介機関と，むぎのこで提供している相談資源

紹介機関	相談内容
子育て電話相談	・子育ての仕方，不安
保健センター	・発達が心配
家庭児童相談室	・障害の特性
むぎのこ発達クリニック	・家族の支援が必要
医療機関	・虐待が疑われる
児童相談所	・学校不適応
学校	・不登校
他事業所	・家庭内暴力
保育園・幼稚園	・里親委託
	・貧困の課題
	・栄養相談
	・学習相談

④ 子どもへの支援——発達支援

　むぎのこでは，乳幼児期から成人期までのライフステージや発達に合わせて，表2-3-2の支援事業を行っている。

(1) 幼児期から成人期を見据えた継続的支援

A．乳幼児期

　むぎのこで乳幼児期に大切にしてきた支援は，障害のあるなしにかかわらず，母と子どもの愛着関係の構築である。また，母と子どもの関係が困難な状態にある場合は，職員との関係のなかで信頼関係をベースにした支援を基本に据える。特に発達に心配がある子どもの場合，これを丁寧に行っていく必要がある。子どもの心のなかに頼れる養育者の存在が生まれ，人は敵ではなく応援してくれるものだという感覚をこの時期にもつことができた子どもの予後はいい。だから療育は，障害を治して能力を伸ばすよりも，人は安心できる，助け

表２-３-２　子どもの発達を支えるための支援

	支援事業・施設	対　象
乳幼児	企業主導型保育園	地域の子ども 乳児院通所児 里子・兄弟児
幼児	児童発達支援センター 児童発達支援	発達に心配のある子・里子 比較的障害の重い子ども
	重心児デイサービス	重心児・医療的ケア児
地域支援	保育所等訪問支援事業 居宅訪問型児童発達支援事業 地域療育等支援事業	幼稚園 保育園 養護施設
学童	放課後等デイサービス	小学1年生～高校3年生
	学童クラブ（父母会）	
	不登校支援	
	大学生・専門学校支援	
15歳～成人・就労	生活介護事業 スワンベーカリー	
	就労継続支援	
	生活介護事業 グループホーム・シェアハウス	
全世代	むぎのこ発達クリニック	

を求めていい，という安心感・安全感の土台づくりをする時期である。このことは特に人との関係で傷つきやすい発達障害の子どもの予後に影響する。

　また，子どもの攻撃性を問題行動とせずに，親も支援者も肯定的に受け止める必要がある時期でもある。子どもの甘え，ネガティブな感情を受け止めることは，小手先ではできない子どもへの向かい方である。親も私たち支援者も，子どもの攻撃性や表現の裏にある心を理解して，受け止める力が求められている。しかし養育者には，支えが必ず必要である。この段階を乗り越え，子どものことを理解し，自分の心を見つめつつ，子育てによって「（自分が）成長できたと思う」と言ってくるお母さんが多くいる。この段階を乗り越えることは，世界中のすべての子どもにとって課題といえる。しかし，むぎのこで行ってきた子どもへの支援は，親も子どもと一緒に頑張らなければならないという支援ではなく，お母さんが子育てにできるだけ前向きに向かい合えるように親たちを支える支援である。

　具体的には，訓練的に障害を治すという従来あった医療型の支援ではなく，子どもが楽しい遊びのなかで発達していくように支援を行ってきた。その子どもの発達段階の遊び，親子遊び，感覚遊び，自分のやった結果が見える遊び，人との関係を結べるように工夫した遊び，みたて遊び，集団遊びなどを通して，楽しさやもう一回遊びたいという期待感，自発性が生まれ，癒しを経て，子どもたちは発達する。

　遊びの工夫，発達に合った遊び，構造化など一人ひとりの発達に合わせた遊びの構築にこそ専門性が必要である。また一人ひとりの特性を理解して，感覚の過敏さに対応し，整理されたわかりやすい空間をつくり，見通しがもてるようにすること，体の不自由な子どもに合ったポジショニングや，体へのアプローチなど，それぞれの子どもの特性に合わせた支援をすることも大切である。ルネス花北の所長であった宮田広善の著書『子育てを支える療育』によると，「療育とは，障害のある子どもそれぞれの『育ちにくさ』の原因を分析し，それらを一つひとつ解決し，彼らの『育ち』が彼らなりに成し遂げられるように援助する営み」であり，「障害のある子どもと親の『豊かな親子関係』，子どもの育ちの基盤となる『自信』，地域社会で豊かに暮らしていくための『生活する技術』などを保障する」という療育本来の責任がある（宮田 2001: 29）。つ

まり療育の重要な役割は，「障害のある子どもの育ちと親の育児を援助する」ことである（宮田 2001 :31）。このように障害がある子どもの発達支援は，特別なものではなく，その子その子に合わせて配慮された子育てといえる。そして，子どもたちが活動や生活を楽しみ，笑顔が多くなり，もっとしたい，もう一度したいという経験，達成感をもつこと，これが子ども時代に，すべての子どもの発達にとって必要で大切なことである。

B. 学齢期

　第二の誕生といわれる学齢期・思春期になると，困り感をもつ子どもも増え，「朝起きられなくなる」「不登校」「暴言・暴力」「学力不振・過適応」などの発達上の課題が生じる可能性が高くなる。幼児期のように言葉でなだめたりできず，体も親より大きくなるため抱っこして方向替えなどできなくなる。そのため朝起きられない子どもを起こすことにも，母親だけでは対応が難しくなる時期である。

　むぎのこでは，親や本人の気持ちに寄り添いながら，問題行動自体を本人のSOS，発達の要求の現れであり，支援のチャンスととらえてマイナスの見方をしない。

　このように思春期は，発達的に本人の困り感が出やすくなる一時期であるため，小学校低学年から放課後等デイサービスを通して予防的に支援することで，「成し遂げる喜び」「友だち・大人に認めてもらう」など，親の見守りがあるなかで仲間の存在が重要になってくる。友だちのなかで学習支援を受け，人と楽しく過ごすための社会スキル，料理をつくるなどの生活のスキルを学ぶ。この時期は，周りの友だちとの関係でうまくいかない等，悩む時期でもある。特に困り感のある子どもは，自分と周りとを比較して，また今の自分となりたい自分との狭間で，とても強い葛藤が生じる。そのため葛藤をやわらげる仲間——クッション的な存在（山本 2019）が必要であり，存在が肯定され自分らしく生きていける場が必要なのである。

　むぎのこでは，不安定な思春期を見据えて，幼児期からの仲間づくりを大切にしている。いいところも弱いところも認め合った仲間の存在，安心できる存在が，苦しい思春期から大人への自立への移行を支えるのである。

親同士が子どもを見守りながら協力し合い，夏はキャンプ，冬はスキー，学年の節目節目で修学旅行を企画し，山梨での牧場体験や，秋田，沖縄，北九州，遠くはカリフォルニアまで出かけて，子どもたちの経験を広げたり，自然なかたちで安心できるつながり，信頼できる絆をつくっていくために協力し，助け合っている。

小学生とカリフォルニアのヨセミテへ（異文化体験）

（2）社会的養育の必要な子どもたちへの支援

表2-3-3には，地域での子育てが困難なときに家庭を支える機能として，ショートステイとホームヘルプサービスを挙げている。

むぎのこには，シングルマザーや，お母さんやお父さんが病気だったり働くことに困難を抱えている家庭等，在宅の社会的に生きにくさを抱え，子どもの養育支援，在宅支援が必要な家庭が多い。もともと，障害のある子どもを家族だけで育てるのは困難である。これまでもさまざまなかたちで障害児のいる家庭に支援を行ってきているので，社会的養育の必要な家庭の支援も，同じようにサービスを使ったり，助け合ったりした支援を行ってきた。

子どもたちは，日中むぎのこのサービスである学校，保育園，児童発達支援センター，放課後等デイサービスを利用しているが，むぎのこでは家庭への直接的な支援も行っている。

居宅訪問事業として，ホームヘルパーさんが家庭を訪問し，子どもをお風呂

表2-3-3　社会的養育機能

ショートステイ	一時保護委託（児童相談所から） 行動障害等治療的機能 レスパイト
ホームヘルパー	家庭へのアウトリーチ支援

に入れたり，ご飯を食べさせたり，寝かしつけを行うなど，子どもへのケアや通学の援助をし，通院がある場合は一緒に行ったりしている。

またショートステイホームが2か所あり，16人の子どもが泊まれる。レスパイトの必要な家庭，行動障害があったり睡眠時間が安定しないなど治療的な理由，児童相談所からの一時保護委託，パートナー・親等のDVからの避難的利用など，社会的養育が必要な子どものための保護機能を担っている。

(3) 社会的養護機能と里親支援

在宅の支援を充実するのはもちろんだが，一時的に，もしくは長期的に代替養育の必要な子どももいる。以前は，むぎのこに通園していた子どもで，保護者が亡くなったり，病気になったり，社会的養護が必要になった子どもが中心であったが，最近では児童相談所から委託される子どもがほとんどである。

むぎのこが里親を始めたのは，20年以上前のことである。知的障害のあるお母さんの子どもが児童相談所の判断で施設に措置になったときに，お母さん自身が小学校5年生のときに療育手帳が交付されたにもかかわらず，社会的な支援がほとんどされず，成人になって子育てができないということで子どもと分離される結果になってしまったのである。そのとき，お母さんのもとで子どもが暮らせるようにするための支援がもっと必要だったのではないかと思い，児童相談所の方に話をしたところ，「あなたが里親になって，子どもを受託して実親の近くの地域で育てて，お母さんと一緒に子育てしたらいい」というアドバイスをもらったのがきっかけであった。

このように，むぎのこが里親に取り組むことになったきっかけは，もともと厚いサポートの子育て支援を目的としたものだったのである。

その後，お母さんの病気の治療などの理由で里子になる子どもが出てきて，里親委託のニーズも増えてきた。もともとむぎのこに通園している子どもが中心だったため，自閉症タイプの子どもが多く，暮らす場は変わっても日中の支援の場はそのまま変わらなかったということが，乳幼児期に生活環境をなるべく変えないという点で，子どもにとっては大きなメリットとなった。

児童相談所からの委託紹介も増えてきたとき，卒園児の親たちを中心に，むぎのこの支援があるのなら里親をやってもいいという家庭が増えてきて，現在

図２－３－２　麦の子会里親マップ

出所：社会福祉法人麦の子

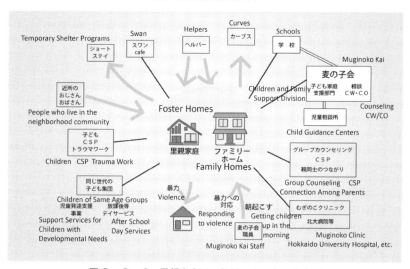

図２－３－３　里親さんファミリーホームへの支援

ファミリーホーム

は17組が里親登録している。障害児を育てた経験のある里親なので、委託児は障害のある子どもがほとんどである。

重度の障害のある子どもや、日常的に虐待を受ける環境で育った愛着障害の子どもも増えてきたため、里親だけでは対応できなくなってきた。そのため法人として、里母と里父だけではなく、補助者も養育に参加できるファミリーホームをつくり、比較的養育の難しい子どもに対応している。

現在2か所のファミリーホームを運営しているが、子どもの育ちの場としての受け入れ希望が多く、もう少し増やす必要があると考えている。

(4) 教育との連携

創設当初、お母さんたちと北欧を中心に視察に行き、北欧ではインクルーシブ教育のなかで障害のある子どもたちも地域の学校で学んでいるということを見てきた。国としての施策であるため、20人学級に、1人の教師、アシスタント、難民の子どもの通訳、障害児のサポートと、4人のスタッフが子どものために一つの教室にいたのである。これには大変驚き、お母さんたちは、「自分の子どもを遠くの学校に行かせるのではなく、普通に地域の学校に行かせたい」と考え、視察後、地域の普通学級に入学させることにした。もちろん教育委員会は反対し、学校も賛成はしてくれなかった。しかし、母子通学を条件に通学が可能となった。何が何でも普通学級に通わせたいというのではなく、子どもに負担のないかたち、また学校の先生に負担をかけないようにお母さんたちも配慮して、子どもの参加できる授業を選択しながらの通学が始まった。子ども一人ひとりに合った支援は、お母さんたちがフリースクールを立ち上げ、先生を雇い、そこで保障することとしたのである。

高学年になると、少しずつ学校にも慣れ、学校や担任の先生の理解もあり全

授業学校に行けるようになる子どもも出てきて，そのまま中学校，定時制の高校へ進んだ子どももいた。

むぎのこのめざしたインクルーシブ教育は，周りにどう理解されたかはわからない。むしろ特別支援学校に行くべきという流れが強いなか，むぎのこのやっていることは，理解が得られなかったと考えていいだろう。

しかし，日本の制度ではインクルーシブが難しいという現実を踏まえて，20年前から学校に負担をかけないかたちで，子どもたちが楽しんで地域の学校に行くにはどうしたらいいかと考え実践してきた。その思いは現在でも変わらない。

国連の障害者権利条約が日本でも批准された2014年，インクルーシブのモデル校として地域の学校が指定され，むぎのこも一緒に取り組むこととなった。年に数回，学識経験者，親の会，学校，教育委員会，むぎのこが集まって，インクルーシブ教育のための教育のあり方を個別のケースをもとに検討できた2年間であった。それ以来，札幌市内でも自立支援協議会子ども部会などで，また国でも，教育と福祉と家庭のトライアングルプロジェクトなどを通して，教育と福祉の連携を進めていこうという気運が高まってきた。

いろいろな取り組みを通してわかったことは，同じ子どもを見ていても，教育と福祉では文化が違うということであった。違いを念頭に置かずに一緒に活動するとうまくいかない。違いを理解することからしかスタートできない，ということに気づかされた。

子どもたちは，毎日学校に通学し，放課後デイにも毎日通ってくる。その子どものために連携をとっていく必要がある。そのために私たちは，地域の学校の校長先生の退職後に，学校と福祉の懸け橋として働いてもらうこととした。これは本当によかったことで，お互い文化の違いを埋めてくれて，それぞれにしかわからないことの理解につながった。このことによって，お母さんたちの学校への理解は深まり，子どもたちが安心して学校に通学できるようになった。校長先生や学校の先生がむぎのこに来てくれたり，むぎのこのスタッフも，元校長先生だけではなく，一日5人くらいで学校に支援に出かけている。

学校の運動会では，30人以上のむぎのこスタッフが，子どもの支援のために一緒に参加している。他の行事のときも同じような取り組みをしている。地

域の学校で，むぎのこの子どもも，それ以外の子どもも，みんなが元気に通学し学校生活を送っていくために，教育と福祉の連携は欠かせない。学校を知り，お互いに子どものよい成長を願い，日ごろからコミュニケーションをとっていくとともに，それぞれの役割の違いを知ったうえでの連携が必要と考える。

⑤ 家族支援

(1) 心理支援の実際

親子通園での愛着の形成を大切にしつつ，お母さん自身の心の安定・安心が子どもの心の健康をもたらし，悩みや葛藤が子育てに影響することに気づき，無認可時代から大切にしてきたのは，お母さんへのグループカウンセリングなどの心理支援である。

心理支援のむぎのこでは，表2-3-4のように行われている。

A. グループカウンセリング

幼児期は，年齢・学年ごとに毎週開かれている。学齢期になると自助グループもあるため，グループカウンセリングは月1回となる。スタッフは，心理職であるセラピスト，コセラピスト，先輩お母さんの3人で構成している。

【5歳児の母——グループカウンセリングに参加しての感想】
現在は，年長組です。相変わらずわが子の育てにくさや大変さはありますが，それを笑い話に変えられるまでになりました。気がつけば，自分の嫌な面も抵抗なく話せるようになり，他人の良い面も悪い面も受け止めることが

表2-3-4　むぎの子の心理支援

グループカウンセリング
個別カウンセリング
トラウマケア
自助グループ(虐待を受けた,アルコール問題を抱える家族のいる家庭で育った,虐待しそう等)
パパグループ
ペアレントトレーニング(コモンセンスペアレンティング)

できるようになっていました。そして，心を許せる仲間ができました。

　自分の思いを人に話すことで，まずは自分を許し，自分が他人に受け止められたことで初めて他人やわが子のことも受け止めることができたと感じています。

グループカウンセリングの一場面

　私にとってこれまでグループカウンセリングに参加したことは，自分の成長につながり，とても意味のあったことだと思います。

　これは，子どもが2歳のときから年長までの間，グループカウンセリングに出席したお母さんの感想の抜粋である。

B. 自助グループ

　学齢期は，月1回のグループカウンセリングになるが，その時期になると少しずつ親たちに仲間ができ，よい意味で横のつながりができるため，ピアカウンセリング（自助グループ）での支え合いの場に参加するお母さんが増えてくる。むぎのこでは，お母さんたちのニーズに合わせて，またお母さんたちが自主的につくって，10個以上の自助グループがある。

　虐待も受けてきた，アルコール依存症の家族がいるなかで育った，家族に自死の方がいるなどテーマはさまざまであるが，当事者同士，自分のことを語り合う大切な場となっている。

　また，私たちが長年取り組んできた心理支援や当事者同士のエンパワメントが，障害児をもつお母さんたちにとっても有効であるということが，研究によっても明らかにされてきた。

　むぎのこ発達クリニック木村直子医師によると，障害児の親は常に育児ストレスが高い状況にあるという。また，虐待に至りやすい被害的認知を高めないためには，「自尊感情を高める」ことが必要であり，当事者の力で，自己肯定

感は高まるという，①半構造化インタビュー，Grounded Theory Approach，②心理検査（SDS・STAI・Rosenberg の自尊尺度）による研究結果であった。

　結論として，

○親（当事者）同士の対話の場所があること

○親自身が受容され，過去を含めた自分を受容すること

○自分の役割（仕事）を与えられること

が示され，障害児を虐待から守るためには医療・福祉・教育の支援は必要であるが，親の大きな心理変化に至るためには，親（当事者）同士の力が重要とされている（木村 2018）。

C．ペアレントトレーニング──コモンセンスペアレンティング

　発達障害の子どもや虐待を受けた子どもは，とてもナイーブでデリケートであることが多いために，お母さんたちの心のケアをしつつ，お母さんたちや職員も一緒になって，実際に子どもと関わるときに，肯定的な言葉かけや関わり方をするために，5 年前からコモンセンスペアレンティング（CSP）に取り組んでいる。毎週 1 回グループカウンセリングの前に CSP を行い，ロールプレイで子どもに対する肯定的・具体的な関わり方，子どもに問題が起きたときにお互いを傷つけずに関わる方法などを学んでからスキル練習をする。

　ペアレントトレーニングは，繰り返し練習することで身につく。ほめること，肯定的に関わることは楽しんで練習することである。子どもの期待値を高くもたず，できていることも肯定的にほめることが，日常の暮らしで意識してできるようになると，子どもとの関係が変化し，トラブルで関わることが減ったという声が聞かれる。実際に子どもとどう関わり言葉がけをしていいかわからないお母さんが増えてきているなかで，形から入ったとしても，大人と子どもとのよいコミュニケーションにつながり，子どもが肯定されるようになることから，ペアレントトレーニングは今後ますます重要なプログラムになると思われる。

　子どもの側から考えると，安心感やアタッチメントの再形成につながり，認知的ゆがみも修正される。養育者側の行動をポジティブなものに活性化することで，子どもとのよい感情の交流に変わることも見られ，結果としてよい関係

性になっていく場合もある。

D. パパグループ

　お父さんへの支援は，月2回，土曜日の夜に行われている。ここではモデリングとリハーサルを中心にしたペアレントトレーニングをした後，日ごろの子育ての悩みや妻との関係性，会社のことなどいろいろなお父さんの思いが語られる。お母さんとは違い，会社など能力主義の社会で生きるお父さんだからこそ，子どもの行動をうまく受け入れられなかったり，感情的になってしまうなど，悩みがある。お父さん同士も自分の悩みや弱さ，時には不満，喜びを語り合い，子育てに前向きになるように，地道な取り組みではあるが，同じく子どもを育てている男性職員が中心になって続けている。

E. きょうだい児への支援

　きょうだい児も，障害のあるきょうだいの存在に気づき始め，思いどおりにいかない家庭内での葛藤が生じるようになる。同じ子どもなのにお母さんが障害のある子ばかりに手をかけてしまう，他方で，障害のないきょうだい児に高い期待をかけてしまうことへの不満が募る。社会との接点のなかで障害のあるきょうだいの存在そのものへの葛藤，結婚するにあたっての相手や相手の家族に理解してもらえるだろうかという不安など，多くの悩みや育ちのうえでの不全感を抱えて成長して，大人になってからそれまで出せなかった心の鬱積が，言葉や行動または身体化によって表現される場合もある。この困り感に関しては，きょうだい児が子どものころから向かい合う必要がある。

　私たちは，このニーズに対して，むぎのこに母子通園するきょうだい児のいるお母さんたちが集まって20年前に保育園を無認可で立ち上げた。現在は企業主導型保育園として30名の子どもの受け入れを行っている。きょうだい児も親と同じように，障害のあるきょうだいのことについて，心のなかに抑圧するのではなく，気持ちを語り合う場が必要である。きょうだい児たちは，小学校高学年ごろ，障害のあるきょうだいに対してかなり否定的な表現を行うが，そのような表現は，中学生そして高校生と成長するにつれずいぶん変わってくる。あんなに存在を否定していた障害のあるきょうだいのことを「いろいろあ

るけど，まあいいところもあるし」「頑張っているよ」など少しずつ肯定的に
とらえる言葉が増えてくる。きょうだいも，自分の気持ちを語りながら少しず
つ，障害のあるきょうだいの存在を理解してきたプロセスである。小さなと
きから，必死で子育てしているお母さんに代わって話を聞いてくれる保育士さ
ん，また自分と同じ経験をしている仲間の存在も大きい。きょうだい児が本当
に辛くなってしまったときに，施設と連携して，障害のあるお兄ちゃんに何か
月か施設入所してもらい，きょうだい児がお母さんの心と体を独占できる機会
をつくる必要があった家庭もある。

6 生活支援

　障害のある子どもや，不登校や DV がある場合の子育ては，時にお母さん
お父さんの気持ちが揺さぶられ，いつまでこの辛さが続くのかと見通しがもて
なくなり，辛さのなかで自分や子どもを責めてしまうなど打ちひしがれるよう
なこともある。たとえば，パニックがなかなか収まらないで泣き叫んでいる，
睡眠障害のため夜中起きている，高いところに登るなど目を離すことができな
い，子どもに暴力を振るわれた，学校に行かないなど，きっかけはさまざまで
あるが，子どもが暴力的になってしまったなど，子育てで大変なときに，一人
で，また家族だけで一生懸命頑張りすぎると，「この子さえいなければ」「私が
ダメな親だからこんな状態になってしまうのではないか」などとお母さん自身
を追い詰め，また子どもをも追い詰めてしまう場合もある。
　実際に，毎晩なかなか寝ないで夜中に起きて危ないことをするわが子の首を
絞め，マンションの 7 階から落とそうと思ってしまったお母さんもいる。やは
り困り感を抱える子どもの子育ては，暮らしのなかで大変なことが多々ある。
私たち支援者も，その大変さをキャッチし，幼児期から，子育てが大変なとき
は，「助けを求める力」を普通のこととして育んでいくことが大事だと考えて
いる。それは，将来子どもが大人になったとき，困ったときに助けを求める力
につながる。
　スウェーデンでは，障害のある子どもを育てているお母さんやお父さんたち
が，家族や子どものためにも親自身が追い詰められないように，ショートステ

イ，ヘルパーなどをあたりまえのこととして利用していた実態があった。

　むぎのこでは，以前から，実際に家に行っての支援や，お母さんが病気のときに職員が家に連れて帰ったりしながら子育てを応援していたが，今はヘルパーやショートステイがサービスとして位置づけられた。子どもの生活支援サービスが公的なものとして位置づけられたことは，地域で生活するうえでも画期的なことだった。子育てに疲弊して，最後は入所施設に入るしかないという構図が変わってきたのである。そしてお母さんたちが一人で頑張っていた時代に比べると，子どもの育ちも安定してきた実態があると考える。

(1) ヘルパー

　子どもに対して，実際に家に行って遊んだり，お風呂や食事介助ができるようになった。

　なかなか学校に行く準備ができない，お母さんも病気などで朝の登校についていけない場合にも，ヘルパーが使えるようになった。生活自体が困難で不登校気味になりがちの子どもも，一日家にいるのではなく，学校教育や日中活動が保障されるようになったのである。また，これまでは，思春期に入っても一人で外出することが難しい子どもは，いつもお母さん，時にはお父さんと出かけていた。だが，ヘルパーを使えるようになり，少し年上の大学生など家族以外の第三者と外出できるようになったことは，本人の世界が広がるという点においても，家族にとっても画期的な出来事であった。

(2) ショートステイサービス

　具体的な生活支援のもう一つの柱は，ショートステイである。子どもが寝ない，パニックになることが多い，偏食がある，水分はジュースしか飲まない，双子のきょうだいの場合，養育者側のレスパイト，社会的養護の必要な子どもの一時保護機能など，子育てが大変なとき，養育者が病気など，虐待予防の観点からも，疲れたときなど実家に預けるように，自然なかたちで泊まりができるような機能が地域にあることは，今後ますます求められる。

７ 他機関との連携

「一人の子どもを育てるには村中の知恵と力と愛と笑顔が必要」というむぎのこのミッションのとおり，子どもは社会の子どもなので，むぎのこだけで抱え支えるのではなく，札幌市内の関係機関との連携が必要である。

図２−３−４は，子どもの家族が抱える問題を解決するためのむぎのこの支援の内容と連携・協働団体である。

次に２つの事例を紹介する。２例とも，本人や家族の了承を得て掲載している。

【事例１】虐待の疑いで一時保護された後，家族再統合の家庭が地域で暮らすための支援

（家族の状況・課題）

家族構成は，夫婦，長男３歳，長女２歳，次男生後６か月。

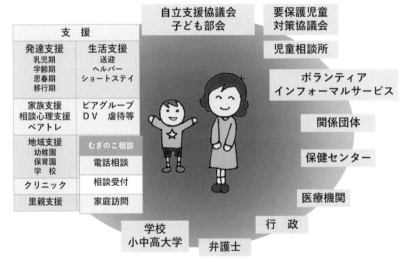

図２−３−４　むぎのこ子ども家庭支援拠点と連携団体

長女が2歳のとき保健センターから紹介され，むぎのこ児童発達支援センターに入園。入園時の発達検査では1歳前後の発達であった。

　夫婦ともに若くして出産し育児の困難な家庭であったが，誰の支援もないまま過ごした。

　日常生活では，子どもが思いどおりにならないと叩いたり怒鳴ったりしている。

　母親は生活費を稼ぐために，夜間，夫に子どもを預け，勤めに出ている。

（支援内容）

・母親が夜間に働いて家計を担っていたが，働かなくても育児と生活ができるように，生活保護を受ける。

・子どもに安定した生活を経験させ，母親も乳児の次男中心に世話ができるように，長男・長女がショートステイを定期的に利用する。

・毎朝，通園の準備で怒ってしまうので，母親が家事援助のため毎朝ヘルパーを利用。

・母親への傾聴の機会として，個別カウンセリングを週1回行う。

・母親が他のお母さんとつながり，悩みを共有するためにグループカウンセリングに出席する。

・きょうだいもむぎのこ児童発達支援センター，児童発達支援事業を利用しているので，各クラスの担任から事業所内相談を受ける。

・母子通園を行い，子どもの長所を見るように，子どもとの遊びを楽しむように支援する。

・24時間緊急携帯への相談を受け付ける。また，育児が難しいときはショートステイで緊急に受け入れる。

（支援結果）

・生活保護を受けることになり経済が安定したことで，カウンセリング，相談，母子通園と毎日来園できるようになった。

・個別カウンセリング，グループカウンセリング，心理面のサポートにより，母の肯定感が高まり笑顔が増えた。また，グループカウンセリングや母子通園を通して，母同士で気軽に話ができる友だちができて孤立感が減少した。

・緊急携帯に電話することで怒りが収まったり，緊急ショートステイで子どもたちを受け入れたりすることにより，母親に余裕ができた。

・子どもたちに笑顔が増え，コミュニケーション能力がアップした。そして，友だちに関心がもてるようになった。

【事例2】里親家庭で自立するための支援

（家族の状況・課題）

　20歳男性で，これまでにPTSDの診断を受けている。A県で育ち，家族構成は母・弟の3人である。

　両親は乳児期に離婚している。A県の乳児院に2歳で入所し，その後，北海道の児童養護施設に移った。思春期になって自傷・他害が多くなり，生活が困難となって15歳で里子になった。入居当時，気力がない状況だった。

（支援内容）

・里子になった直後は，薬の副作用か終日うつらうつらと眠っていた。里親は見守り続けた。

・体調がすぐれない日々が続いたが，里親は丁寧に看病した。

・感情のコントロールができず，暴力を振るうことで感情の表現をするようになった。里親は暴力については止めるが，先行事象を検討して関わりを改善するようにし，存在を肯定するように努めた。それから本人は，里親に対して時間や場所を問わず話しかけたり身体的に接近したりと甘えるようになった。そして，幼児と同じように扱うように里親に求めるようになった。

・暴力が激しくなったときは，支援者が入り里親と距離をもつようにした。

・コモンセンスペアレンティングを里親が学び，ほめることを中心に関わるようにした。

・本人もソーシャルスキルを身につけるように練習した。イライラしたときは里親以外の職員に電話したり，深呼吸の練習をしたりした。

・普通高校を受験して17歳で入学した。通学には交通機関を利用して2時間ぐらいかかり，一人で通うことが難しく1年間送迎した。その後，友だちと通学できるようになる。

・放課後等デイサービスに通い，同年代の子どもと少しずつ関わるようなった。

・放課後等デイサービスの職員とは，第三者の大人という立場で適切な距離を

保つ関係がとれるようになっていった。

・高校の試験は一人では取り組みが難しく，デイサービスの職員が中心になって学習支援を行った。

・デイサービスの高校生たちと旅行して，視野を広げる機会が数回あった。

・高3卒業後，グループホームに入居，生活介護事業に通う。

・トラウマの癒しのワークショップに参加する。みんなでお互いの気持ちを共感できてうれしかったと感想を寄せた。

（支援結果）

生活環境を調整することで里父母や友だちとの関係ができ，他者とつながれるようになっていった。

また，ネガティブな感情をコントロールできずに暴力を振るっていたが，不快な思いをしてもすぐに行動には移さず，友だちや先生たちに話すことができるようになった。そして，里親や放課後等デイサービスの職員と，自分の行動を振り返ることができるようになっていった。自分の行動を，そして，相手の気持ちを考えるということを繰り返すうちに，自身の怒りの感情もコントロールできるようになっていった。グループホームに移ったときは，暴力はやめようと決意して，自分でも深呼吸など落ち着く努力をしている。

生活介護事業ではソーシャルスキルを身につけるように，コミュニケーションのとり方を練習している。自分の気持ちや相手に求めることを言語化できるようになり，怒りのコントロールも必要なくなっている。

「これからは一般就労をめざして頑張る」と話している。

以上2つの事例は，本人や家族の了解を得たうえで差し支えない範囲で必要な改変を行った。

⑧ まとめ

先述した「一人の子どもを育てるには村中の知恵と力と愛と笑顔が必要」というむぎのこのミッションのように，子どもがどんな状況で生まれても，子どもをみんなで育てていく，家族だけではなく，みんなで手をつないで温かく子

どもを育んでいくことが大切である。また横の連携だけではなく，ライフステージを見通した縦の連携がもっと必要である。

そして，発達障害の子どもたちの成人期の自立のことも考えたときに，障害のあることを否定するのではなく，そのままで素晴らしい存在であるという存在肯定の価値観の広がりと，多様性を尊重する地域づくりが今後ますます求められているのではないか。むぎのこでの子育て支援の実践から，地域に住む困り感のある子どもや家族にバリアはない。しかし現在は，子どもや家族の相談事に対する相談場所や支援場所が限られている。

まずはワンストップで受け止められる場，相談できる場，できれば地域のなかで支援できる場があることが望ましい。

フィンランドでは，妊娠期から養育者の相談が始まり，出産，子育てと続く。若いお母さんで子育てが難しいなどのリスク因子には，地域にあるネウボラが専門的にアセスメントして，予防的に寝かせ方，母乳の与え方など支援していた。そして，子育ての主体はお父さんお母さんなので，2人が子育てできるように援助していた。発達に心配がある場合や離婚問題で特別に支援が必要な場合は家族ネウボラを紹介されるが，子どもが通園する場所は，基本的に地域の保育園である。障害のある子どもも地域の保育園で，スペシャルニーズでできるだけ対応できるように，理学療法士や，人工内耳の子どもに対応できる職員，ABA（応用行動分析）やTEACCHプログラムを学んだ職員が配置されていた。しかし，特別なニーズに対応しつつも，子どもの日常の保育は，ほとんど他の子どもと変わらない。特別な事情のない限り一日2回の散歩や外遊びを医療的なケアのある子どもも行っていた。午前中は設定遊びをし，午後は比較的自由に過ごし遊んでいた。登園は朝が早いので朝食は園で用意されていたが，その分お迎えも早く，16時ころであった。子どもはネウボラにも定期的に通い，保育園だけではなく，保健師さんも加わって赤ちゃんのころから地域の健康を支える成人期まで，継続的な支援がなされていた。

その背景には，フィンランドは国土が狭く，人が財産という考え方があり，その後に会った児童精神科医などの話を聞いていくなかで，国全体として専門家も含めて国の英知・科学を結集して，子どもを大事に育てていこうという歴史と文化があることを知った。

日本と違い子育てに競争などはほとんどない。「他のネウボラに行きたいという要望は親から出ませんか」と聞いたところ，「どこも同じ専門教育を受けているから同じなのよ。そんなことは聞いたことがない」との返答であった。フィンランドは国際的に学力が高いにもかかわらず高校に進学するのは半数である。残りの半数は職業学校で仕事に就くための学びをするということであった。一人ひとりが自分に合ったかたちで社会に貢献することに優劣はないという考え方である。医療的ケア児や重症児の保育園でも，一人ひとりが命を輝かせていること自体が大事なことで，そこに子どもの存在意義があると担当の先生が語っていた。

やはり，どの子どもも社会のみんなの宝物である。そのため子育ても，地域のなかで孤独にならず，子育てに大切な知見を現場に活かす専門家も，専門家以外の人も，当事者も，みんなで一緒に協力して支えていく営みだと考える。時には家族ではない親（代替養育）が育てる場合であっても同じである。人間はそんなに強くない，強くないから力をつけるのではなく，助け合い支え合って生き，人類の大切な営みである子育てをすることが求められる時代になってきているのではないだろうか。子育ての原点はそんなところにあると思う。子育ての包括的継続支援は，そのことを具現化する社会システムだと思う。

■引用・参考文献

木村直子．（2018）．障害児の親の虐待予防「当事者研究の視点から」．日本子ども虐待防止学会第24回学術集会おかやま大会報告．

宮田広善．（2001）．子育てを支える療育——"医療モデル"から"生活モデル"への転換を．ぶどう社．

佐藤拓代．（2018）．子育て世代包括支援センターとネウボラの理念．大阪市立大学看護学雑誌，*14*，36-39．

山本彩．（2019）．児童発達支援協議会北海道ブロック講演「発達障害のある子の思春期での支援」．

第3章

地域包括的・継続的支援の実現のために

地域包括的・継続的支援をめざす市町村の実態

佐藤まゆみ

　本章までに，地域包括的・継続的支援が何を意味し，なぜ必要であるか，制度や実践からの実情や問題点を通じて論じられた。市町村は，2005年度から子ども家庭相談を第一次的窓口として体制を整えてきた。深刻化する子ども虐待への対応強化に伴い，2016年の児童福祉法改正により市区町村子ども家庭総合支援拠点（以下，法定拠点）を法定化し，その設置を努力義務化した。すでに地域には子育てや障害等領域別のネットワーク，子育て世代包括支援センター（母子健康包括支援センター）あるいは要保護児童対策地域協議会をはじめとする支援方針を検討するためのプラットフォームが複数存在している。

　2019年度から2022年度までの児童虐待防止対策体制総合強化プラン（新プラン）において，市町村の体制強化として法定拠点の設置促進と強化，要保護児童対策地域協議会の強化が明記されている。法定拠点は，2020年度までに全国展開がめざされる子育て世代包括支援センターとの効果的な連携や一体的に運営する場合の役割分担など，今後，市町村向けの立ち上げ支援マニュアル等に基づいて整備がめざされることになる。市町村は，既存のプラットフォームがある一方でこの法定拠点をどのようにとらえ，整備したらよいのだろう。

　本章では，前章までに述べてきた子ども家庭福祉における地域包括的・継続的支援といういわば「切れ目のない支援」の実現に向けて，実証的研究によりそのエビデンスを提供することをめざしている。すなわち，子ども家庭福祉における切れ目のない支援の実施主体である市町村の実情を質問紙調査の結果から分析するとともに，実践現場においてめざされている「切れ目のない支援」が何を意味しているのかを質的に分析することによって，法定拠点を切れ目のない支援を実現する拠点とするための課題やその整備に向けた現実的な条件を明らかにする。

市町村において切れ目のない支援を実現するための足掛かりとして，法定拠点や設置に向けた課題をどのようにとらえて整備したらよいかと，その根拠を提示することをめざす。

　まず本節では，子どもと家庭への切れ目のない支援を実現するにあたって，その実施主体となる市町村が置かれている実態を質問紙調査の結果から示したい。

① 調査の目的

　筆者らは，日本の子どもの未来を考える研究会調査ワーキンググループにおいて，佐藤と柏女を中心に，子ども家庭福祉と他の福祉分野の制度面の違いについて整理し，特に子ども家庭福祉と他分野の実施体制の違いと利用のあり方の2点に焦点を当て，現状と問題点を整理した（柏女・佐藤ほか2017）。
　その結果をもとに，戦後から堅持してきた子どもと家庭のニーズによって実施体制が都道府県と市町村とに分断される二元的実施体制を乗り越え，子ども家庭福祉制度における分野横断的で地域包括的・継続的支援体制⁽¹⁾を実現するため，研究会として議論を深めるべき論点と課題を提示した。
　そこで，子ども家庭福祉制度における分野横断的で地域包括的・継続的支援体制を構想するにあたり，そうした体制の必要性や実現の可否がどのように考えられているか，市町村が活用しうる人材を含めた社会資源の有無や評価，実施体制のあり方とともに議論を要する都道府県と市町村の役割分担等について明らかにすることを目的として，質問紙調査を実施することとした。

② 調査・分析方法

（1）調査対象と調査方法

　2016年10月10日現在，1718（市791，町744，村183）市町村及び東京都特別区23区の計1741の全自治体を対象とし，郵送法による質問紙調査を実施した（調査期間は2017年2月3日から3月6日）。
　調査対象のうち，児童相談所を設置する義務がある政令市（20市），児童相

談所を設置済みの中核市（2市）のデータは本書では扱わず，一般市町村を分析の対象とした。児童福祉法改正で児童相談所を設置することとなった東京都の特別区（23区）は，一般市として集計した。

（2）質問紙調査票の構成

調査票は，Ⅰ．貴自治体について，Ⅱ．子ども家庭相談体制の実情について，Ⅲ．都道府県と市区町村が子ども家庭福祉に対して担うべき役割について，Ⅳ．サービス実施体制と役割分担，Ⅴ．市区町村を中心とする分権化について，Ⅵ．子ども家庭福祉分野における地域包括的・継続的支援体制の構築についての6つの柱で構成した。

（3）分析方法

特に市町村の属性と市町村における地域包括的・継続的支援のあり方に関わる単純集計結果を読み込み，実態把握と質的分析に向けた課題を見出すこととした。データは，検算して誤りがないことを確認したうえで単純集計表を作成した。SPSS ver.24 を用いてクロス集計を行い，変数間の関連を分析した。

③ 倫理的配慮

本調査は，和洋女子大学人を対象とする研究倫理委員会（承認番号1620）の審査を受け実施した。質問紙調査の依頼状ならびに質問紙調査票の表紙において，データが統計的検定によって処理され個人が特定されることはないことを明記し，研究の成果の使途や公表等についても示したうえで，返送をもって理解と同意を得たものとみなす旨記載した。

④ 調査結果——地域包括的・継続的支援と市町村の実態

（1）調査回答者と回収率

①調査回答者

本調査の回答者は子ども家庭福祉の行政担当者であり，できる限り子ども家

庭福祉の全体を評価できる担当者に回答を依頼することが，調査の趣旨や仮説を検証するためにより有益と考えた。本調査のテーマ・内容に詳しい者に協力を依頼するため，調査依頼状と調査票にその旨明記し，最後に主たる回答者の職名と経験年数を尋ねた。なお，回答者の属性の分類方法は先行研究に倣った（佐藤 2012）。

②回収率と有効回答調査票数

調査票の回収数は，1741 市区町村のうち 784（回収率 44.9％）であった。全調査票を点検し，一切の属性の記載がない３つの無効票を除いた 781 の調査票を有効回答調査票数とした（有効回答率 99.6％）。有効回答調査票数 781 のうち，本書では一般市区町村 770 のデータを用いた。

（2）調査結果

本節では，①回答者の属性（図３−１−１，図３−１−２），②自治体の基本的属性（図３−１−３〜３−１−５，表３−１−１〜３−１−７），③子ども家庭福祉分野における地域包括的・継続的支援体制の構築について（表３−１−８〜３−１−16），④都道府県と市区町村が子ども家庭福祉に対して担うべき役割，⑤分権化の単純集計結果を中心にまとめ，考察することとした。

①回答者の属性
①−１　主たる回答者の内訳

本調査の主たる回答者は，「主任級」が 233 か所（30.3％）で最も多く，次いで「係長級」173 か所（22.5％），「課長補佐級」92 か所（11.9％），「専門職や機関の担当者」88 か所（11.4％）であった（図３−１−１）。

①−２　主たる回答者の経験年数

主たる回答者の経験年数は，「２年」が最も多く 147 か所（19.1％），次いで「３年」109 か所（14.2％），「０年」58 か所（7.5％）と続いた（図３−１−２）。

②自治体の属性
②−１　回答自治体の内訳

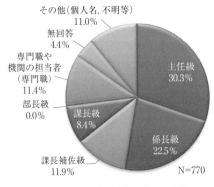

図３－１－１　主たる回答者の内訳

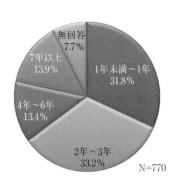

図３－１－２　主たる回答者の経験年数

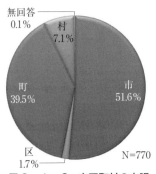

図３－１－３　市区町村の内訳

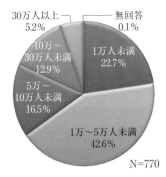

図３－１－４　人口規模の内訳

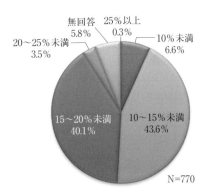

図３－１－５　児童人口の割合

市区町村の内訳は，「市」397 か所（51.6%），「町」304 か所（39.5%），「村」55 か所（7.1%），「区」13 か所（1.7%），「無回答」1 か所（0.1%）であった（図3－1－3）。

②－2　人口規模の内訳

　人口規模は，「1 万人以上 5 万人未満」が最も多く 328 か所（42.6%），次いで「1 万人未満」175 か所（22.7%），「5 万人以上 10 万人未満」127 か所（16.5%），「10 万人以上 30 万人未満」99 か所（12.9%），「30 万人以上」40 か所（5.2%），「無回答」1（0.1%）であった（図3－1－4）。

②－3　児童人口の割合

　児童人口は「10%以上 15%未満」が最も多く 336 か所（43.6%），「15%以上 20%未満」が 309 か所（40.1%），「10%未満」が 51 か所（6.6%）であった（図3－1－5）。

②－4　子ども家庭福祉主管課長の職種

　回答時の子ども家庭福祉主管課長の職種は，「一般行政職」が 712 か所（92.5%）と最も多かった（表3－1－1）。

②－5　子ども家庭相談従事者数

　子ども家庭相談従事者数は，「1～4 人」が最も多く 483 か所（62.7%），「5～10 人」204 か所（26.5%），「11～20 人」48 か所（6.2%）と続いた。「0 人」が 23 か所（3.0%）見られた（表3－1－2）。

②－6　相談従事者における家庭相談員数

　子ども家庭相談従事者における家庭相談員数は，「1～4 人」が 395 か所（51.3%）と最も多く，「0 人」328 か所（42.6%），「5～10 人」38 か所（4.9%）であった（表3－1－3）。

表3－1－1　子ども家庭福祉主管課長の職種

（単位：か所）

	課長の職種	一般行政職	福祉職	教育職	心理職	医師	その他	無回答	計
市区町村	度数（%）	712（92.5%）	23（3.0%）	5（0.6%）	1（0.1%）	0（0.0%）	25（3.2%）	4（0.5%）	770（100.0%）

表3－1－2　子ども家庭相談従事者数

（単位：か所）

	子ども家庭相談従事者数	0人	1～4人	5～10人	11～20人	21～50人	51～100人	101人以上	計
市区町村	度数（%）	23（3.0%）	483（62.7%）	204（26.5%）	48（6.2%）	12（1.6%）	0（0.0%）	0（0.0%）	770（100.0%）

表3－1－3　相談従事者における家庭相談員数

(単位：か所)

	家庭相談員の数	0人	1〜4人	5〜10人	11〜20人	21〜50人	51〜100人	101人以上	計
市区町村	度数(%)	328 (42.6%)	395 (51.3%)	38 (4.9%)	7 (0.9%)	2 (0.3%)	0 (0.0%)	0 (0.0%)	770 (100.0%)

表3－1－4　専従職員数

(単位：か所)

	専従職員数	0人	1〜4人	5〜10人	11〜20人	21〜50人	51〜100人	101人以上	計
市区町村	度数(%)	379 (49.2%)	301 (39.1%)	65 (8.4%)	19 (2.5%)	6 (0.8%)	0 (0.0%)	0 (0.0%)	770 (100.0%)

表3－1－5　兼務職員数

(単位：か所)

	兼務職員数	0人	1〜4人	5〜10人	11〜20人	21〜50人	51〜100人	101人以上	計
市区町村	度数(%)	136 (17.7%)	538 (69.9%)	80 (10.4%)	15 (1.9%)	1 (0.1%)	0 (0.0%)	0 (0.0%)	770 (100.0%)

表3－1－6　常勤職員数

(単位：か所)

	常勤職員数	0人	1〜4人	5〜10人	11〜20人	21〜50人	51〜100人	101人以上	計
市区町村	度数(%)	70 (9.1%)	570 (74.0%)	108 (14.0%)	18 (2.3%)	4 (0.5%)	0 (0.0%)	0 (0.0%)	770 (100.0%)

表3－1－7　非常勤職員数

(単位：か所)

	非常勤職員数	0人	1〜4人	5〜10人	11〜20人	21〜50人	51〜100人	101人以上	計
市区町村	度数(%)	371 (48.2%)	341 (44.3%)	51 (6.6%)	7 (0.9%)	0 (0.0%)	0 (0.0%)	0 (0.0%)	770 (100.0%)

②－7　相談従事者の専従職員数

　子ども家庭相談従事者における専従職員数は「0人」が379か所（49.2％）と最も多く，「1〜4人」301か所（39.1％），「5〜10人」65か所（8.4％）であった（表3-1-4）。

②－8　相談従事者の兼務職員数

　子ども家庭相談従事者における兼務職員数は，「1〜4人」が最も多く538か所（69.9％），「0人」が136か所（17.7％），「5〜10人」が80か所（10.4％）であった（表3-1-5）。

②－9　常勤職員数

　常勤職員数は，「1〜4人」が最も多く570か所（74.0％），「5〜10人」が108か所（14.0％）であったが，「0人」が70か所（9.1％）見られた（表3-1-6）。

②－10　非常勤職員数

　非常勤職員数は，「0人」が最も多く371か所（48.2％），「1〜4人」341か所

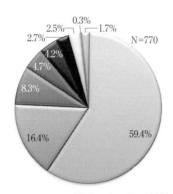

N=770

- 全体をコーディネートできる専門職の確保
- 地域包括的・継続的支援の拠点機関または施設の確保
- 地域包括的・継続的支援が必要であることの理念の明確化
- 地域包括的・継続的支援の基幹となる民間支援機関の強化
- 都道府県と市区町村に分かれている二元化体制の解消
- 社会福祉協議会における子ども家庭福祉分野の強化
- その他
- 無効な回答

図３－１－６　地域包括的・継続的支援体制に一番重要な要素

表３－１－８　地域包括的・継続的支援体制に一番重要な要素

（単位：か所）

	度数（％）
全体をコーディネートできる専門職の確保	457（59.4%）
地域包括的・継続的支援の拠点機関または施設の確保	126（16.4%）
地域包括的・継続的支援が必要であることの理念の明確化	64（8.3%）
地域包括的・継続的支援の基幹となる民間支援機関の強化	36（4.7%）
都道府県と市区町村に分かれている二元化体制の解消	32（4.2%）
社会福祉協議会における子ども家庭福祉分野の強化	21（2.7%）
その他	19（2.5%）
無効な回答	2（0.3%）
無回答	13（1.7%）
計	770（100.0%）

（44.3%），「5 ～ 10 人」51 か所（6.6%）であった（表３－１－7）。

③子ども家庭福祉分野における地域包括的・継続的支援体制の構築について

③－1　地域包括的・継続的支援体制構築にあたって一番重要な要素

　子ども家庭福祉分野における地域包括的・継続的支援体制を構築するにあたって一番重要な要素は，「全体をコーディネートできる専門職の確保」が最も多く 457 か所（59.4%），「地域包括的・継続的支援の拠点機関または施設の確保」126 か所（16.4%），「地域包括的・継続的支援が必要であることの理念の明確化」64 か所（8.3%）であった。一方で，「都道府県と市区町村に分かれている二元化体制の解消」32 か所（4.2%）と現行の体制の解消を一番重要な要素と考えている自治体は少なかった（図３－１－6，表３－１－8）。

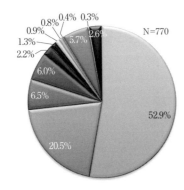

子育て世代包括支援センター
福祉事務所ないし家庭児童相談室（子家セン含む）
地域子育て支援拠点
児童相談所
児童家庭支援センター
社会福祉協議会
児童発達支援センター
社会的養護関係施設
幼保連携型認定こども園，保育所
その他
無効な回答
無回答

図3－1－7　拠点となる機関・施設

表3－1－9　拠点となる機関・施設

（単位：か所）

	度数（%）
子育て世代包括支援センター	407　（52.9%）
福祉事務所ないし家庭児童相談室（子ども家庭支援センターを含む）	158　（20.5%）
地域子育て支援拠点	50　（6.5%）
児童相談所	46　（6.0%）
児童家庭支援センター	17　（2.2%）
社会福祉協議会	10　（1.3%）
児童発達支援センター	7　（0.9%）
児童養護施設や障害児入所施設等の社会的養護関係施設	6　（0.8%）
幼保連携型認定こども園，保育所	3　（0.4%）
その他	44　（5.7%）
無効な回答	2　（0.3%）
無回答	20　（2.6%）
計	770　（100.0%）

③－2　横断的な連携や一体化を図る拠点となる機関・施設

　子ども家庭福祉分野における横断的な連携や一体化を図る拠点となる機関・施設について，「子育て世代包括支援センター」407か所（52.9%）が最も多く，「福祉事務所ないし家庭児童相談室（子ども家庭支援センターを含む）」158か所（20.5%），「地域子育て支援拠点」50か所（6.5%），「児童相談所」46か所（6.0%）であった（図3－1－7，表3－1－9）。

③－3　地域包括的・継続的支援の拠点となりうる機関・施設の有無

　地域包括的・継続的支援の拠点となりうる機関・施設の有無について，「ない」596か所（77.4%），「ある」162か所（21.0%）であった（図3－1－8，表3－1

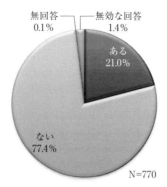

図３－１－８　拠点となりうる機関・施設の有無

表３－１－10　拠点となりうる機関・施設の有無

（単位：か所）

	ある	ない	無効な回答	無回答	計
市区町村（％）	162（21.0％）	596（77.4％）	1（0.1％）	11（1.4％）	770（100.0％）

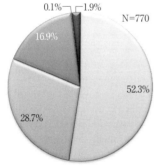

N=770

■ 地域包括的・継続的支援の拠点をコーディネーターとしたネットワーク型援助

■ 要対協の調整機関をコーディネーターとしたネットワーク型援助

■ 支援のキーパーソンとなる各施設・機関をコーディネーターとしたネットワーク型援助

■ 無効な回答

■ 無回答

図３－１－９　専門機関・施設の連携方法

表３－１－11　専門機関・施設の連携方法

（単位：か所）

	度数（％）
地域包括的・継続的支援の拠点をコーディネーターとしたネットワーク型援助	403（52.3％）
要対協の調整機関をコーディネーターとしたネットワーク型援助	221（28.7％）
支援のキーパーソンとなる各施設・機関をコーディネーターとしたネットワーク型援助	130（16.9％）
無効な回答	1（0.1％）
無回答	15（1.9％）
計	770（100.0％）

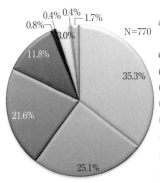

N=770

■ 子ども家庭福祉の包括的・継続的ケアマネジメント（SV含む）支援の機能

■ 子ども家庭福祉の制度を横断的に活用するための調整をする機能

■ 子ども家庭福祉の総合相談支援の機能

■ サービスを必要とする保護者や子どもに対するケアマネジメント機能

■ 子ども虐待対応や未成年後見制度の活用など権利擁護の機能

■ ショートステイやトワイライトステイなど滞在型の機能

■ 親や子に対する支援プログラムが提供できる機能

■ 無効な回答

■ 無回答

図3－1－10　拠点に一番重要な機能

表3－1－12　拠点に一番重要な機能

（単位：か所）

	度数（％）
子ども家庭福祉の包括的・継続的ケアマネジメント（スーパービジョンを含む）支援の機能	272（35.3％）
子ども家庭福祉の制度を横断的に活用するための調整をする機能	193（25.1％）
子ども家庭福祉の総合相談支援の機能	166（21.6％）
サービスを必要とする保護者や子どもに対するケアマネジメント機能	91（11.8％）
子ども虐待対応や未成年後見制度の活用など権利擁護の機能	6（0.8％）
ショートステイやトワイライトステイなど滞在型の機能	3（0.4％）
親や子に対する支援プログラムが提供できる機能	23（3.0％）
無効な回答	3（0.4％）
無回答	13（1.7％）
計	770（100.0％）

－10）。

③－4　地域包括的・継続的支援における専門機関・施設の連携方法

　地域包括的・継続的支援における専門機関・施設の連携方法について，「地域包括的・継続的支援の拠点をコーディネーターとしたネットワーク型援助」が最も多く403か所（52.3％），次いで「要対協（要保護児童対策地域協議会）の調整機関をコーディネーターとしたネットワーク型援助」221か所（28.7％），「支援のキーパーソンとなる各施設・機関をコーディネーターとしたネットワーク型援助」130か所（16.9％）であった（図3－1－9，表3－1－11）。

③－5　地域包括的・継続的支援の拠点に一番重要な機能

　地域包括的・継続的支援の拠点に一番重要な機能について，「子ども家庭福祉の包括的・継続的ケアマネジメント（スーパービジョンを含む）支援の機能」

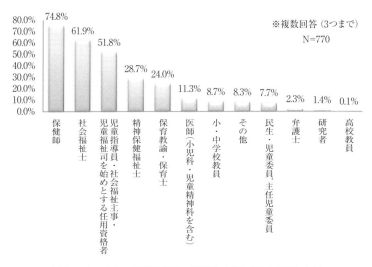

図3－1－11　地域包括的・継続的支援に特に必要な人材

表3－1－13　地域包括的・継続的支援に特に必要な人材
（3つまで回答，単位：か所）

	選択（必要）	未選択	無効な回答 （3つ以上選択）	無回答	計
社会福祉士	477（61.9%）	277（36.0%）	4（0.5%）	12（1.6%）	770（100.0%）
精神保健福祉士	221（28.7%）	534（69.4%）	3（0.4%）	12（1.6%）	770（100.0%）
保育教諭・保育士	185（24.0%）	568（73.8%）	5（0.6%）	12（1.6%）	770（100.0%）
保健師	576（74.8%）	177（23.0%）	5（0.6%）	12（1.6%）	770（100.0%）
児童指導員・社会福祉主事・児童福祉司 を始めとする任用資格者	399（51.8%）	355（46.1%）	4（0.5%）	12（1.6%）	770（100.0%）
小・中学校教員	67（8.7%）	688（89.4%）	3（0.4%）	12（1.6%）	770（100.0%）
高校教員	1（0.1%）	755（98.1%）	2（0.3%）	12（1.6%）	770（100.0%）
研究者	11（1.4%）	745（96.8%）	2（0.3%）	12（1.6%）	770（100.0%）
民生・児童委員，主任児童委員	59（7.7%）	697（90.5%）	2（0.3%）	12（1.6%）	770（100.0%）
医師（小児科・児童精神科を含む）	87（11.3%）	669（86.9%）	2（0.3%）	12（1.6%）	770（100.0%）
弁護士	18（2.3%）	738（95.8%）	2（0.3%）	12（1.6%）	770（100.0%）
その他	64（8.3%）	692（89.9%）	2（0.3%）	12（1.6%）	770（100.0%）

が272か所（35.3%）で最も高く，次いで「子ども家庭福祉の制度を横断的に活用するための調整をする機能」193か所（25.1%），「子ども家庭福祉の総合相談支援の機能」166か所（21.6%）であった（図3－1－10，表3－1－12）。

③－6　地域包括的・継続的支援体制において特に必要と考えられる人材

　地域包括的・継続的支援体制において特に必要と考えられる人材について

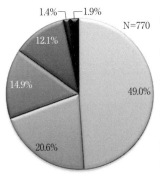

N=770

■ 有資格者に対し，国や都道府県が研修してコーディネーターとして養成する

■ 市町村が自前で専門職を確保し，市町村域内の拠点機関においてOJTを含めて育成する

■ 市町村が外部から専門職を確保し，市町村域内の拠点機関においてOJTを含めて育成する

■ 資格要件は定めず，人事異動で配置された者に対して国や都道府県が研修してコーディネーターとして養成する

■ その他

■ 無回答

図３－１－12　人材育成に必要な方法

表３－１－14　人材育成に必要な方法

(単位：か所)

	度数（％）
有資格者に対し，国や都道府県が研修してコーディネーターとして養成する	377（49.0%）
市町村が自前で専門職を確保し，市町村域内の拠点機関においてOJTを含めて育成する	159（20.6%）
市町村が外部から専門職を確保し，市町村域内の拠点機関においてOJTを含めて育成する	115（14.9%）
資格要件は定めず，人事異動で配置された者に対して国や都道府県が研修してコーディネーターとして養成する	93（12.1%）
その他	11（1.4%）
無回答	15（1.9%）
計	770（100.0%）

（複数回答），「保健師」が576か所（74.8%），次いで「社会福祉士」477か所（61.9%），「児童指導員・社会福祉主事・児童福祉司を始めとする任用資格者」399か所（51.8%）と続いた（図３－１－11，表３－１－13）。

③－7　地域包括的・継続的支援体制に特に必要な人材育成方法

　地域包括的・継続的支援体制に特に必要な人材育成方法について，「有資格者に対し，国や都道府県が研修してコーディネーターとして養成する」が最も多く377か所（49.0%），「市町村が自前で専門職を確保し，市町村域内の拠点機関においてOJT（On the Job Training）を含めて育成する」159か所（20.6%），「市町村が外部から専門職を確保し，市町村域内の拠点機関においてOJTを含めて育成する」115か所（14.9%）であった（図３－１－12，表３－１－14）。

表3－1－15　子ども家庭福祉行政のあり方

（単位：か所）

	度数（％）
在宅サービスは市区町村中心，施設サービスは都道府県中心としたうえで，費用負担も現行どおりで進める	585（76.0%）
在宅サービスは市区町村中心，施設サービスは都道府県中心としたうえで，費用負担は国負担分を除き，両者で分担する	82（10.6%）
実施体制を市区町村に一元化し，一部の事務を都道府県に委託した上で，費用負担は国負担分を除き，両者で負担する	38（4.9%）
実施体制を市区町村に一元化し，一部の事務を都道府県に委託したうえで，費用負担は国負担分を除き，市区町村とする	6（0.8%）
実施体制を市区町村に一元化し，費用負担は国負担分を除き，市区町村とする	8（1.0%）
無効な回答	2（0.3%）
無回答	49（6.4%）
計	770（100.0%）

④子ども家庭福祉の今後のあり方について

④－1　子ども家庭福祉行政のあり方

　「在宅サービスは市区町村中心，施設サービスは都道府県中心としたうえで，費用負担も現行どおりで進める」が585か所（76.0%）と最も多く，費用負担の都道府県と市町村との分担は82か所（10.6%），実施体制を市区町村に一元化することを視野に入れた選択肢は複数の回答を合わせても52か所（6.7%）であった。市町村は現行の体制をもとに施策や事業の運営を考えていると推察できる（表3－1－15）。

④－2　都道府県と市町村の役割

　主として市区町村の役割と80％を超えて回答されたのは「転居や転出入の対応」「子どもと家庭の見守り」「要保護児童対策地域協議会の活用」「問題・対象の早期発見」「地域のサポート力の向上」，70％を超えて回答されたのは「家庭の養育力のサポート」「子どもの現認確認」「問題の発生・再発予防」「福祉部門以外との連携・協働」「プライバシー保護」であった。

　一方，主として都道府県の役割と80％を超えて回答されたのは「研修・勉強会の実施」や「子どもの一時保護」「専門性の強化」，70％を超えたのは「人材育成」「支援に係るスーパービジョン体制」であった（表3－1－16）。

④－3　子ども家庭福祉の各サービスを市町村主体とすることについて

　本調査で「市区町村が実施主体」という場合，「市区町村と都道府県が適切な役割分担をしながら，都道府県が後方支援を行う体制を整えること」を指し

表3－1－16　都道府県と市町村の役割

（単位：か所）

	主として 都道府県	主として 市区町村	無効な回答 （両方選択）	無回答	計
転居や転出入の対応	37　(4.8%)	692　(89.9%)	1　(0.1%)	40　(5.2%)	770　(100.0%)
子どもと家庭の見守り	39　(5.1%)	683　(88.7%)	3　(0.4%)	45　(5.8%)	770　(100.0%)
要保護児童対策地域協議会の活用	45　(5.8%)	680　(88.3%)	3　(0.4%)	42　(5.5%)	770　(100.0%)
問題・対象の早期発見	56　(7.3%)	666　(86.5%)	3　(0.4%)	45　(5.8%)	770　(100.0%)
地域のサポート力の向上	91　(11.8%)	635　(82.5%)	2　(0.3%)	42　(5.5%)	770　(100.0%)
家庭の養育力のサポート	102　(13.2%)	612　(79.5%)	8　(1.0%)	48　(6.2%)	770　(100.0%)
子どもの現認確認	96　(12.5%)	612　(79.5%)	14　(1.8%)	48　(6.2%)	770　(100.0%)
問題の発生・再発予防	122　(15.8%)	593　(77.0%)	6　(0.8%)	49　(6.4%)	770　(100.0%)
福祉部門以外との連携・協働	142　(18.4%)	553　(71.8%)	14　(1.8%)	61　(7.9%)	770　(100.0%)
プライバシー保護	135　(17.5%)	553　(71.8%)	24　(3.1%)	58　(7.5%)	770　(100.0%)
子ども家庭相談窓口の一元化	168　(21.8%)	534　(69.4%)	5　(0.6%)	63　(8.2%)	770　(100.0%)
要保護児童対策地域協議会の強化	198　(25.7%)	523　(67.9%)	5　(0.6%)	44　(5.7%)	770　(100.0%)
子ども家庭福祉に係るサービス・資源の熟知	191　(24.8%)	504　(65.5%)	14　(1.8%)	61　(7.9%)	770　(100.0%)
自治体間の連携・協働	248　(32.2%)	471　(61.2%)	7　(0.9%)	44　(5.7%)	770　(100.0%)
人材の量的確保	267　(34.7%)	433　(56.2%)	17　(2.2%)	53　(6.9%)	770　(100.0%)
情報収集・提供・共有・発信	269　(34.9%)	431　(56.0%)	15　(1.9%)	55　(7.1%)	770　(100.0%)
専従体制の確保	300　(39.0%)	397　(51.6%)	14　(1.8%)	59　(7.7%)	770　(100.0%)
サービス提供に係る決定への関与	316　(41.0%)	378　(49.1%)	14　(1.8%)	62　(8.1%)	770　(100.0%)
子ども家庭相談窓口の多元化	309　(40.1%)	365　(47.4%)	8　(1.0%)	88　(11.4%)	770　(100.0%)
共通認識づくり	328　(42.6%)	357　(46.4%)	21　(2.7%)	64　(8.3%)	770　(100.0%)
措置解除後の子どもや家庭の支援に係る連携	374　(48.6%)	331　(43.0%)	16　(2.1%)	49　(6.4%)	770　(100.0%)
問題のアセスメント力の向上	365　(47.4%)	327　(42.5%)	21　(2.7%)	57　(7.4%)	770　(100.0%)
支援に係る責任の所在の明確化	355　(46.1%)	318　(41.3%)	24　(3.1%)	73　(9.5%)	770　(100.0%)
支援のマネジメント力の向上	393　(51.0%)	303　(39.4%)	19　(2.5%)	55　(7.1%)	770　(100.0%)
組織的対応の仕組みづくり	411　(53.4%)	283　(36.8%)	15　(1.9%)	61　(7.9%)	770　(100.0%)
人材の質的確保	442　(57.4%)	259　(33.6%)	16　(2.1%)	53　(6.9%)	770　(100.0%)
問題の分析力の向上	439　(57.0%)	259　(33.6%)	19　(2.5%)	53　(6.9%)	770　(100.0%)
サービス実施に係る費用負担	458　(59.5%)	227　(29.5%)	18　(2.3%)	67　(8.7%)	770　(100.0%)
評価・点検の体制づくり	481　(62.5%)	220　(28.6%)	18　(2.3%)	51　(6.6%)	770　(100.0%)
支援に関わる職員のサポート	487　(63.2%)	218　(28.3%)	12　(1.6%)	53　(6.9%)	770　(100.0%)
支援に係るスーパービジョン体制	593　(77.0%)	110　(14.3%)	16　(2.1%)	51　(6.6%)	770　(100.0%)
人材育成	602　(78.2%)	109　(14.2%)	14　(1.8%)	45　(5.8%)	770　(100.0%)
専門性の強化	622　(80.8%)	91　(11.8%)	13　(1.7%)	44　(5.7%)	770　(100.0%)
子どもの一時保護	645　(83.8%)	80　(10.4%)	2　(0.3%)	43　(5.6%)	770　(100.0%)
研修・勉強会の実施	671　(87.1%)	46　(6.0%)	10　(1.3%)	43　(5.6%)	770　(100.0%)

て用いることを記載し，この項目について回答を得た。

　市町村を実施主体とすることが「適切である」「やや適切である」と肯定的に回答された子ども家庭福祉のサービスの順に，「保育・子育て支援行政」92.8％，「ひとり親家庭福祉行政」79.6％，「障害児童福祉行政」77.4％，「要養護児童福祉行政」73.2％，「全ての子ども家庭福祉行政」55.4％，「非行児童福祉行政」48.2％，「配偶者暴力防止行政」44.4％，「情緒障害児童福祉行政（現

表３－１－17　子ども家庭福祉の各サービスを市町村主体とすること

（単位：か所）

	適切である	やや適切である	やや適切でない	適切でない	無効な回答 （複数選択）	無回答	計
障害児童福祉行政について市区町村が主体となって実施する	196 (25.5%)	400 (51.9%)	128 (16.6%)	21 (2.7%)	1 (0.1%)	24 (3.1%)	770 (100.0%)
ひとり親家庭福祉行政について市区町村が主体となって実施する	238 (30.9%)	375 (48.7%)	111 (14.4%)	28 (3.6%)	1 (0.1%)	17 (2.2%)	770 (100.0%)
要養護児童福祉行政について市区町村が主体となって実施する	196 (25.5%)	367 (47.7%)	147 (19.1%)	47 (6.1%)	0 (0.0%)	13 (1.7%)	770 (100.0%)
非行児童福祉行政について市区町村が主体となって実施する	90 (11.7%)	281 (36.5%)	295 (38.3%)	86 (11.2%)	0 (0.0%)	18 (2.3%)	770 (100.0%)
情緒障害児童福祉行政（情短施設）について市区町村が主体となって実施する	47 (6.1%)	158 (20.5%)	323 (41.9%)	216 (28.1%)	0 (0.0%)	26 (3.4%)	770 (100.0%)
配偶者暴力防止行政について市区町村が主体となって実施する	93 (12.1%)	249 (32.3%)	291 (37.8%)	116 (15.1%)	1 (0.1%)	20 (2.6%)	770 (100.0%)
保育・子育て支援行政について市区町村が主体となって実施する	406 (52.7%)	309 (40.1%)	33 (4.3%)	6 (0.8%)	0 (0.0%)	16 (2.1%)	770 (100.0%)
全ての子ども家庭福祉行政について市区町村が主体となって実施する	108 (14.0%)	319 (41.4%)	235 (30.5%)	88 (11.4%)	0 (0.0%)	20 (2.6%)	770 (100.0%)

表３－１－18　措置及び利用決定権限を担う主体

（単位：か所）

	都道府県	どちらかといえば都道府県	どちらかといえば市区町村	市区町村	無効な回答	無回答	計
助産施設	334 (43.4%)	199 (25.8%)	124 (16.1%)	103 (13.4%)	0 (0.0%)	10 (1.3%)	770 (100.0%)
乳児院，里親，ファミリーホーム	508 (66.0%)	235 (30.5%)	13 (1.7%)	6 (0.8%)	1 (0.1%)	7 (0.9%)	770 (100.0%)
児童養護施設	525 (68.2%)	213 (27.7%)	17 (2.2%)	7 (0.9%)	1 (0.1%)	7 (0.9%)	770 (100.0%)
母子生活支援施設	329 (42.7%)	210 (27.3%)	137 (17.8%)	86 (11.2%)	0 (0.0%)	8 (1.0%)	770 (100.0%)
福祉型障害児入所施設	426 (55.3%)	244 (31.7%)	68 (8.8%)	17 (2.2%)	1 (0.1%)	14 (1.8%)	770 (100.0%)
医療型障害児入所施設	451 (58.6%)	246 (31.9%)	46 (6.0%)	13 (1.7%)	1 (0.1%)	13 (1.7%)	770 (100.0%)
児童自立支援施設	481 (62.5%)	242 (31.4%)	31 (4.0%)	7 (0.9%)	1 (0.1%)	8 (1.0%)	770 (100.0%)
情緒障害児短期治療施設 （児童心理治療施設）	494 (64.2%)	243 (31.6%)	18 (2.3%)	3 (0.4%)	1 (0.1%)	11 (1.4%)	770 (100.0%)

児童心理治療）」26.6％となった（表３－１－17）。

④－4　措置及び利用決定権限を担う主体について

　措置及び利用決定権限を担う主体として，都道府県とどちらかといえば都道府県を合わせて95％以上の回答があったのは「乳児院・里親・ファミリーホーム」「児童養護施設」「児童心理治療施設」であり，90％～95％未満は「医療型障害児入所施設」「児童自立支援施設」，また「福祉型障害児入所施設」は80％後半であった。「母子生活支援施設」と「助産施設」は約70％であった（表３－１－18）。

④－5　市町村が実施主体となる際の課題

　子ども家庭福祉について市町村が実施主体となる際の課題への対応が「でき

（単位：か所）

	できる	ややできる	ややできない	できない	無効な回答	無回答	計
市区町村の支援に関する対応力を向上させること	58 (7.5%)	419 (54.4%)	238 (30.9%)	41 (5.3%)	1 (0.1%)	13 (1.7%)	770 (100.0%)
子ども家庭福祉関係の専門職をより効果的に活用すること	30 (3.9%)	320 (41.6%)	297 (38.6%)	109 (14.2%)	0 (0.0%)	14 (1.8%)	770 (100.0%)
援助活動を工夫して子どもと家庭に最善の方策を見出すこと	58 (7.5%)	491 (63.8%)	177 (23.0%)	30 (3.9%)	0 (0.0%)	14 (1.8%)	770 (100.0%)
支援の連続性を考慮した援助活動を可能にすること	57 (7.4%)	446 (57.9%)	213 (27.7%)	40 (5.2%)	0 (0.0%)	14 (1.8%)	770 (100.0%)
市区町村で支援するか広域で支援するかを判断すること	54 (7.0%)	321 (41.7%)	303 (39.4%)	77 (10.0%)	1 (0.1%)	14 (1.8%)	770 (100.0%)
効果的で実効性のある援助をすること	35 (4.5%)	399 (51.8%)	275 (35.7%)	48 (6.2%)	0 (0.0%)	13 (1.7%)	770 (100.0%)

表３−１−20　子ども家庭福祉を市町村中心に再構築することの可否

（単位：か所）

	対応できる	やや対応できる	やや対応できない	対応できない	無効な回答	無回答	計
現状で市区町村を中心とする子ども家庭福祉行政の体制に再構築すること	15 (1.9%)	148 (19.2%)	371 (48.2%)	220 (28.6%)	1 (0.1%)	15 (1.9%)	770 (100.0%)
将来的に市区町村を中心とする子ども家庭福祉行政の体制に再構築すること	33 (4.3%)	291 (37.8%)	325 (42.2%)	103 (13.4%)	0 (0.0%)	18 (2.3%)	770 (100.0%)

る」「ややできる」と肯定的に回答されたのは，「援助活動を工夫して子どもと家庭に最善の方策を見出すこと」549 か所（71.3%），「支援の連続性を考慮した援助活動を可能にすること」503 か所（65.3%），「市区町村の支援に関する対応力を向上させること」477 か所（61.9%），「効果的で実効性のある援助をすること」434 か所（56.3%）であった。一方，50%を下回ったのは「市区町村で支援するか広域で支援するかを判断すること」375 か所（48.7%），「子ども家庭福祉関係の専門職をより効果的に活用すること」350 か所（45.5%）であった（表3−1−19）。

④−6　市町村中心に再構築することの可否

市町村中心の体制に再構築することについて，「対応できる」と「やや対応できる」を合わせた肯定的な回答を見ると，「現状で市区町村を中心とする子ども家庭福祉行政の体制に再構築すること」は163 か所（21.1%）であったが，「やや対応できない」「対応できない」を合わせた否定的な回答が591 か所（76.8%）と多かった。将来的な見通しに対する肯定的な回答は，324 か所（42.1%）に対し，否定的な回答は428 か所（55.6%）と多かった（表3−1−20）。

（単位：か所）

	必要である	やや必要である	やや必要でない	必要でない	無効な回答	無回答	計
現状で市区町村を中心とする子ども家庭福祉行政の体制に再構築すること	100 (13.0%)	355 (46.1%)	199 (25.8%)	98 (12.7%)	0 (0.0%)	18 (2.3%)	770 (100.0%)
将来的に市区町村を中心とする子ども家庭福祉行政の体制に再構築すること	154 (20.0%)	385 (50.0%)	145 (18.8%)	66 (8.6%)	1 (0.1%)	19 (2.5%)	770 (100.0%)

④−7　市町村中心に再構築することの必要性

　市町村中心の体制に再構築する必要性について，まず「現状」で「必要である」「やや必要である」を合わせた肯定的な回答は 455 か所（59.1%）であり，「やや必要でない」「必要でない」を合わせた否定的な回答は 297 か所（38.5%）であった。「将来」について肯定的な回答は 539 か所（70.0%），否定的な回答は 211 か所（27.4%）と将来の展望としては市町村に再構築する必要性が肯定的に回答された（表 3−1−21）。

⑤　地域包括的・継続的支援の実現に何が影響するか

　単純集計の結果を受け，先行研究の知見（佐藤 2012）を踏まえて地域包括的・継続的支援の実現と関わりがあると考えられる変数同士のクロス集計を行った。

　すなわち，①「人口規模が大きければ分権化に肯定的であろう」，②「人口規模が大きければ分権化を必要と考えるだろう」，③「地域包括的・継続的支援の拠点がある自治体は分権化に肯定的であろう」，④「地域包括的・継続的支援の拠点がある自治体は分権化を必要と考えるだろう」といった作業仮説を設定した。

（1）人口規模と市町村中心の実施体制（分権化）の意向

　人口規模 5 万人以上の市町村は，5 万人未満の市町村と比べ，分権化に対して有意に否定的である。10 万人以上の市町村も，10 万人未満の市町村と比べ，同様の結果が見られた。一方，30 万人以上の市町村は，30 万人未満の市町村より分権化に有意に肯定的であり，人口規模が大きい市町村は小さい市町村よ

表3−1−22　人口規模と分権化の可否

（単位：か所）

人口規模		現状での分権化の可否		合計	有意差
		肯定的	否定的		
	5万人未満	96	401	497	$\chi^2(2)=5.096$a
		19.3%	80.7%	100.0%	p＜0.05
	5万人以上	69	192	261	
		26.4%	73.6%	100.0%	
合計		165	593	758	
		21.8%	78.2%	100.0%	
	10万人未満	125	496	621	$\chi^2(2)=5.420$a
		20.1%	79.9%	100.0%	p＜0.05
	10万人以上	40	97	137	
		29.2%	70.8%	100.0%	
合計		165	593	758	
		21.8%	78.2%	100.0%	
	30万人未満	148	571	719	$\chi^2(2)=11.497$a
		20.6%	79.4%	100.0%	p＜0.01
	30万人以上	17	22	39	
		43.6%	56.4%	100.0%	
合計		165	593	758	
		21.8%	78.2%	100.0%	

り分権化に肯定的であるといえる（表3−1−22）。

（2）人口規模と市町村中心の実施体制（分権化）の必要性

　市町村分権化の可否の結果とは異なり，分権化の必要性に関しては人口規模の大小では有意な差が見られず，人口規模に関係なく分権化が必要であると回答する自治体が多かった（表3−1−23）。

（3）地域包括的・継続的支援の拠点の有無と分権化の可否

　地域包括的・継続的支援の拠点となる施設・機関がある市町村は，拠点がない市町村に比べて，有意に分権化に対して肯定的であった（表3−1−24）。

（4）地域包括的・継続的支援の拠点の有無と分権化の必要性

　地域包括的・継続的支援の拠点となる施設・機関がある市町村は，拠点がない市町村に比べて，有意に分権化が必要であると回答した（表3−1−25）。

表3-1-23 人口規模と分権化の必要性

（単位：か所）

人口規模		現状での分権化の必要性		合計	有意差
		必要	必要ない		
	5万人未満	292	201	493	n.s.
		59.2%	40.8%	100.0%	
	5万人以上	165	98	263	
		62.7%	37.3%	100.0%	
合計		457	299	756	
		60.4%	39.6%	100.0%	
	10万人未満	378	241	619	n.s.
		61.1%	38.9%	100.0%	
	10万人以上	79	58	137	
		57.7%	42.3%	100.0%	
合計		457	299	756	
		60.4%	39.6%	100.0%	
	30万人未満	430	287	717	n.s.
		60.0%	40.0%	100.0%	
	30万人以上	27	12	39	
		69.2%	30.8%	100.0%	
合計		457	299	756	
		60.4%	39.6%	100.0%	

表3-1-24 拠点の有無と分権化の可否

（単位：か所）

拠点機関・施設の有無		現状での分権化の可否		合計	有意差
		肯定的	否定的		
	ある	60	99	159	$\chi^2(2)=30.123a$
		37.7%	62.3%	100.0%	$p<0.001$
	ない	104	490	594	
		17.5%	82.5%	100.0%	
合計		164	589	753	
		21.8%	78.2%	100.0%	

表3-1-25 拠点の有無と分権化の必要性

（単位：か所）

拠点機関・施設の有無		現状での分権化の必要性		合計	有意差
		必要	必要ない		
	ある	106	53	159	$\chi^2(2)=3.123a$
		66.7%	33.3%	100.0%	$p<0.05$
	ない	349	243	592	
		59.0%	41.0%	100.0%	
合計		455	296	751	
		60.6%	39.4%	100.0%	

⑥ 地域包括的・継続的支援を担う市町村の実態に関する考察

　今回の調査は全数調査であるため，結果はそのまま市町村の状況を表していると考えられる。参考までに，総務省による2016年10月現在の全市区町村数1718か所をもとにした内訳を見ると，市区790（46.0％），町745（43.4％），村183（10.7％）であり，本調査の回答自治体の内訳の数値と近似している。本調査では，興味深い結果が見られた。

（1）自治体の体制

①主たる回答者の属性から見る実態

　本調査の主たる回答者の経験年数は3年以下の割合が65％を占め，4年以上の割合は27％である。役職は主任級30％，係長級が23％であり，行政に在籍している通算期間は子ども家庭福祉業務に従事している期間より長いことが推察される。子ども家庭福祉の全体を理解しながら具体的な実務を担う人材は，異動を伴う人事体制によって比較的短期間に交代していることが読み取れる。主管課長も福祉職の割合は3％にすぎず，約93％が一般行政職であることから，現場における体制づくりは現実的には本調査の回答者である主任級や係長級を中心としていると考えられる。

②相談従事者から見る体制格差の実態

　子ども家庭相談従事者は約6割強の自治体が「1〜4人」で体制をつくっており，専従職員数は49％が「0人」，39％が「1〜4人」であった。兼務職員数「1〜4人」が約70％であり，常勤職員数は「1〜4人」が74％を占めるが，専従職員数の割合を考慮すると常勤職員の多くは相談業務と別の業務を兼務していることが推察される。一方で，常勤職員が「0人」の自治体が9％ほど存在していることに加え，子ども家庭相談従事者が「0人」の自治体が3％存在しており，活用しうる人材が不足しているだけでなく「いない」市町村の実態がある。地域間での相談体制に差があることを指摘できる。

　厚生労働省による「市町村児童虐待相談対応件数及び経路別件数の推移」を

見ると，2017 年度の市町村における児童虐待相談対応件数は 10 万 6615 件であり，年々増加傾向にある。人口規模の大小や児童人口割合の多寡によって扱うケース数には差があると仮定しても，虐待だけでなく，虐待を受けたと思われる児童もしくは不適切な養育の状態にある子どもの相談対応を含めて考えればまったくない状態は考えにくい。さらに，児童相談所と市町村の権限や役割が異なるので直接的に比較することはできないが，才村・澁谷・柏女ほか (2005: 148) の児童相談所の虐待対応等に係る業務分析に関わる調査研究によって，「相談実件数とケース業務時間との関係については，心身障害相談 1 件に要する時間を 1.0 とすると，虐待相談 12.8，養護相談 9.5，非行相談 4.6，育成相談 4.7（不登校相談 3.2，不登校以外の育成相談 1.5），保健・その他相談 3.0 となっている」ことが明らかになっている。つまり，虐待とその周辺行為を含めた相談に対応するためには，かなりの時間・労力を傾けることが必要であることが容易に推察される。出張に際して，児童相談所は市町村と異なり区域を担当する広域対応が主であるため，移動時間を要することが推察される。その点，市町村を中心に対応することになれば，移動時間に関わる負担を軽減することにもつながるといえる。なお，この結果について業務の種類別割合を見ると，虐待相談ではケースに関わる出張が全体の 26% を占めており，インテークや調査・診断面接，助言指導等いわゆる相談援助のウェイトは虐待以外の養護相談とほとんど変わらない。

　子ども家庭相談の専従職員数 0 人が市区町村全体の約 5 割，全体の約 1 割は常勤職員が 0 人，全体の 3% が子ども家庭相談従事者 0 人という実態は，虐待をはじめとする手厚い援助が必要である子どもと家庭の相談に対応する基盤が脆弱，もしくはない状態といっても過言ではない。昨今の虐待相談の取り組み課題となっている転居に伴う移管ケースへの対応を考えても，こうした実態では担えないであろう。基礎的体制を整備するための人材確保とその財源の手当が不可欠である

(2) 子ども家庭福祉分野における地域包括的・継続的支援体制の構築

① 全体をコーディネートできる専門職の確保と社会福祉士の必要性

　本調査では極めて興味深い結果が見られた。「地域包括的・継続的支援体制

を構築するにあたって一番重要な要素」は，「全体をコーディネートできる専門職の確保」であると市町村の約6割が回答し，それを得意とする「社会福祉士」が，地域包括的・継続的支援に特に必要な人材と回答したのが6割強あった。

　社会福祉士とは，1987年に制定された社会福祉士及び介護福祉士法によって，「専門的知識及び技術をもって，身体上若しくは精神上の障害があること又は環境上の理由により日常生活を営むのに支障がある者の福祉に関する相談に応じ，助言，指導，福祉サービスを提供する者又は医師その他の保健医療サービスを提供する者その他の関係者（中略）との連携及び調整その他の援助を行うこと（中略）を業とする者」（第2条第1項）とされている。子ども家庭福祉分野の特定の領域に限らず，子どもと家庭のニーズを満たすために活用しうる社会資源を横断的にコーディネートできる専門性をもった専門職を確保することが，一番重要な要素であると考えられる。

②市町村は子ども家庭福祉分野の二元的実施体制への意識が低い

　「都道府県と市区町村に分かれている二元化体制の解消」を一番重要な要素としてとらえる市町村は4％にとどまっている。参考として，政令市等ではこの選択肢を一番重要な要素とする回答が約18％あり，都道府県と市町村間において，実施主体の実態や課題のとらえ方が違う可能性を指摘できる（子どもの未来を考える研究会報告書2017）。

③地域包括的・継続的支援の拠点となりうる機関・施設がない

　市町村において「地域包括的・継続的支援の拠点となりうる機関・施設の有無」は，「ない」が約77％を占め，「ある」は21.0％にとどまった。地域包括的・継続的支援における専門機関・施設の連携方法を考慮したとき，「地域包括的・継続的支援の拠点をコーディネーターとしたネットワーク型援助」が5割を超えており，地域包括的・継続的支援の拠点を確保することの必要性とともに，先述の（2）①の考察のとおり，コーディネートを含め相談援助の専門性をもつ社会福祉士の必要性を検討することが課題になると考えられる。

④拠点のソーシャルワーク機能とケアマネジメント機能

「地域包括的・継続的支援の拠点に一番重要な機能」について，「子ども家庭福祉の包括的・継続的ケアマネジメント（スーパービジョンを含む）支援の機能」が約35％を占めた。

この機能は，個別のケアワークやそれに関わるマネジメントに限定したものではなく，ソーシャルワークとしての機能である。ソーシャルワークは，「社会福祉の実践体系であり，社会福祉制度において展開される専門的活動の総体」とされている（岩間 2013: 251）。相談援助とほぼ同義ととらえられており，人と環境の接点に介入する基本視点に基づき，インテーク，情報収集，アセスメント，プランニング，インターベンション，モニタリング，再アセスメントやエバリュエーション，終結といったプロセスをたどる。本研究においては包括的・継続的ケアマネジメントをソーシャルワーク機能ととらえている。

本研究において用いるソーシャルワーク機能とは，「エンパワメントや代弁・権利擁護といった専門性を土台とした先述の直接的な相談援助を実践し，特に人々と資源，サービス，制度等を結びつけるための専門機関や専門職等の社会資源の媒介や調整，関係づくりのためのネットワーキング，ケースの進行・運営等管理に必要なスーパービジョン等の機能を発揮することで全体を包括的に支援する機能」を意味する。

「サービスを必要とする保護者や子どもに対するケアマネジメント機能」は約12％であった。ケアマネジメントとは，「利用者の必要とするケアを調整する機能を果たす援助」のことをいい，白澤政和による「対象者の社会生活上での複数のニーズを充足させるため適切な社会資源と結びつける手続きの総体」という定義が代表的定義とされる（福冨 2013: 71-72）。高齢者福祉分野を見るとわかるように，ケアマネジメントの担い手は必ずしもソーシャルワーカーに限られていない。

本研究において用いるケアマネジメント機能とは，「一人ひとりに対する個別の相談援助とニーズを満たすために活用できるサービスの調整とコーディネート，その進行管理を中心とする機能」を意味している。保育所，幼稚園，保健センター，学校，地域子育て支援拠点など，子どもに関わる社会資源がそれぞれに個別の支援を展開している。現状では，子ども家庭福祉において個

別の自立支援計画を除けば，社会資源を組み合わせるケアプランを立てるのは
障害児福祉サービスや子育て支援サービスの一部での限定的な取り組みといえ
る。しかし，今後はそうしたコーディネートされた結果としてのケアプランを
支援関係者が共有することは大切な取り組みであるし，子どもの権利や最善の
利益にかなうのなら，子ども自身にどのような支援があるのかを伝える手段と
してもケアプランを立てることは重要な役割を果たすと考えられる。子どもへ
の伝え方は年齢や発達段階を考慮した方法を用意する必要もあるだろう。

　市町村が第一義的相談窓口としての役割を果たすうえで，地域包括的・継続
的支援における拠点のソーシャルワーク機能は，市町村の地域に点在する社会
資源（狭い意味では子ども家庭福祉分野の領域別〈縦割〉になっているサービスを中心
とするが，分野を問わず社会福祉全体のサービス）を把握し，個別援助が円滑に実
施されるためのネットワーキングやスーパービジョン，進行管理等が一番重要
な機能として期待されていると考えられる。

⑤市町村の役割と措置・利用決定権限に対する考え方の関係

　子ども家庭福祉における都道府県と市町村の役割のとらえ方について，市町
村では地域のなかで子どもや家庭の動向を把握したり，直接・間接的にサポー
トすること，リスクの高い子ども・家庭へのネットワーク型援助とプライバ
シーへの配慮に関わる役割が多く選択された。都道府県の役割としては，権限
を行使する子どもの一時保護や支援の専門性を支えるための役割が多く選択さ
れた。

　この結果は，現在の都道府県と市町村に求められる役割やその特徴を反映し
ているととらえられ（挙げられた役割が現実に担えているか否かは別としての回答と
いえる），まずはこうした役割を都道府県と市町村が担える体制整備，条件整
備をすることは，地域包括的・継続的支援を考えるうえで重要と考えられる。

　措置やサービス利用決定権限の考え方について，選択利用制度である母子生
活支援施設は福祉事務所，助産施設はすでに市町村が実施主体である。しか
し，実施主体である市町村でも都道府県が主体の方がよいと考えている割合が
高かった。その理由と考えられる可能性の一つは利用者の特性で，助産施設で
は望まない妊娠をはじめとするリスクの高い人への支援，母子生活支援施設で

はDVからの保護と生活の支援・自立支援が必要な母子世帯の専門的な対応を考慮した可能性がある。2つ目は，数少ない施設の把握や所在の広域性，その調整・手続きであり，3つ目は，助産であれば母子保健，DVであれば男女共同参画が中心となるような分野における領域の切れ目があり，子ども家庭福祉主管課で包括的に扱えないととらえられたのではないかということが考えられる。

都道府県に対する援助依頼や送致など，市町村子ども家庭支援指針（ガイドライン）にある内容を踏まえて市町村が役割を果たしていくことは，本来「都道府県と市町村の適切な役割分担」を基盤としているはずであるが，上述の結果や考察を踏まえれば，地域包括的・継続的支援を可能にするための市町村の役割を考える必要があるであろう。

(3) クロス集計結果からの考察

あらかじめ設定した4つの作業仮説をもとに考察する。

①人口規模は分権化の可否と必要性に影響する

ここでは，「人口規模が大きければ分権化に肯定的であろう」と「人口規模が大きければ分権化を必要と考えるだろう」という2つの作業仮説を検討する。

人口規模は，人材の総数，専門的な人材の種類や数，専門的機関や施設，サービスの量やそれらを賄う財源など社会資源の多寡に影響があると考えられたため，人口規模が大きければ分権化に肯定的であろうと仮説を立てたが，結果としては人口規模30万人以上で分権化に肯定的な意向が有意であり，作業仮説は支持されたといえる。これらは，従来の児童相談所設置市となれる中核市の基準である（現在の中核市・児童相談所設置市の要件は20万人）。自前で子ども家庭福祉サービスができると考えられても不思議ではない。

もう一つの人口規模と分権化の必要性の関連については有意差が見られず，人口規模に関係なく分権化は必要と考えられていることから，この作業仮説は支持されなかった。このことは，「子ども家庭福祉を市町村中心（分権化）に実施することは必要であるけれども，現状ではできない」といった実情を明らか

表３－１－26　子ども家庭福祉行政の分権化に対する肯定的意向の推移

	2004 年	2008 年	2016 年
現状での評価	45.6%	53.7%	21.1%

にしたといえる。

　しかしながら，本調査の結果でいえば 30 万人以上の自治体は全体の 5％しかなく，30 万人未満の自治体では分権化に否定的であり，実際の市町村は 66％が 5 万人未満，5 万〜 10 万人未満が 16％，10 万〜 30 万人未満が 13％と圧倒的に 30 万人未満が多い。

　人口規模をカテゴリ化して用いているため詳細には言及できないが，実態からいえば，少なくとも 80％強の 10 万人未満の自治体がどのようにすれば市町村を中心に子ども家庭福祉を担うことができるのか，地域包括的・継続的支援を可能にできるのかといった条件や課題の検討が不可欠となると考えられる。

　加えて，こうした市町村の分権化に対する肯定的な意向について，市町村を取り巻くさまざまな条件が変化しているため単純な比較はできないが，2005 年と 2008 年に実施した佐藤の調査研究結果（佐藤 2012）を参考までにまとめると，表３－１－26 のように推移し，分権化には慎重になっていることがわかる。

　クロス集計結果については，2005 年調査（佐藤 2007）分析では，10 万人未満の自治体は分権化に有意に否定的，30 万人以上では有意に肯定的な結果であった。2008 年調査（佐藤 2012: 221）では，10 万人未満とそれ以上の自治体の間では分権化への肯定的な意向に有意な差はなかった。しかし，2016 年調査（子どもの未来を考える研究会 2017）では，人口規模が大きい市町村の方が有意に分権化に肯定的であった。

　分権化に肯定的な意向が減ったことには次のことが考えられる。まずは，児童福祉法改正やその後の市町村の役割強化によって子ども家庭相談に対する市町村の役割意識や体制づくりへの機運が高まり，前向きになったこと。一方で，現実的に虐待を含む相談援助を市町村が対応することによって，一時保護や施設入所等の措置に関わる権限がないなど，その対応の困難さに市町村が直面したこと，加えて多職種連携や多機関連携が必要であるが，制度的に実施体制や分野内の領域の分断があってそれが難しいと実感されたこと等が考えられる。なお，近年は，虐待対応を中心に制度そのものがさらなる市町村の役割強

化に向かっていることや，切れ目のない支援のために母子健康包括センターの設置，法定拠点の設置の努力義務化といった新たなプラットフォームの立ち上げなど，社会資源の把握や活用をどのようにしたらよいか，その整理の必要が出てきたことも考えられる。

　こうした状況のなかで，市町村における子ども家庭福祉の「切れ目のない支援」を考えなければならないということを明確に意識しておく必要がある。

②拠点の有無は分権化の可否と必要性に影響する

　ここでは，「地域包括的・継続的支援の拠点がある自治体は分権化に肯定的であろう」と「地域包括的・継続的支援の拠点がある自治体は分権化を必要と考えるだろう」という2つの作業仮説を検討する。

　拠点の有無は，分権化の可否，分権化の必要性の両方に有意な関連があることが明らかになった。すなわち，拠点がある市町村は拠点がない市町村に比べて分権化の可否に対して「できる」と有意に肯定的に回答し，分権化の必要性に対して「必要」と有意に肯定的に回答した。この結果から，この2つの作業仮説は支持されたといってよい。

　このことから，そもそも人口規模の大小によらず分権化が必要であると考えている市町村が，地域包括的・継続的支援の「拠点がある」ことによって市町村を中心に子ども家庭福祉を担うことができるという手応えをもっていると考えることができるだろう。あわせて，拠点がある市町村は，集計結果に示された「拠点に一番重要な機能」を果たしているのか，またどのような要因によって分権化に前向きになっているのか，その点をインタビュー調査によって明らかにする必要があると考えられる。

（4）切れ目のない支援を可能にする法定拠点とするために

　本節では，単純集計結果のうち地域包括的・継続的支援に関する結果分析を最優先にして，まず実態を把握し，先行研究を踏まえて作業仮説を設定して主なクロス集計結果を示した。そのため，市区町村の人口規模ごとの拠点機関の有無や機能の違い，都道府県と市区町村との役割分担のあり方，権限移譲に対する意見等とのクロス集計等は行っていない。

今後，法定拠点の整備が進められる。2017 年に発出された「市区町村子ども家庭総合支援拠点の設置運営等について」通知を確認すると，法定拠点は「子どもとその家庭及び妊産婦等を対象に，実情の把握，子ども等に関する相談全般から通所・在宅支援を中心としたより専門的な相談対応や必要な調査，訪問等による継続的なソーシャルワーク業務までを行う機能を担う拠点」とされている。

　法定拠点の設置要綱においては，人口規模ごとに小規模 A 〜 C 型，中規模型，大規模型の 5 類型を示している。したがって，今後市町村は要綱に記載されている人口規模の区分を頼りに法定拠点の整備を進めるであろう。しかし，いざ法定拠点を整備するにしても，そもそも自治体の法定拠点にどのような機能をもたせたらよいか，その機能を果たすためにどのような人材を配置する必要があるのかを把握できているのだろうか。本調査の結果から考えれば，自治体の実態によって必要とされる整備の仕方や条件も異なることが推察できるため，まとめて考えることは難しい。また，先駆例を提示するだけでなく，共通するエッセンスを取り出して活用できる知見を提示することが何より必要である。

　本研究で示す地域包括的・継続的支援は切れ目のない支援を展開するための拠点をめざすことができれば，現在の制度の切れ目や領域ごとの専門性や地域に点在する社会資源をつなぎ合わせ，ニーズに応えるソーシャルワークが展開できることにもつながると考えた。

　市町村中心の子ども家庭福祉の実施（分権化）に前向きな市町村は，具体的には切れ目のない支援に向けてどのような取り組みをしているのだろうか。また，切れ目のない支援を可能にするための条件は何であろうか。

　近未来に向け，子ども家庭福祉分野における地域包括的・継続的支援を構築するための先駆けとして，法定拠点がどのように整備されるかが試金石となると考えられる。拠点の設置を目的にするのではなく，地域包括的・継続的支援のための拠点にしなければならない。その整備に向けて，本節に示した客観的なデータが不可欠である。

　次節において，市町村中心の子ども家庭福祉の実施（分権化）に前向きな市町村の具体的な取り組みや拠点の実情，必要な条件等について，インタビュー調査の分析結果を示してさらに考察を深めたい。

■注

(1) 本研究において，地域包括的・継続的支援とは「市町村域ないしは市内のいくつかの区域を基盤として，子どもの成長段階や問題によって制度間の切れ目の多い子ども家庭福祉問題に，多機関・多職種連携により包括的で継続的な支援を行い，問題の解決をめざすシステムづくりならびにそのもとで進められる援助の体系をいう」と定義して用いている。

■引用・参考文献

福冨昌城. (2013). ケアマネジメント. 山縣文治・柏女霊峰 (編). 社会福祉用語辞典――福祉新時代の新しいスタンダード 第9版 (pp.71-72). ミネルヴァ書房.

岩間伸之. (2013). ソーシャルワーク. 山縣文治・柏女霊峰 (編). 社会福祉用語辞典――福祉新時代の新しいスタンダード 第9版 (p.251). ミネルヴァ書房.

柏女霊峰. (2017). これからの子ども・子育て支援を考える――共生社会の創出をめざして. ミネルヴァ書房.

柏女霊峰・佐藤まゆみほか. (2017). すべての子どもが日本の子どもとして大切に守られるために. 平成28年度日本財団助成事業報告書.

柏女霊峰・佐藤まゆみほか. (2018). すべての子どもが日本の子どもとして大切に守られるために. 平成29年度日本財団助成事業報告書.

才村純・澁谷昌史・柏女霊峰ほか. (2005). 虐待対応等に係る児童相談所の業務分析に関する調査研究 (2). 日本子ども家庭総合研究所紀要, *41*, 129-174.

佐藤まゆみ. (2007). 子ども家庭福祉行政実施体制のあり方に関する研究――質問紙調査の分析を通して，協議会型援助による市町村役割強化の可能性を探る. 子ども家庭福祉学, *7*, 51-63.

佐藤まゆみ. (2012). 市町村中心の子ども家庭福祉――その可能性と課題. 生活書院.

佐藤まゆみ・柏女霊峰・北川聡子. (2017). 地域包括的・継続的支援体制の実現のための子ども家庭福祉行政のあり方に関する研究 (その1) ――質問紙調査の単純集計結果から. 日本子ども家庭福祉学会第18回全国大会抄録集 (pp.82-83). 関西福祉科学大学.

佐藤まゆみ・柏女霊峰・永野咲ほか. (2018). 地域包括的・継続的支援体制の実現のための子ども家庭福祉行政のあり方に関する研究 (その2) ――質問紙調査のクロス集計結果から. 日本子ども家庭福祉学会第19回全国大会抄録集 (pp.94-95). 神奈川県立保健福祉大学.

佐藤まゆみ・柏女霊峰・永野咲ほか. (2019). 地域包括的・継続的支援体制の実現のための子ども家庭福祉行政のあり方に関する研究 (その4) ――人口規模毎の拠点に重要な機能に関する分析と考察. 日本子ども家庭福祉学会第20回全国大会抄録集 (pp.68-69). 立命館大学.

支援の切れ目とは何か：
インタビュー調査の概要と質的分析

永野　咲

1 「拠点」の実際

　子ども家庭福祉行政における一元的な体制を築くために必要な条件整備や課題，体制を担う拠点の具体案やその役割，機能について，それぞれの市町村ではどのように考えられているのだろうか。

　本節では，10か所の市区町村を訪問し，聞き取り調査を行った結果をもとに，質的な側面から市町村の子ども家庭福祉のあるべき体制を検討する。

2 訪問調査の内容

　子ども家庭福祉サービス・支援の地域包括的・継続的支援体制の構築に向けた市町村の考えを聞き取ることを目的に，2017年10〜11月に訪問調査を実施した。調査者は，社会福祉法人麦の子会・日本の子どもの未来を考える研究会（柏女霊峰座長）を調査主体とし，研究者を中心とした研究会メンバーで構成した。

　対象となる市町村は，先駆けて実施した全国アンケート調査の分析結果（前節参照）において「拠点設置に前向き」との回答があった自治体から，住民人口の規模に配慮し，10自治体を選定した（表3−2−1）。

　この調査における「前向き」のとらえ方は，次のとおりである。①地域包括的・継続的支援の拠点がある，②市町村役割合計得点が平均値（18点）以上，③市町村体制に再構築できるという3つを満たす自治体を「地域包括的・継続的支援体制の構築に前向き」な自治体としてとらえた。

　人口規模の区分は，クロス集計を試した結果，5万人未満とそれ以上の自治

表 3 - 2 - 1　訪問調査の対象

人口	自治体名	面積
5万人未満	A	約100km²
	B	100km² 未満
5万〜10万人	C	約100km²
	D	約100km²
	E	約200km²
10万〜30万人	F	100km² 未満
	G	約500km²
	H	100km² 未満
30万人以上	I	約300km²
	J	100km² 未満

体に分けて分析することが有益と判断されたため，4区分（5万人未満，5万〜10万人未満，10万〜30万人未満，30万人以上）とし，偏りのないよう抽出した。

　インタビュー調査は，半構造化した質問項目によって実施した。調査項目は，制度的側面からの質問と援助的側面からの質問を用意した。具体的には，①制度的側面として，主に組織や拠点についての考えを質問し，②援助の側面として，主に拠点が相談種別（ポピュレーションアプローチ・障害・要養護・DV・心理的課題・非行）にどう対応するか，具体的な対応の流れについて質問した。インタビュー調査は許可のもと録音し，得られたデータは質的データ分析（佐藤 2008）を参考に分析した。

　こうした調査は，自治体名を公表しないこととし，特定できる情報についても省略することとした。これは，倫理的な観点と自治体が特定されることによる弊害を検討した結果である。また，本調査の実施については，調査代表者（佐藤まゆみ）の所属先であった和洋女子大学において，人を対象とする研究倫理審査を受け，承認されている。

③ 聞き取り調査からわかったこと

　上記の方法で分析を行った結果，対象となった「拠点」設置に前向きな自治体では，それぞれにサービス・支援において生じる可能性のある4つの「切れ目」をつなぐための工夫を行っていることが浮かび上がってきた（表3-2-2参照）。

表３－２－２ 「つなぐ」取り組み一覧

人口	自治体名	①組織の「切れ目」をつなぐ 拠点（福祉）との統合		②専門分野間の「切れ目」をつなぐ 拠点にいる職員				③年齢の「切れ目」をつなぐ 拠点が対象とする年齢	④種別の「切れ目」をつなぐ 拠点の種別への対応タイプ
		教育	母子保健	福祉	母子保健	保育	教育		
5万人未満	A	同居	別居	○	◎	○		就学前	マネジメント型
	B	一体	別居	◎	○	○		就学後	マネジメント型
5万～10万人	C	一体	別居	○			◎	18歳未満	マネジメント型
	D	同居	別居	◎	○	○		18歳未満	マネジメント型
	E	同居	同居	○	◎	○		18歳以降も含む	マネジメント型
10万～30万人	F	別居	別居	○	○		◎	18歳未満	マネジメント型
	G	別居	別居	○	◎			就学前	子育て支援型
	H	同居	同居	○	○	○		18歳未満	虐待重点型
30万人以上	I	別居	一体	◎	○	○		18歳未満	虐待重点型
	J	同居	別居	◎	○	○		18歳未満	虐待重点型

※一体：組織統合，同居：同じ建物内，別居：別の建物内
　◎：主に動く職員，○：拠点内にいる職員

（1）4つの「切れ目」をどのようにつなぐか

①組織の「切れ目」をつなぐ

　自治体組織において最も生じやすいと考えられるのが，自治体内における組織間の「切れ目」である。同一の市町村内でも「福祉」と「教育」「母子保健」などの部門や組織間に「切れ目」が生じる可能性がある。これに対し，調査対象となった「拠点」設置に前向きな自治体では，さまざまなかたちでの組織統合が図られていた。

<u>就学前教育と子育て支援の統合</u>

　たとえば，人口5万人未満の自治体Aでは，閉校した小学校の校舎を利用し，ここに公営幼稚園・公営保育所を統合した（現在「こども園」化を検討中）。ここに子育て支援機能を追加し，3つの機能をもつ自治体唯一の乳幼児向け施設を「拠点」としている。これによって減少する子ども数に対応しつつ，0歳から小学校入学前までの子どもを継続的に見守ることのできる体制づくりも実現し，自治体Aに適したかたちとなっている。

<u>福祉と教育の統合</u>

　また，「福祉と教育との統合」を意図する取り組みもある。人口5万人未満の自治体Bでは，母子保健，障害関係を除き，子どもに関わる行政担当を教

育委員会の配下に置くという方針をとり，教育委員会と子どもに関わる福祉部門を統合している。

　人口5万〜10万人の自治体Cでは，教育委員会の配下に子どものための行政サービスを行う課を配置し，家庭児童相談，子ども・子育て支援施策，児童手当関連，社会教育などの各担当を分担する。ここで主力となっているのが元教員であり，これまでの人脈と経験を活かし，福祉と教育の連携がスムーズにとれるよう工夫している。

福祉と母子保健の統合

　人口30万人以上の自治体Iでは，既存の保健センターの建物に福祉部門が移り，拠点として活用することで「福祉と母子保健との統合」が行われている。この建物には，保育所などの施設の担当課，手当など子育て支援の担当課，家庭児童相談室，児童発達支援センター，母子保健，障害福祉課（成人）が棟続きに統合されて配置されている。こうした組織の統合は，情報の共有のしやすさや「すぐに会議ができる」等の連携のしやすさに利点があると考えられる。また，既存の建物と統合することにより，駐車場，面接スペースやプレイルームなど，拠点に求められる機能がすでに揃っていることも，こうした取り組みのメリットと考えられる。

支援データの共有

　調査対象となった拠点設置に「前向き」の自治体のなかでは，各部門間で情報や支援データの共有の動きも見られた。

　人口10万〜30万人の自治体Fでは，子ども家庭福祉の支援で収集したデータを蓄積し，課内の4部門間でリンクを張る方法でデータ共有を始めている。全体をシステム化し，情報共有のツールとしても使いたいという希望はあるが，現時点ではシステム構築までには至っていない。こうしたシステム構築には，個人情報をどこまで開示するか，セキュリティー対策をどうするか，費用をどう捻出するかなどの課題も多いが，情報共有によって連携ミスなど人為的な要因での支援の取りこぼしをチェックできるというメリットは大きいと考えられている。

　自治体Iでは，上述したように，母子保健，子ども・子育て支援施策の担当課，障害福祉担当課など，子ども福祉に関連する部署が一つの建物内に集結し

ている。そのため同じ建屋の部門間では共通のサーバーに情報を保管し，必要な情報を特別なシステム構築なしに共有している。一部，ネットワークの接続制限などで閲覧のブロックを設定し，情報の保護にも配慮する。関係者が同じ建物内にいるため，共通した情報に基づいた協議が即時可能であり，必要時にはいつでも同行訪問できるという機動力をもつ。共有情報の内容は，住民基本情報，児童扶養手当システム，ひとり親家庭の情報などで，納税や所得に関する情報は一部の関係者のみが閲覧できるようになっている。

　人口30万人以上の自治体Jでは，子ども家庭福祉主管課と指定管理を受けた支援拠点が離れた場所に存在する。それぞれが相談支援の窓口として機能しているため，重複してケース管理することがないよう，相談履歴をリアルタイムで共有できるネットワーク回線を結んでいる。ただし，情報保護の観点から，支援拠点では住民情報を閲覧できない。それぞれの支援機関・部署・人がしっかりとつながったうえで，情報処理技術やネットワークの構築を利用し，支援が適切に行われることをめざしている。

②専門分野間の「切れ目」をつなぐ

　同様に，専門分野（専門性）間においても「切れ目」が生じやすいと考えられる。「拠点」設置に前向きな自治体からは，多様な専門性から判断・支援を行うために，拠点に複数の専門分野を所在させるなどの工夫が語られた。

　たとえば，自治体Bでは，拠点に「ソーシャルワーカー」を3名配置し，学校区ごとに担当することで，濃密な連携のできる相談体制を確立している。この自治体における「ソーシャルワーカー」集団は，社会福祉士，精神保健福祉士，保育士，保健師，養護教諭などの多様な資格を有しており，複数の専門性を有する組織となっている。

　また，自治体Iでは，次期園長クラスの保育士を，2年程度の期限付きで子ども家庭福祉担当課に配属し，対人援助の方法や発達障害を抱える子どもたちへの関わり方，子育て支援の教室の企画運営などを経験する取り組みを行っている。保育と福祉の連携をスムーズにするだけでなく，福祉制度や政策を知り，保護者への個別援助や相談対応のスキルを身につけてもらうことで，保育現場に戻ったのちの若手育成にも役立つと期待されている。

自治体Fでは，拠点に配置されるケースワーカーとして，都道府県の教育委員会から現職中堅クラスの学校教員が派遣されている。派遣期間中には，虐待対応や面接のスキルを磨くために，児童相談所のスキルアップ研修を受講し，児童福祉司の任用資格研修にも参加する。これは，教員のスキルアップも兼ねた取り組みであるが，基本の任期を3〜4年に設定し，教育現場へ復職する前提での起用である。教育現場に戻ったのちには，福祉の仕事を理解した教員として，学校と福祉とのやり取りの仲立ちとして活躍している。

③年齢による「切れ目」をつなぐ

　また，年齢区分（特に学齢期ごと）によっても「切れ目」が生じる可能性がある。これに対し，「拠点」設置に前向きな自治体では，あえて年齢に応じて担当部局を区切る方法と18歳までを通した支援を展開する方法，さらに成人期以降を含めたすべてのライフサイクルを見通した支援を展開する方法があった。

年代・世代を超えてつなぐ

　自治体Eでは，「乳児家庭全戸訪問事業（こんにちは赤ちゃん事業）」の実施率が100％に近い。「乳児家庭全戸訪問事業」の訪問・面談から得られた情報をもとに，要支援・要保護のケースを一括で検討する。保育所・幼稚園に入った子どもは別の部会に引き継がれ，虐待や要保護世帯の場合は就学した後でも就学児用の部会が支援を検討する。学齢期に問題が起きた場合にも資料として記録が引き継がれ，背景の分析が行われる。中学卒業後に高校進学をせず，ひきこもる場合には，社会的立ち直りを促す部会がハローワークや若者サポート就労センターとも連携し，要保護児童をもれなく支援する体制をとるなど，年代を超えた関わりを行う。

　また，自治体Fでは，支援によって集積したデータを，家族が世代を超えて同じ課題を抱える「連鎖」を断ち切るためにも活かしたいと考えている。

5歳児へのフォロー

　特に，切れ目の生じやすい「5歳」への対応を手厚くすることで，切れ目のない支援を提供しようとする取り組みも行われている。

　自治体Eでは，公私問わずすべての保育所の5歳児を対象とし，年6回程

度の訪問を実施している（保育所等訪問支援とは異なる）。訪問時には，5歳児クラスをすべて見回りし，事前に保育所が全保護者から回収した質問や困り事のアンケートをもとにカンファレンスを1時間半程度行う。これには学校教育の担当課も関わり，就学相談や適正就学にもつながるよう関係者が情報交換する。他自治体の保育所に通っている場合も，時々に出向き情報収集に努める。就学後も，新1年生を対象に自治体主催の親子教室を半年間，月に1回実施し，保護者の困り感や学校の対応について話を聞いている。

　自治体Hでは，数年前から教育委員会の要望により5歳児健診に力を入れ始めた。自治体Hの5歳児健診は，5歳児をもつ保護者全員にアンケート調査をし，必要に応じて，個別の2次健診を近隣大学に精密検査委託するかたちで行う。個別2次健診の対象児の保護者には，結果説明会（大学の先生，臨床心理士が説明）を設けて，就学支援を担っている担当者が同席する。必要な場合には，保育所の立ち会いや，自治体の教育センターの教員との面談もあり，療育機関の紹介も行われる。この健診の実施前には，関係機関が顔合わせを行い，その年の受け入れ体制について説明が行われる。5歳児健診を始めてから，自治体内の療育機関が足りないということが判明したため，数を増やし，障害福祉の担当課が療育的な事業を行っている。自治体では，保育士が提供する保育の質の確保に力を入れており，年間計画での保育士研修が設定されている。

④種別の「切れ目」をつなぐ

　相談の種別を見ると，部局や担当の決定や引き継ぎ等において切れ目が生じやすい。

　市町村における拠点が多様な相談種別（ポピュレーションアプローチ・障害・要養護・DV・心理的課題・非行）にどのように対応するかという方法面においては，本調査の対象自治体では，以下の3つのタイプがあることが示された。
・マネジメント型：拠点がすべての種別に対応する（べき）とするタイプ
・子育て支援型：拠点が子育て支援を行うタイプ
・虐待重点型：拠点が虐待（が背景にある場合）に対応する（べき）とするタイプ

　人口規模の小さい自治体では，マネジメント型が多く，住民のあらゆる相談

に対応しようとする意向があった。たとえば，小学校区ごとに何でも相談の窓口を設置している取り組み例が挙げられる。

　一方，人口規模の大きい自治体は，拠点がすべての種別に対応することに限界があり，対応する相談種別を虐待等に絞ることでニーズのある家庭を取りこぼしなく支援しようとする意向があった。特に，大規模自治体では，独自のショートステイ里親を認定・マッチングしたり，社会的養護関連施設の設置にも前向きであるなどの傾向があった。

マネジメント型の取り組み

　たとえば，自治体Cでは，課題別（発達障害，医療ケアニーズ，教育関係など）に支援の機関のつながりと連絡先を記載した一覧を作成している。支援機関は，その機能と特色別にグルーピングされ，つながりが図表化されており，視覚的にもわかりやすく工夫されている。

　実際に保護者が相談に訪れた際に提示し，「子どもの周りにはこのような応援団がいますよ」という説明にも用いる。保護者は，この一覧表をもとに，必要な支援先に自ら連絡をすることが可能であり，一覧表のなかには，公的機関だけでなく，地域の医療機関，民間で運営するNPO法人や親の会や自宅サロンなども記載されており，さまざまな場所とつながることができる。一覧表上の機関同士は，横連携ももっている。

　自治体Eの要保護児童地域対策協議会（以下，要対協）は，中学校区に一つの割合で実務者会議が設けられており，それぞれの部会の構成は子どもたちの状態の変化によって柔軟に，しかし取りこぼしがないようにきめ細かくつくり込まれている。「乳児家庭全戸訪問事業」の訪問・面談から得られた情報をもとに，要支援・要保護を一括で検討する。発達に心配がある場合は，発達支援担当の部会が受け皿になる。不登校があれば，原因別に，家庭に要因がある不登校のための部会で扱うか，いじめや学校の先生との人間関係などに原因があれば教育委員会が対応する。この切り分けは就学児用の部会が行う。最近の傾向では，援助交際などは事件化すると，問題行動を扱う部会に小中学校の先生のほかに警察，保護司会，児童相談所も関わる。

虐待重点型の取り組み

　人口30万人以上の自治体Jでは，子育て支援・虐待対応の拠点に関して，

指定管理者制度を利用している。指定管理を受けている拠点では，子育てサロン，相談支援などの役割をもつほか，虐待対応，ショートステイの調整，ヘルパー派遣，ボランティア派遣も行う。自治体の子ども家庭福祉主管課とは役割分担しつつさまざまなケースに対応する。ケース担当の決め方は，最初に受けた方が担当し，相談記録を共有することで重複担当を防ぐというルールにしている。

　また自治体Jでは，将来的な里親育成も念頭に，自治体内の個人宅をショートステイとして活用する試みを始めた。近隣の施設型のショートステイも埋まっている状況があるためである。これにより，要支援ではない家庭のショートステイのニーズ対応もできるようになる。ショートステイを受け入れる家庭には独自の資格を設け，研修と登録と面接，実際の住居の状況確認を経て，自治体が認定する。

(2) 拠点は多様な相談種別にどのように対応するか

　寄せられる多様な相談やニーズに，拠点でどのように対応しているかについて，種別ごとに整理する。

①ポピュレーションアプローチへの対応

拠点が主となり対応する

　拠点が主たる担当として対応する自治体Aでは，拠点が中心となり，医療機関と情報交換しながら，妊娠期間中から病院と連携をとり，退院後にも関係機関と連携をとりながら支援を行っている。

母子保健との連携

　拠点が主体とならない場合でも，保健センター等と連携をとり，拠点がポピュレーションアプローチの一翼を担う取り組みが行われている。自治体Bの保健センターでは，保健師主催で，週に1回，保育園通園児または2歳児以下の家庭保育の子どもとその保護者を対象に親子遊びの場を提供している。このイベントのねらいは，発達に心配があるときの相談，親子での遊び体験不足の解消，お母さんたちに子どもとの関わりを学んでもらうことである。プログラムは保健師が作成しているが，臨床心理士も，年に2回ほど参加し，子ども

の行動観察や保護者と面談する機会が設けられているほか，拠点のソーシャルワーカーも交代で参加する。

　自治体Cでは，妊娠届・母子手帳交付のときに，自治体の保健師が全員面接を行っている。困り感や不安要素の聞き取りを行うほか，エジンバラの質問票も用いて，要対協の特定妊婦としてフォローするか，そこまでいかなくても相談で対応するなど孤立しない流れをつくる。エジンバラに関しては，妊娠届時，出産後，赤ちゃん訪問時に継続的に実施し，産後うつなどのお母さんを早期に支援できるよう，データとして活用する。

　自治体Eでは，「乳児家庭全戸訪問事業（こんにちは赤ちゃん事業）」の実施率が100％に近い。特定妊婦に該当するかどうか，産後うつ調査の回答結果，職業，実家との関わり，支援者の有無などの情報を，訪問スタッフが共有できるかたちにまとめる。精神科の開業医の指導のもと，事例検討も含めて学習会を行い，産後うつ調査の読み取りや聞き取りのスキルを磨き，記録の方法にも反映する。記録は，電話や訪問によるフォローの際にも，状況が解消されているかどうかをチェックするなど，データとして活用される。保護者からの聞き取りが必要な場合には，乳児家庭全戸訪問事業で訪問したスタッフが同席し，話しやすい雰囲気をつくる。乳幼児定期健診でも，待ち時間にスタッフが気さくに声かけし近況の聞き取りを行う。必要に応じて，子育て情報を盛り込んだ定期発行のお便りを自宅訪問で手渡しすることもある。身近に支援者がいない場合や，子育て支援の場に来ない家庭には，育児支援の家庭訪問，電話訪問などを継続的に実施し，見守りを続け，地域や仲間とつながっていくことをめざしている。

　自治体Hでは，近隣の社会福祉法人に委託して，ペアレントトレーニング講座を年に2回開催する。トレーニングは全7回のカリキュラムで構成されており，座学とロールプレイングなどの実習も含まれる。基本は，参加希望者を募り抽選であるが，育児やしつけに困り感がある保護者に対して参加を促す場合もある。

支援の入り口のハードルを下げる

　自治体Dでは，子どもからお年寄りに関することまで何でも受け付ける地域密着の相談室が小学校区に一つずつ設置され，地域住民と自治体がいつでも

気軽に情報連携するための窓口が地域に用意されている。これらの相談室を束ねる役割は，地域包括支援センターが担う。相談内容は多岐にわたり，住民が気になることが何でも寄せられ，対応が滞りなくつながるよう，相談室のスタッフは普段から研修や連携会議を行っている。相談室に配置する職員は，住民特性，健康課題に合わせて，看護師・介護福祉士・社会福祉士・ケアマネージャーの資格をもつ職員をバランスのいいかたちに配置にする。高齢者が多い地区には，昔の方言が使える職員が配属されるなど，住民への配慮はきめ細かい。

　子ども家庭福祉にまつわる相談は，多様な内容が含まれることも多い。自治体Hでは，できるだけ利用しやすく，敷居を低くするための工夫として留守番電話やメールでの相談にも応じる。たとえば，平日の日中は仕事をしているために自治体などが開設する相談窓口に来ることが負担になるという保護者や，自ら福祉のサービスを手続きする窓口に行くことにハードルを感じるような場合でも，まずは，利用者の都合のよい時間に気軽に連絡していただきたい，というのがこの試みのねらいである。利用者が「困り感」を発信するための方法を選択できることは，相談の掘り起こしと適切な支援に結びつくと期待される。「子どもの貧困問題」の掘り起こしにも寄与すると考えられている。

　子育てに困り感やリスクがある場合でも，保護者にとっては「支援を受けること」自体にハードルが高いと感じる人も少なくない。自治体Jの拠点では，支援の入り口として非定型の一時保育サービスを提供している。保護者のリフレッシュや，あまり家庭から外に出たことがない子どもたちに対しても発達に有効であることを伝え，まずは拠点を使ってもらうツールとしても活用してもらう。拠点を利用してもらい，保護者とのやり取りを行うなかで，信頼関係を構築していく。この一時保育は有料だが減免も設けられており，経済的な負担を少なく設定している。この一時保育のほかに，子育てママが参加するグループ懇談会というイベントもあり，支援の入り口の一つとなっている。全6回（1回2時間）のプログラムで，受講中の保育は無料という設定。懇談会の中身は，海外で発祥した親教育支援プログラムによる参加者主体の懇談形式で，子育てスキルを高め仲間づくりも目的としているため，スキルアップしたい保護者にも受け入れられやすい。敷居の低いサービスを「まずは使ってもらうこ

と」を，支援の第一歩として位置づけている。

②障害相談への対応

　自治体Aと自治体Fの2か所では，拠点が障害相談に主たる担当として関わっている。自治体Aでは，自治体内に療育部門がないため，障害のある子どももできる限り保育・幼稚園でともに生活できるよう工夫している。乳幼児保育施設では，サポートの先生が配置され，障害のある子どももクラスでともに過ごし，地域との交流をする年間行事イベントにもすべて参加している。地域の小中学校には特別支援級があり，必要な場合はサポートを受けられる。通所・入所が必要な場合には，県へつなぐようになっている。その場合にも「拠点」が相談機関を選定して，親と相談しながら，県や郡の相談機関に結びつけていく。

　拠点が主体ではないながらも，自治体Bでは，自治体の考え方として，障害にかかわらず「一緒にここで育っていく」という方針があり，サービスの利用についても保健師，子ども家庭相談センター，社会福祉協議会の三者が情報連携しつつ，当事者とその家族とともに適切に考えていく。乳幼児施設では，障害のある子どもと一緒に保育所で過ごす。自治体は乳幼児施設と小中学校に介助員を雇用して配置し，介助員の人数は，毎年，自治体の委員会で見直しをして必要人数を確保している。

③要養護相談への対応

　虐待等による子どもの保護や介入，さらに社会的養護への措置は，都道府県及び政令指定都市（一部中核市）のもつ権限・役割である。こうした権限は強力であり，保護においては，家庭と一定の物理的距離を保つことで安全を確保するという意味合いも大きい。一方，社会的養護のもとでの暮らしは，新たな地域での暮らしを再開させるということでもある。現在，社会的養護は，家庭（的）養育の推進が図られ，里親やファミリーホームで生活する子どもたちの数が増加していくことが想定される。こうした里親やファミリーホームのもとでの暮らしは，特に地域に根ざしたかたちでの暮らしが展開され，市区町村とのつながりや資源・サポートが重要な役割をもつだろう。

要養護相談に対しては，調査に訪問した10の自治体のうち9つの自治体が拠点を主体とした対応を行っている。この結果からも，「拠点」の主な機能として，虐待等の要養護相談を中心とすることが見えてくる。それぞれの自治体がどのように対応しているのか，確認したい。

社会的養護に対する取り組み

　市区町村においても，ファミリーホームや里親を開拓し，自治体の資源として活用をめざしている場合も見られる。

　自治体Dでは，数年前より自治体内にファミリーホームを増やすための設置促進事業に取り組み，都道府県とは別に自治体が助成金を出す仕組みをつくった。ファミリーホームの管理者になる担い手が少ないという課題があったため，管理者の育成という目標で里親を育成するための事業を考案し，自治体が独自に里親育成のための入門講座を開催した。都道府県と協働・相談し，里親会とのつながりもある。国内の法人型ファミリーホームを見学し参考にするなど，地道な取り組みが実り，新規に法人型のファミリーホームの設立に至った。

　また，自治体Cでは，要対協のケース会議とは別に，3か月に1回程度の頻度で社会的養護のもとに養育されている子どものための個別会議も開催される。これは，子どもごとに関係者が集まって支援会議を行うもので，里親，児童養護施設の関係者，児童相談所，保育士や園長（学齢期の場合は学校の先生）など，その時点で子どもの生活圏に関わる支援者が参加する。会議を主催するのは，障害児のケースだと相談支援担当のケアプランナーや小学生の場合は学校が中心になることもあり，さまざまである。

職員の虐待対応スキルの育成

　自治体Iでは，虐待対応のケースワーカーの育成にも力を入れている。社会福祉主事は，児童虐待のケースワークを2年経験し，研修を受けて，児童福祉司の任用資格を取得するよう育成している。

　自治体Eでは，学識者が児童相談所との連携や市の守備範囲の考え方についてスーパーバイザーとして助言している。

④ DV相談・心理的課題・非行相談への対応

　最後に，DV問題・心理的課題・非行問題への対応について確認する。これ

らの相談種別に拠点が主な機関として対応している自治体は多くはない。一方で，自治体Hでは，「子どもの最善の利益を考える」という観点から，数年前より弁護士が対応する相談窓口を開設した。離婚の際の親権・養育費・面会回数などについても，法的根拠に基づいたアドバイスを受けることができる。弁護士に対しては，自治体が謝礼を払う仕組みをとっている。

　また，専門相談として，不登校の相談を臨床発達心理士が予約制で受ける。自治体Eでは，不登校の子どもたちは登校支援部会が関わる。登校支援部会が関わるケースは，不登校の要因が家庭に起因するもののみであり，それ以外は教育委員会が対応するよう区分けをしている。

　非行相談に拠点が主として対応しているのは，人口5万〜10万人の自治体Eのみであった。自治体Eでは，小中学校の主に生徒指導の教員，警察，保護司会，児童相談所がメンバーとなった問題行動に対する部会が対応する。また，立ち直りを支援する部会もあり，ハローワークや若者サポート就労センターも加わり，就労につないでいく。

■引用・参考文献

永野咲・佐藤まゆみ・柏女霊峰ほか.（2018）. 地域包括的・継続的支援体制の実現のための子ども家庭福祉行政のあり方に関する研究（その3）――インタビュー調査の質的分析結果から. 日本子ども家庭福祉学会第19回全国大会抄録集（pp.96-97）. 神奈川県立保健福祉大学.

佐藤郁哉.（2008）. 質的データ分析法――原理・方法・実践. 新曜社.

佐藤まゆみ・永野咲.（2018）. 市町村アンケート／インタビュー分析報告. 平成29年度日本財団助成事業報告書. 日本の子どもの未来を考える研究会（麦の子会設置・柏女霊峰座長）.

地域包括的・継続的支援を可能にする
拠点の整備に向けて：クロス集計の結果から

佐藤まゆみ

第 2 節の質的分析結果によると，人口規模 17 万人前後において拠点のタイプに違いが見られたことから，調査当時の人口規模のデータを投入して新たに再分析することとした。具体的には，以下の変数を用いた。

① 分析に用いた変数

（1）独立変数（説明変数）

独立変数には，① 2016 年 4 月 1 日現在の人口を市区町村子ども家庭総合支援拠点（以下，法定拠点）が想定する人口規模別に 4 分類し，② 2016 年 4 月 1 日現在の人口を 17 万人未満／以上に 2 値化した変数を作成した。また，先行研究において個別ケース検討会議の頻度が高いことが課題を克服したり，分権化に肯定的な影響を与えることがわかっているため，③個別ケース検討会議の頻度を最頻値 0 回，11 回（中央値）を含む 1 〜 11 回，28 回（平均値 27.76）を含む 12 〜 28 回，29 回（平均値以上）の 4 カテゴリとして用いた。

（2）従属変数（被説明変数）

主たる従属変数として，①「個別ケース検討会議の頻度」を最頻値 0 回，11 回（中央値）を含む 1 〜 11 回，28 回（平均値 27.76）を含む 12 〜 28 回，29 回（平均値以上）の 4 カテゴリとする変数を作成した。②「必要な人材」「拠点の有無」は，未選択・選択や有・無で 2 値化した。③「拠点に一番重要な要素」「拠点に一番重要な機能」は，回答が期待度数 5 未満を下回り欠損値となった選択肢を除去して変数を作成した。

表3-3-1　人口17万人区分と拠点に一番重要な要素

(n=721)

| | | | 地域包括的・継続的支援の拠点に一番重要な機能 | | | | 合計 |
			子ども家庭福祉の制度を横断的に活用するための調整をする機能	子ども家庭福祉の包括的・継続的ケアマネジメント(SVを含む)支援の機能	サービスを必要とする保護者や子どもに対するケアマネジメント機能	子ども家庭福祉の総合相談支援の機能	
法定拠点人口17万人	17万人未満	度数	172	230	89	153	644
		%	26.7%	35.7%	13.8%	23.8%	100.0%
		調整済み残差	-0.1	-3.0	2.8	1.4	
	17万人以上	度数	21	41	2	13	77
		%	27.3%	53.2%	2.6%	16.9%	100.0%
		調整済み残差	0.1	3.0	-2.8	-1.4	
合計		度数	193	271	91	166	721
		%	26.8%	37.6%	12.6%	23.0%	100.0%

p＜0.01, $\chi^2(3)$ =13.908a, Cramerv=.0.107

② 分析結果

(1) 拠点に重要とされる機能の違い

①人口規模17万人

　人口規模17万人以上の市町村は，17万人未満の市町村より有意にソーシャルワーク（以下，SW）機能が一番重要と回答した。一方で，ケアマネジメント機能は17万人未満の自治体で有意に一番重要と回答しており，17万人未満／以上の人口規模において，拠点に一番重要な機能が有意に異なることがわかった（表3-3-1）。

②法定拠点が示す人口規模類型

　先の結果をより細かく法定拠点のタイプ別に分析すると，5.6万人未満の自治体はケアマネジメント機能が有意に重要と回答している。5.6万～11.3万人未満の自治体はSW機能，制度横断的活用のための調整の機能を多く回答しているものの，有意差がないため重要な機能に関して特段の特徴はない。

　11.3万～17万人未満の自治体は，ケアマネジメント機能を有意に重要と回答していないが，ではほかに重要な機能は何かというと，有意差がなく，どれが重要と考えられているか特徴的な回答が見られなかった。一方，17万人

表3－3－2　法定拠点の人口区分と拠点に一番重要な機能

(n=721)

			地域包括的・継続的支援の拠点に一番重要な機能				
			子ども家庭福祉の制度を横断的に活用するための調整をする機能	子ども家庭福祉の包括的・継続的ケアマネジメント(SVを含む)支援の機能	サービスを必要とする保護者や子どもに対するケアマネジメント機能	子ども家庭福祉の総合相談支援の機能	合計
法定拠点の類型再分類	小規模A型相当(人口5.6万人未満)	度数	121	169	73	123	486
		％	24.9%	34.8%	15.0%	25.3%	100.0%
		調整済み残差	-1.6	-2.2	2.8	2.1	
	小規模B型相当(人口5.6万～11.3万人未満)	度数	36	43	15	20	114
		％	31.6%	37.7%	13.2%	17.5%	100.0%
		調整済み残差	1.3	0.0	0.2	-1.5	
	小規模C型相当(人口11.3万～17万人未満)	度数	15	18	1	10	44
		％	34.1%	40.9%	2.3%	22.7%	100.0%
		調整済み残差	1.1	0.5	-2.1	0.0	
	中規模型以上(17万人～)	度数	21	41	2	13	77
		％	27.3%	53.2%	2.6%	16.9%	100.0%
		調整済み残差	0.1	3.0	-2.8	-1.4	
合計		度数	193	271	91	166	721
		％	26.8%	37.6%	12.6%	23.0%	100.0%

p＜0.01, $\chi^2(9)$ =24.645a

以上（中規模）はケアマネジメント機能を有意に重要と回答していないが，SW機能が有意に重要と回答している（表3-3-2）。

(2) 人口規模と拠点に必要な人材

　ここでは，拠点に特に必要な人材として第1位から第3位に挙げられた保健師，社会福祉士，児童指導員・社会福祉主事等任用資格者に加え，医学的な診断に欠かすことができない医師と人口規模の関連を分析した。

①保健師

　拠点に特に必要な人材の第1位に挙げられた「保健師」は，人口規模との関連を分析した結果，17万人未満／以上の変数，法定拠点の類型別の両方において，有意ではなかった（表3-3-3，表3-3-4）。

表３－３－３　人口１７万人区分と保健師

(n=752)

| | | 保健師 | | 合計 |
		未選択	選択	
17万人未満	度数	159	517	676
	%	23.5%	76.5%	100.0%
17万人以上	度数	18	58	76
	%	23.7%	76.3%	100.0%
合計	度数	177	575	752
	%	23.5%	76.5%	100.0%

n.s.

表３－３－４　法定拠点の人口区分と保健師

(n=752)

| | | | 保健師 | | 合計 |
			未選択	選択	
法定拠点の類型再分類	小規模A型相当（人口5.6万人未満）	度数	126	386	512
		%	24.6%	75.4%	100.0%
		調整済み残差	1.0	-1.0	
	小規模B型相当（人口5.6万人～11.3万未満）	度数	24	95	119
		%	20.2%	79.8%	100.0%
		調整済み残差	-0.9	0.9	
	小規模C型相当（人口11.3万～17万人未満）	度数	9	36	45
		%	20.0%	80.0%	100.0%
		調整済み残差	-0.6	0.6	
	中規模型以上（17万人～）	度数	18	58	76
		%	23.7%	76.3%	100.0%
		調整済み残差	0.0	0.0	
合計		度数	177	575	752
		%	23.5%	76.5%	100.0%

n.s

②社会福祉士

　社会福祉士は，人口規模17万人以上の市町村において，有意に「拠点に特に必要な人材」と回答されていた。これは，法定拠点の類型別に分析しても同じ結果であった。先述の（1）②の考察のとおり，17万人以上の自治体は拠点に重要な機能としてSW機能を挙げている。5.6万人未満の自治体は，社会福祉士に関して有意に選択していない。つまり，5.6万人の自治体と17万人以上の自治体では，拠点の展開に必要な人材が異なるという結果であった（表3-3-5，表3-3-6）。

表３−３−５　人口17万人区分と社会福祉士

(n=753)

		社会福祉士		合計
		未選択	選択	
17万人未満	度数	260	417	677
	%	38.4%	61.6%	100.0%
17万人以上	度数	17	59	76
	%	22.4%	77.6%	100.0%
合計	度数	277	476	753
	%	36.8%	63.2%	100.0%

p＜0.01, $\chi^2(1)$ =7.556a

表３−３−６　法定拠点の人口区分と社会福祉士

(n=753)

			社会福祉士		合計
			未選択	選択	
法定拠点の類型再分類	小規模A型相当（人口5.6万人未満）	度数	208	305	513
		%	40.5%	59.5%	100.0%
		調整済み残差	3.1	-3.1	
	小規模B型相当（人口5.6万〜11.3万人未満）	度数	36	83	119
		%	30.3%	69.7%	100.0%
		調整済み残差	-1.6	1.6	
	小規模C型相当（人口11.3万〜17万人未満）	度数	16	29	45
		%	35.6%	64.4%	100.0%
		調整済み残差	-0.2	0.2	
	中規模型以上（17万人〜）	度数	17	59	76
		%	22.4%	77.6%	100.0%
		調整済み残差	-2.7	2.7	
合計		度数	277	476	753
		%	36.8%	63.2%	100.0%

p＜0.01, $\chi^2(3)$ =12.126, Cramerv=.127

③児童指導員・社会福祉主事等任用資格者

　人口規模17万人未満と17万人以上の人口規模において，拠点に特に必要な人材として児童指導員・社会福祉主事等任用資格者は有意ではなかった。しかし，法定拠点の分類で細かく見ると，5.6万人未満（小規模A型）の自治体では，児童指導員・社会福祉主事等任用資格者は有意に拠点に特に必要な人材として回答されていた。これは5.6万人以上の類型では有意差がないことから，5.6万人未満の小規模自治体に特徴的な回答といえる（表３−３−７，表３−３−８）。

表３−３−７　人口 17 万人区分と任用資格者

(n=753)

		児童指導員・社会福祉主事を はじめとする任用資格者		合計
		未選択	選択	
17 万人未満	度数	312	365	677
	%	46.1%	53.9%	100.0%
17 万人以上	度数	43	33	76
	%	56.6%	43.4%	100.0%
合計	度数	355	398	753
	%	47.1%	52.9%	100.0%

n.s.

表３−３−８　法定拠点の人口区分と任用資格者

(n=753)

			児童指導員・社会福祉主事を はじめとする任用資格者		合計
			未選択	選択	
法定拠点 の類型再 分類	小規模 A 型相当 （人口5.6万人未 満）	度数	224	289	513
		%	43.7%	56.3%	100.0%
		調整済み残差	-2.8	2.8	
	小規模 B 型相当 （人口5.6万〜11.3 万人未満）	度数	64	55	119
		%	53.8%	46.2%	100.0%
		調整済み残差	1.6	-1.6	
	小規模 C 型相当 （人口11.3万〜17 万人未満）	度数	24	21	45
		%	53.3%	46.7%	100.0%
		調整済み残差	0.9	-0.9	
	中規模型以上 （17万人〜）	度数	43	33	76
		%	56.6%	43.4%	100.0%
		調整済み残差	1.7	-1.7	
合計		度数	355	398	753
		%	47.1%	52.9%	100.0%

n.s

④医師

　医師は，人口規模 17 万人未満／以上で見ると，拠点に必要な人材として特段有意な回答ではなかった。しかし，法定拠点の区分で細かく見ると，5.6 万人未満の自治体では，有意に拠点に必要な人材として回答されている。5.6 万〜11.3 万人未満の自治体では，逆に医師は有意に選択されていない。つまり，5.6 万人未満の小規模自治体では，小児科や児童精神科を含む医師の確保が必要と考えているケースが含まれている可能性が推察される（表３−３−9，表３−３−10）。

表３−３−９　人口17万人区分と医師

(n=755)

| | | 医師（小児科・児童精神科含む） | | 合計 |
		未選択	選択	
17万人未満	度数	601	77	678
	％	88.6%	11.4%	100.0%
17万人以上	度数	67	10	77
	％	87.0%	13.0%	100.0%
合計	度数	668	87	755
	％	88.5%	11.5%	100.0%

n.s.

表３−３−10　法定拠点の人口区分と医師

(n=755)

| | | | 医師（小児科・児童精神科含む） | | 合計 |
			未選択	選択	
法定拠点の類型再分類	小規模A型相当（人口5.6万人未満）	度数	445	69	514
		％	86.6%	13.4%	100.0%
		調整済み残差	-2.4	2.4	
	小規模B型相当（人口5.6万〜11.3万人未満）	度数	114	5	119
		％	95.8%	4.2%	100.0%
		調整済み残差	2.7	-2.7	
	小規模C型相当（人口11.3万〜17万人未満）	度数	42	3	45
		％	93.3%	6.7%	100.0%
		調整済み残差	1.1	-1.1	
	中規模型以上（17万人〜）	度数	67	10	77
		％	87.0%	13.0%	100.0%
		調整済み残差	-0.4	0.4	
合計		度数	668	87	755
		％	88.5%	11.5%	100.0%

$p < 0.05$, $\chi^2 (9) = 9.281a$

（3）人口規模と要保護児童対策地域協議会個別ケース検討会議の頻度

　人口規模17万人未満では個別ケース検討会議の開催頻度1〜11回の割合が有意に高く，29回以上は有意に低いことがわかる。おおむね月に1回程度の開催頻度と考えられる。17万人以上では，逆に29回以上の割合が高く，それ以下の開催頻度の割合は有意に低いことがわかる。

　法定拠点の区分で有意差をもとに細かく見ると，5.6万人未満は月に1回程度開催しているところが多いが，同時に0回の自治体も有意に高い。5.6万人の自治体には，1万人未満の自治体が本調査では23%含まれており，援助している件数が少ない可能性はある。

表３－３－11　人口17万人区分と個別ケース検討会議の頻度

(n=769)

			個別ケース検討会議				合計
			0回	1～11回	12～28回	29回以上	
法定拠点人口17万人	17万人未満	度数	73	324	159	133	689
		％	10.6%	47.0%	23.1%	19.3%	100.0%
		調整済み残差	2.3	7.6	2.7	-12.7	
	17万人以上	度数	2	2	8	68	80
		％	2.5%	2.5%	10.0%	85.0%	100.0%
		調整済み残差	-2.3	-7.6	-2.7	12.7	
合計		度数	75	326	167	201	769
		％	9.8%	42.4%	21.7%	26.1%	100.0%

p＜0.001, $\chi^2(3)$ =162.338, Cramerv=.459

表３－３－12　法定拠点の人口区分と個別ケース検討会議の頻度

(n=769)

			個別ケース検討会議				合計
			0回	1～11回	12～28回	29回以上	
法定拠点の類型再分類	小規模A型相当（人口5.6万人未満）	度数	69	298	103	52	522
		％	13.2%	57.1%	19.7%	10.0%	100.0%
		調整済み残差	4.7	12.0	-1.9	-14.8	
	小規模B型相当（人口5.6万～11.3万人未満）	度数	3	22	44	52	121
		％	2.5%	18.2%	36.4%	43.0%	100.0%
		調整済み残差	-2.9	-5.9	4.3	4.6	
	小規模C型相当（人口11.3万～17万人未満）	度数	1	4	12	29	46
		％	2.2%	8.7%	26.1%	63.0%	100.0%
		調整済み残差	-1.8	-4.8	.7	5.9	
	中規模型以上（17万人～）	度数	2	2	8	68	80
		％	2.5%	2.5%	10.0%	85.0%	100.0%
		調整済み残差	-2.3	-7.6	-2.7	12.7	
合計		度数	75	326	167	201	769
		％	9.8%	42.4%	21.7%	26.1%	100.0%

p＜0.001, $\chi^2(9)$ =319.451, Cramerv=.459

　55.6万～11.3万人未満は，12～28回の割合，29回以上の割合が有意に高くなっており，月当たりの開催頻度で考えると月に1～2回，2回以上開催している自治体が混在しているといえる。11.3万～17万人未満及び17万人以上は，29回以上の割合が有意に高く，2回以上開催しているといえる。

　17万人未満の場合，17万人以上の自治体と比べて12～28回の割合が有意に高く，29回以上の割合は有意に低い。月に1～2回の開催頻度といえる。逆に，17万人以上の場合，17万人未満の自治体と比べて29回以上の割合が有意に高く，月に2回以上の開催頻度となる。このことから，人口規模が大きく

表３−３−13　個別ケース検討会議の頻度と社会福祉士

(n=754)

| | | | 社会福祉士 | | 合計 |
			未選択	選択	
個別ケース検討会議	0回	度数	32	41	73
		%	43.8%	56.2%	100.0%
		調整済み残差	1.3	-1.3	
	1〜11回	度数	139	183	322
		%	43.2%	56.8%	100.0%
		調整済み残差	3.2	-3.2	
	12〜28回	度数	57	108	165
		%	34.5%	65.5%	100.0%
		調整済み残差	-0.7	0.7	
	29回以上	度数	49	145	194
		%	25.3%	74.7%	100.0%
		調整済み残差	-3.8	3.8	
合計		度数	277	477	754
		%	36.7%	63.3%	100.0%

p＜0.001, $\chi^2(3)$ =18.653a, Cramerv=.0.157

表３−３−14　個別ケース検討会議の頻度と任用資格者

(n=754)

| | | | 児童指導員・社会福祉主事をはじめとする任用資格者 | | 合計 |
			未選択	選択	
個別ケース検討会議	0回	度数	32	41	73
		%	43.8%	56.2%	100.0%
		調整済み残差	-0.6	0.6	
	1〜11回	度数	129	193	322
		%	40.1%	59.9%	100.0%
		調整済み残差	-3.3	3.3	
	12〜28回	度数	81	84	165
		%	49.1%	50.9%	100.0%
		調整済み残差	0.6	-0.6	
	29回以上	度数	113	81	194
		%	58.2%	41.8%	100.0%
		調整済み残差	3.6	-3.6	
合計		度数	355	399	754
		%	47.1%	52.9%	100.0%

p＜0.01, $\chi^2(3)$ =16.652a, Cramerv=.0.149

表3-3-15　個別ケース検討会議の頻度と医師

(n=756)

| | | | 医師（小児科・児童精神科含む） | | 合計 |
			未選択	選択	
個別ケース検討会議	0回	度数	59	14	73
		%	80.8%	19.2%	100.0%
		調整済み残差	-2.2	2.2	
	1～11回	度数	279	44	323
		%	86.4%	13.6%	100.0%
		調整済み残差	-1.6	1.6	
	12～28回	度数	154	11	165
		%	93.3%	6.7%	100.0%
		調整済み残差	2.2	-2.2	
	29回以上	度数	177	18	195
		%	90.8%	9.2%	100.0%
		調整済み残差	1.2	-1.2	
合計		度数	669	87	756
		%	88.5%	11.5%	100.0%

$p < 0.01$, $\chi^2(3) = 10.426a$, Cramerv=.0.117

なれば，個別ケース検討会議の開催頻度も高くなるといえる（表3-3-11，表3-3-12）。

①要対協個別ケース検討会議の開催頻度による必要な人材の違い

　個別ケース検討会議の頻度が年間29回以上の自治体は，開催頻度の低い自治体に比べて社会福祉士が必要と回答している（$p < 0.001$）（表3-3-13）。個別ケース検討会議の頻度が年間1～11回の自治体は，頻度の高い自治体に比べ児童指導員や社会福祉主事等の任用資格者が必要と回答した（$p < 0.01$）（表3-3-14）。個別ケース検討会議の頻度が0回の自治体は，頻度の高い自治体に比べ医師（小児科・児童精神科含む）が必要と回答した（$p < 0.01$）（表3-3-15）。

②人口規模と分権化の意向

　人口規模が大きな自治体の方が，小さな自治体よりも分権化に対して有意に肯定的であり，逆に人口規模が小さな自治体は有意に否定的な結果である。法定拠点の区分で細かく見ていくと，人口5.6万人未満は有意に否定的で，17万人以上は有意に肯定的である。児童相談所設置市の境目で見ると，20万人未

表3－3－16　人口17万人区分と分権化の可否

(n=753)

			現状での分権化の可否		合計
			肯定的	否定的	
人口規模	17万人未満	度数	137	537	674
		%	20.3%	79.7%	100.0%
	17万人以上	度数	25	54	79
		%	31.6%	68.4%	100.0%
合計		度数	162	591	753
		%	21.5%	78.5%	100.0%

p＜0.05, $\chi^2(1)$ =5.365, ϕ =-.084

表3－3－17　法定拠点の人口区分と分権化の可否

(n=753)

			現状での分権化の可否		合計
			肯定的	否定的	
法定拠点の類型再分類	小規模A型相当（人口5.6万人未満）	度数	95	417	512
		%	18.6%	81.4%	100.0%
		調整済み残差	-2.9	2.9	
	小規模B型相当（人口5.6万～11.3万人未満）	度数	30	87	117
		%	25.6%	74.4%	100.0%
		調整済み残差	1.2	-1.2	
	小規模C型相当（人口11.3万～17万人未満）	度数	12	33	45
		%	26.7%	73.3%	100.0%
		調整済み残差	0.9	-0.9	
	中規模型以上（17万人～）	度数	25	54	79
		%	31.6%	68.4%	100.0%
		調整済み残差	2.3	-2.3	
合計		度数	162	591	753
		%	21.5%	78.5%	100.0%

p＜0.05, $\chi^2(3)$ =9.346a, Cramerv=.0.111

表3－3－18　人口20万人区分と分権化の可否

(n=753)

			現状での分権化の可否		合計
			肯定的	否定的	
人口（児童相談所設置20万人ライン）	20万人未満	度数	140	547	687
		%	20.4%	79.6%	100.0%
	20万人以上	度数	22	44	66
		%	33.3%	66.7%	100.0%
合計		度数	162	591	753
		%	21.5%	78.5%	100.0%

p＜0.05, $\chi^2(1)$ =5.985, ϕ =.089

表３−３−19　人口17万人区分と拠点の有無

(n=757)

| | | | 地域包括的・継続的支援の拠点機関・施設の有無 | | 合計 |
			ある	ない	
法定拠点人口17万（2値）	17万人未満	度数	136	543	679
		％	20.0%	80.0%	100.0%
	17万人以上	度数	26	52	78
		％	33.3%	66.7%	100.0%
合計		度数	162	595	757
		％	21.4%	78.6%	100.0%

p＜0.01, $\chi^2(1)$ =7.362, ϕ =.099

満の自治体は，それ以上の自治体に比べて有意に否定的であり，20万人以上では有意に肯定的になる（表３−３−16，表３−３−17，表３−３−18）。

　これらのことから，都道府県と役割分担をしながら市町村を中心に子ども家庭福祉を担うことについては，特に人口規模5.6万人未満の小規模自治体は有意に否定的で，17万人以上になると肯定的に受け止められているといえる。

③地域包括的・継続的支援の拠点になれる機関の有無の違い

　人口規模17万人以上は拠点が「ある」，17万人未満は「ない」の割合が有意に高かった（表３−３−19）。

　法定拠点の区分別に細かく見ると，5.6万人未満は「ない」，5.6万〜11.3万人未満は「ある」，17万人以上は「ある」という割合が有意であった。しかし，11.3万〜17万人未満のみ，拠点が「ある」と「ない」の回答の間に統計的な有意差がなく，拠点があるともないともいえない状況を表しているものと考えることができる（表３−３−20）。

③　地域包括的・継続的支援に向けた課題と自治体の特徴
　　——人口規模を手がかりに

（1）人口規模ごとに拠点に一番重要な機能が異なる

　本章第１節で述べたとおり，子ども家庭福祉における地域包括的・継続的支援におけるSW機能とは，「エンパワメントや代弁・権利擁護等の専門性を土

表３−３−２０　法定拠点の人口区分と拠点の有無

（n=757）

| | | | 地域包括的・継続的支援の拠点機関・施設の有無 | | 合計 |
			ある	ない	
法定拠点の類型再分類	小規模Ａ型相当（人口5.6万人未満）	度数	93	422	515
		％	18.1%	81.9%	100.0%
		調整済み残差	-3.3	3.3	
	小規模Ｂ型相当（人口5.6万〜11.3万人未満）	度数	37	82	119
		％	31.1%	68.9%	100.0%
		調整済み残差	2.8	-2.8	
	小規模Ｃ型相当（人口11.3万〜17万人未満）	度数	6	39	45
		％	13.3%	86.7%	100.0%
		調整済み残差	-1.4	1.4	
	中規模型以上（17万人〜）	度数	26	52	78
		％	33.3%	66.7%	100.0%
		調整済み残差	2.7	-2.7	
合計		度数	162	595	757
		％	21.4%	78.6%	100.0%

p＜0.001, $\chi^2(3)$ =18.410, CramerV=.156

台とした直接的な相談援助を実践し，特に人々と資源，サービス，制度等を結びつけるための専門機関や専門職等の社会資源の媒介や調整，関係づくりのためのネットワーキング，ケースの進行・運営等管理に必要なスーパービジョン等の機能を発揮することで全体を包括的に支援する機能」を意味し，ケアマネジメント機能とは，「一人ひとりに対する個別の相談援助とニーズを満たすために活用できるサービスの調整とコーディネート，その進行管理を中心とする機能」を意味している。

　あらためて，「人口規模によって『拠点に一番重要な機能』に違いがある」ことを押さえなければならない。人口規模17万人以上の市町村は，17万人未満の市町村より有意に「SW機能」が一番重要と回答した。一方で，「ケアマネジメント機能」は17万人未満の自治体で有意に一番重要と回答しており，17万人未満／以上の人口規模において，拠点に一番重要な機能が有意に異なることがわかった。

　拠点に一番重要とされる機能は，人口規模や扱う個別ケース検討会議の開催頻度の多寡によって「（個別ケースの）ケアマネジメント機能」と「SW機能」のいずれにより重点を置くか（視野には収めておく）を考える必要がある。それに

よって必要であり，かつ確保すべき人材も変わってくる。つまり，この2つの機能は市町村が切れ目のない支援を模索するうえで，拠点整備の方向性を決める手がかりになると考えられる。これは法定拠点の整備にも必要な観点である。

(2) 人口規模によって拠点に特に必要な人材が異なる

人口5.6万人未満の自治体は，児童指導員等の任用資格者を拠点に特に必要な人材ととらえている。こうした任用資格者は，行政や福祉施設にとっては相談や個別具体的な援助の担い手として最も基本的な人材ともいえる。また，人口5.6万人未満の自治体では，小児科や児童精神科を含む医師が拠点にとって特に必要な人材と考えられているケースが含まれている。こうしたことから，市町村における子ども家庭福祉の体制基盤が十分に整っていない自治体もあると考えられるだろう。

このように，人口5.6万人未満の市町村においては，市町村に当然いるだろうと考えられている人材がいなかったり，人数が不足していたり，非常勤であったり，兼務であったりといろいろな要因からその必要性が指摘されているともいえる。この点に関しては，法定拠点が登場してなおいっそう市町村の役割が強化されている実態を考慮すれば，子ども家庭福祉の体制基盤をつくるために，早急に人材の確保や財源の手当を必要とすると考えられる。

人口11.3万～17万人未満程度の自治体は，拠点に一番重要な機能について，(個別ケースの) ケアマネジメント機能とSW機能のどちらにより重心を置くかの境目であり，その担い手確保の狭間でもあるが，後述するように「どの人口規模よりも特徴がはっきりしていないことが特徴」である。個別ケース検討会議の開催頻度月2回以上は社会福祉士を必要としていることから，この人口規模ではこれが拠点に必要な人材確保の一つの参考になると考えられる。

なお，人口17万人以上の自治体では，社会福祉士が拠点に特に必要な人材と考えられていることがわかった。

(3) 人口規模ごとに見る自治体の特徴

①人口5.6万人未満の自治体の特徴

この規模の自治体は「ケアマネジメント機能」が有意に重要と回答してお

り，5.6万人未満までの人口規模の市町村の内訳を見ると，約68%の市町村となる。ここでいう「ケアマネジメント機能」は先にも確認したように，個別ケースへの終結までの具体的な援助に対するマネジメントである。

要保護児童対策地域協議会（以下，要対協）の個別ケース検討会議の開催頻度も月0回もしくは月1回程度であり，ケースの少なさや関係機関，関係者が少ない等の理由から，関係者同士の顔が見えるつながりによって会議を開催せずに個別に連絡調整をしながら支援をしている可能性がある。施設や機関，人材など社会資源が少ないことは機動的である半面，属人的になりやすく，組織的な対応を図りづらくしているともとらえられる。

加えて，この人口規模では「児童指導員や社会福祉主事等の任用資格者」を拠点に必要な人材と回答していることからも，具体的な相談援助の担い手が必要であることがわかる。分析結果から，子ども家庭相談の従事者がいない自治体が数%あったことから考えれば，現在の市町村の役割に照らして相談従事者がいない状況は，相談援助の基本的人材がいないことを意味している。先述のとおり，人口5.6万人未満の小規模市町村は，市町村全体の約68%を占めており，子ども家庭相談の従事者がいない，その担い手となる人材が必要という回答が見られるということは，基本的な相談体制がない，もしくはそのための体制基盤が不十分であることを意味することになる。現在，市町村では子ども家庭相談を含めた体制基盤があることを前提に児童福祉法改正を伴う役割強化が図られているが，実態と合っていないということを指摘でき，実態に即して改善しなければならない。こうした指摘は，これまで自治体の担当者から経験的に聞かれることはあったが，具体的な数値として示されたことはほとんどなかった。

少なくとも5.6万人未満の自治体は，「拠点となれる機関・施設はないが，個別ケースの対応に必要なケアマネジメント機能に重きを置いており，拠点の担い手として児童指導員等の任用資格者を必要としており，その確保が必要」と考えられるだろう。

②人口5.6万〜11.3万人未満の自治体の特徴

この規模の自治体は「SW機能」「制度横断的活用のための調整の機能」を

多く回答しているものの，特徴的な回答はない。人口5.6万〜11.3万人未満規模の市町村の内訳を参考にすると全体の約16%がこの規模に該当する。

この規模では，要対協の個別ケース検討会議は月2回以上もしくは月1〜2回の割合が有意に高いため，扱うケースも人口規模に応じてそれなりに多くなることと，社会資源が増え，本調査分析で挙げた関係者（保健師，社会福祉士，任用資格者，医者）は少なくともいると推察される。そのため，拠点に特に必要な人材の回答にも，これが必要だという特徴がないと考えられる。一定の判断を共有し，支援方針や役割分担を検討するために要対協を活用していると考えられる。要対協の使い方としてはとても重要である。そこでの役割分担は，多くは主に関わる機関や担当者を確認することが多い。これは，個別のケアマネジメントをする人や機関の担当を決めるプロセスであるとも考えられる。

しかし，そうであるからこそ，拠点にどの機能が一番重要であるかを判断することが難しくなっている（どの機能に対する回答も特徴がない）とも考えられる。この規模では「拠点機関・施設がある」割合が有意に高いため，5.6万〜11.3万人未満の自治体では「拠点機関・施設を明確にしたうえで，人口規模やケースの多寡に合わせて拠点により重要となる機能（個別のケアマネジメントとSW）の重心を決めて備える必要がある」とも考えられる。この規模の自治体のうち，5.6万人により近い規模であれば，個別のケアマネジメント機能に重心を置くことになると推察される。

③人口11.3万〜17万人未満の自治体の特徴

この規模は，ケアマネジメント機能を有意に重要と回答していないが，ほかに重要な機能は何かというと，有意差がなくどれが重要と考えられているか特徴が見られなかった。つまり，「明確に個別のケアマネジメント機能ではない機能を重要と考えてはいるものの，何の機能に重心を置くことが一番重要なのかがわからない状態」であると考えられる。こうした状態であれば，拠点機関・施設の有無について，唯一回答に特徴がなかったことも理解できる。

この規模では，よりケースが多くなることや困難ケースが含まれること，関わる社会資源と関係者が増えること等が背景にあると考えられ，要対協の個別ケース検討会議も月に2回以上（年29回以上）開催し，援助方針など検討して

個別のケアマネジメントは主たる担当者・担当機関に役割分担するが，全体的な動向を把握することや多くの資源が関わってケース対応をするのは，時間的にも物理的にも難しくなると推察できる。

　しかし，個別ケース検討会議が月2回以上開催されている自治体は，社会福祉士が有意に必要であると回答していることから，SW を担える人材の必要性に意識が向いていることが指摘できる。この規模では拠点にこの機能が一番重要だとはっきりと示されなかったものの，置かれている状況を考えれば，潜在的に SW 機能の重要性や必要性を感じている可能性は高い。

　その意味では，増加するケース，対応困難なケースにどのように対応してよいかわからないまま，長期間要対協で関わっていても子どもや保護者の状況が変わらなかったり，時間の経過とともに事態がより複雑になったり課題が変わったり，子どもの進学や進級，転居などで関わること自体ができなくなったりする可能性があるとも考えられる。厳しいことをいえば，どの事態も子どもの権利擁護や最善の利益にそぐわないといえる。

　したがって，11.3万〜17万人未満の人口規模では，「人口17万人により近い規模でありかつ個別ケース検討会議の開催頻度が月2回以上と高い自治体は，人口17万人以上の自治体が必要としている拠点機能と同じ SW 機能に重心を置いて，拠点に社会福祉士を据えて拠点を整備する必要がある」と考えられる。

④人口17万人以上の自治体の特徴

　この規模の自治体は，ケアマネジメント機能を有意に重要と回答せず，「SW 機能」が有意に重要であると回答している。つまり，人口17万人を超えると社会資源や関係者の人数，専門職が増えるだけでなく，扱うケース数が多くなり，それに伴って困難ケースへの対応も増えることが推察される。個別のケアマネジメント機能では（進行管理も含め）ケースをよりよく把握できなくなってしまうため，社会福祉に関わる社会資源を全体的に把握しつつ，その調整やネットワーキング，全体をコーディネートする必要が生じ，結果として「SW 機能」が拠点に一番重要な機能と回答されたものと考えられるだろう。

　この規模では拠点機関・施設が「ある」とする回答が有意に多く，個別ケー

ス検討会議は月 1 回ではなく有意に月 2 回以上行われており，社会福祉士を拠点に特に必要な人材との回答が有意であることからも，人口 17 万人以上の自治体は，「拠点は SW 機能をベースにし，社会福祉士を配置して SW を展開することが必要である」と考えられる。

　以上のように，地域包括的・継続的支援体制（切れ目のない支援）を市町村において展開するためには，地域包括的・継続的支援の拠点に求められる機能と人材を人口規模ごとに配慮して条件整備する必要性のあることが明らかになった。

　本節のクロス集計は，インタビュー調査の分析結果と今後の法定拠点の設置促進を見据えた人口規模を用いて分析した。分析結果の特徴や考察は，現実の市町村の置かれている状況と課題に少し迫ることができたのではないだろうか。

■引用・参考文献

児童虐待防止対策に関する関係閣僚会議．(2017)．児童虐待防止対策の強化に向けた緊急総合対策

柏女霊峰・佐藤まゆみほか．(2017)．すべての子どもが日本の子どもとして大切に守られるために．平成 28 年度日本財団助成事業報告書．

柏女霊峰・佐藤まゆみほか．(2018)．すべての子どもが日本の子どもとして大切に守られるために．平成 29 年度日本財団助成事業報告書．

厚生労働省．(2016)．地域の実情に合った総合的な福祉サービスの提供に向けたガイドライン．

厚生労働省．(2017a)．市区町村子ども家庭支援指針．

厚生労働省．(2017b)．要保護児童対策地域協議会設置・運営指針．

厚生労働省．(2017c)．市区町村子ども家庭総合支援拠点設置運営要綱．

永野咲・佐藤まゆみ・柏女霊峰ほか．(2018)．地域包括的・継続的支援体制の実現のための子ども家庭福祉行政のあり方に関する研究（その 3）──インタビュー調査の質的分析結果から．日本子ども家庭福祉学会第 19 回全国大会抄録集（pp.96-97）．神奈川県立保健福祉大学．

佐藤まゆみ．(2012)．市町村中心の子ども家庭福祉──その可能性と課題．生活書院．

佐藤まゆみ・柏女霊峰・北川聡子．(2017)．地域包括的・継続的支援体制の実現のための子ども家庭福祉行政のあり方に関する研究（その 1）──質問紙調査の単純集計結果から．

日本子ども家庭福祉学会第 18 回全国大会抄録集（pp.82-83）．関西福祉科学大学.

佐藤まゆみ・柏女霊峰・永野咲ほか．（2018）．地域包括的・継続的支援体制の実現のための子ども家庭福祉行政のあり方に関する研究（その 2）――質問紙調査のクロス集計結果から．日本子ども家庭福祉学会第 19 回全国大会抄録集（pp.94-95）．神奈川県立保健福祉大学.

佐藤まゆみ・柏女霊峰・永野咲ほか．（2019）．地域包括的・継続的支援体制の実現のための子ども家庭福祉行政のあり方に関する研究（その 4）――人口規模毎の拠点に重要な機能に関する分析と考察．日本子ども家庭福祉学会第 20 回全国大会抄録集（pp.68-69）．立命館大学.

全国社会福祉協議会．（2017a）．平成 28 年度厚生労働省委託事業「多機関の協働による包括的相談支援体制に関する調査・研究等事業」報告書.

全国社会福祉協議会．（2017b）．多機関の協働による包括的相談支援体制に関する実践事例集.

小　括

佐藤まゆみ，永野　咲

第1節から第3節までの量的・質的分析の結果と考察を踏まえ，小括として
ポイントを整理することとしたい。

□1 「拠点」整備と市町村の実態

質問紙調査のデータに基づく単純集計，クロス集計によって明らかになった
ことは以下のとおりである。

(1) 市町村の実態

①人事異動による短期間での交代の可能性
回答者の属性から，子ども家庭福祉の全体を理解して具体的な実務を担う人
材は，異動を伴う人事体制によって比較的短期間に交代していると考えられ
た。

②相談従事者から見る体制格差の実態
常勤職員や子ども家庭相談従事者が「0人」の自治体があり，活用しうる人
材が不足しているだけでなく「いない」市町村の実態がある。地域間での相談
体制に差があることを指摘できる。

③地域包括的・継続的支援体制の構築に向けた課題
第一に全体をコーディネートできる専門職の確保が必要であり，社会福祉士
の必要性が高いこと，第二に市町村の子ども家庭福祉分野の二元的実施体制へ
の意識が低く，都道府県と市町村間において，実施主体の実態や課題のとらえ

方が違う可能性を指摘できること，第三に地域包括的・継続的支援の拠点とな
りうる機関・施設がないこと，第四に地域包括的・継続的支援の拠点に一番重
要な機能は「子ども家庭福祉の包括的・継続的ケアマネジメント（スーパービ
ジョンを含む）支援の機能」（ソーシャルワーク機能）であった。

④市町村の役割と措置・利用決定権限に対する考え方

現行の都道府県と市町村の役割やその特徴を反映しり，こうした役割を都道
府県と市町村が担うための体制整備，条件整備をすることは，地域包括的・継
続的支援を考えるうえで重要であると考えられた。

(2) 市町村を中心に子ども家庭福祉を担うことと拠点

分析結果から，多くの市町村は「子ども家庭福祉を市町村中心（分権化）に
実施することは必要であるが現状ではできない」と考えていた。少なくとも，
80％強を占める10万人未満の自治体が市町村を中心に子ども家庭福祉を担う
ことができるための条件や課題を検討することは不可欠であり，切れ目のない
支援を提供しようとする市町村において重要な論点となる。

地域包括的・継続的支援の「拠点がある」ことによって市町村を中心にでき
るという手応えをもっていることが明らかになった。人口規模も考慮して，地
域包括的・継続的支援のための拠点の機能や人材などが示される必要がある。

② 「拠点」設置に「前向き」な自治体の工夫

「拠点」設置に「前向き」と判断される自治体では，どのような工夫が行わ
れているか，訪問によるインタビュー調査の結果から，以下のことが明らかと
なった。

①どのように4つの切れ目をつなぐか

「拠点」設置に前向きな自治体では，組織を統合する，組織に多分野の職員
を配置する等の組織的な取り組みが進行していることがうかがえた。これは，
拠点をどのように設定するかという点において，大きな示唆をもつ。

②「拠点」でさまざまな相談にどのように対応するか

　さまざまな相談が寄せられる「拠点」では，どの相談種別を拠点の対象と考えるかが大きな論点であると考えられる。ケース（種別）への関わり方の手法においては，特に人口規模によって，拠点が対応すべきと考える範疇に差異がある可能性が示唆された。大規模な自治体では，虐待や社会的養護をはじめとする要養護ケースの相談に注力する様子がうかがえ，機能としては，児童相談所に類似するような働きが求められつつある。一方，小規模な自治体においては，住民のさまざまなニーズをとらえ，多様な相談に対応しつつ，適切な支援や機関につないでいくことが求められる。

③　人口規模の特徴に応じた拠点の人材，機能の整備が必要

　クロス集計の再分析から，人口規模によって拠点に必要な人材と重要な機能は異なることが明らかになった。

　特に，人口 11.3 万〜17 万人未満の自治体では，「明確に個別のケアマネジメント機能ではない機能を重要と考えてはいるものの，何の機能に重心を置くことが一番重要なのかがわからない状態」であり，インタビュー調査の質的分析で，人口 17 万人程度の市の拠点に「子育て支援型」というタイプが見られたこととも一致する。しかし，この分析と合わせてみることで，「子育て支援型」は，「マネジメント型」と「虐待重点型」の中間なのではなく，どちらのタイプに合わせればよいかわからなかったり，（ケース数や社会資源の多寡等の制約で）どちらのタイプにも合わせられないような状況であることが推察できた。

　このことは，市町村における切れ目のない支援において，人口規模ごとの特徴に応じた地域包括的・継続的支援体制の条件整備（特に拠点の機能と人材）の必要性があることを示唆した。

■引用・参考文献
柏女霊峰・佐藤まゆみほか．（2017）．すべての子どもが日本の子どもとして大切に守られるために．平成 28 年度日本財団助成事業報告書．
柏女霊峰・佐藤まゆみほか．（2018）．すべての子どもが日本の子どもとして大切に守られる

ために．平成 29 年度日本財団助成事業報告書．

永野咲・佐藤まゆみ・柏女霊峰ほか．（2018）．地域包括的・継続的支援体制の実現のための子ども家庭福祉行政のあり方に関する研究（その 3）――インタビュー調査の質的分析結果から．日本子ども家庭福祉学会第 19 回全国大会抄録集（pp.96-97）．神奈川県立保健福祉大学．

佐藤まゆみ．（2012）．市町村中心の子ども家庭福祉――その可能性と課題．生活書院．

佐藤まゆみ・柏女霊峰・北川聡子．（2017）．地域包括的・継続的支援体制の実現のための子ども家庭福祉行政のあり方に関する研究（その 1）――質問紙調査の単純集計結果から．日本子ども家庭福祉学会第 18 回全国大会抄録集（pp.82-83）．関西福祉科学大学．

佐藤まゆみ・柏女霊峰・永野咲ほか．（2018）．地域包括的・継続的支援体制の実現のための子ども家庭福祉行政のあり方に関する研究（その 2）――質問紙調査のクロス集計結果から．日本子ども家庭福祉学会第 19 回全国大会抄録集（pp.94-95）．神奈川県立保健福祉大学．

佐藤まゆみ・柏女霊峰・永野咲ほか．（2019）．地域包括的・継続的支援体制の実現のための子ども家庭福祉行政のあり方に関する研究（その 4）――人口規模毎の拠点に重要な機能に関する分析と考察．日本子ども家庭福祉学会第 20 回全国大会抄録集（pp.68-69）．立命館大学．

第4章

今後に向けて

子ども家庭福祉における
地域包括的・継続的支援のための実践的課題

柏女霊峰

1 地域包括的・継続的支援の可能性──いくつかの実践から

　「子ども家庭福祉分野における地域包括的・継続的支援」を進めていくためには，第2章第1節において述べたとおり，マクロ，メゾ，ミクロレベルにおける実践の集積が必要とされる。ここでは，筆者が関わりをもったなかから，今後の可能性を示す調査研究や実践の例を網羅的に取り上げていくこととしたい。その概要は，以下のとおりである。

　第一に，マクロレベルの課題としては，子ども家庭福祉行政の都道府県から市区町村への権限移譲の課題がある。続いて，児童相談所の設置促進，市区町村子ども家庭総合支援拠点を中心とした包括的支援の可能性など，市区町村の実施体制を担保する方法についての検討がある。これが，子ども家庭福祉の地域包括的・継続的支援の基礎構造となる。

　第二に，メゾレベルの課題として，包括的支援や公民協働のための仕組みづくりやツールの開発などが挙げられる。これについては，東京都児童福祉審議会報告書やいしかわ結婚・子育て支援財団の研修事例など，地域における包括的支援のあり方を考える行政からの発信も少しずつ見られてきており，その分析が必要とされる。続いて，市区町村子ども家庭総合支援拠点にどのような機能を求めるのか，そして他のワンストップ支援機能，たとえば，子育て世代包括支援センターや利用者支援事業とどのような結びつきを図るのかといった課題が挙げられる。また，たとえば，子育て支援プランといった切れ目をつなぐツールの開発と活用なども必要とされる。さらに，民間レベルにおける子ども家庭福祉プラットフォームの実践と拠点との協働といった実践の集積も必要である。

　第三に，ミクロレベルの課題として，子育て支援プランの実践の集積や引き継

ぎ，拠点における合同カンファレンスによる支援の交通整理，現在は都道府県レベルの業務である里親委託措置と，市町村行政に深く関わる里親子支援とのつなぎに関する実践の集積，たとえば，里親応援ミーティングのような実践の集積も必要とされる。こうした実践が積み重ねられていくことが実践的課題とされる。

② 制度構築のためのマクロレベルの検討

(1) 子ども家庭福祉行政分権化に関する自治体の意向

　筆者らは，これまで折に触れ，都道府県，市町村に対して子ども家庭福祉行政実施体制の分権化（具体的には，児童福祉施設入所措置事務の市町村移譲）の是非について調査を進め，また，公的機関が行った調査も含めてその推移を見極めてきた。表4−1−1は，それらの一部を年次別に並べたものである。むろん，各調査はそれぞれ独自に行われたものであり，対象とする自治体や行政機関も異なり，そのまま比較することには慎重でなければならない。しかし，傾向をうかがい知ることはできる。

　これによると，2000年調査においては「（市町村に）移管，移譲すべきでない」の割合が1割まで減少したが，2008年調査では再び増加している傾向が見て取れる。この間に介入性の高い支援が多くなり，都道府県側から市町村の実情を評価したときに，「移譲は困難」と考えられたであろうことが示唆される結果であった。

　表4−1−2は，市町村担当者の「子ども家庭福祉のサービスを市町村で実施することについての意向の推移」を整理したものである。また，表4−1−3は，そのなかで，子ども家庭福祉行政の分権化に対する肯定的意向の推移を，比較可能なものについてのみ整理したものである。

表4−1−1　都道府県担当者の子ども家庭福祉サービス決定権限の移譲に関する意向の推移[1]

	1986年	1993年	2000年	2008年
「移管，移譲すべきでない」	48.8%	33.9%	11.5%	37.2%
「施設種別で移管，移譲してもよい」	47.0%	62.1%	78.7%	58.1%
「全面移管，全施設について移すべき」	2.4%	2.3%	6.3%	4.7%

注：2008年調査の数値は，都道府県中央児童相談所長が回答した数値のみ。政令市・中核市は除外
出所：柏女（2017: 31）

表４－１－２　子ども家庭福祉のサービスを市町村で実施することについての
市町村担当者の意向の推移 [2]

	1997 年 1 月	1997 年 12 月	2001 年	2005 年	2008 年	2016 年
「ひとり親家庭福祉行政」	50.0%（1位）	58.7%（1位）	55.3%（1位）	69.2%（2位）	86.1%（1位）	79.7%（1位）
「在宅サービス（のみ）」	47.3%（2位）	53.1%（3位）	44.7%（4位）	69.8%（1位）	80.0%（3位）	未実施
「障害児福祉行政」	41.1%（3位）	53.2%（2位）	47.1%（3位）	67.4%（3位）	81.1%（2位）	77.5%（2位）
「要養護・非行・情緒障害児童福祉行政」	27.7%（4位）	35.6%（4位）	32.8%（5位）	52.3%（4位）	66.5%（5位）	49.5%※（4位）
「すべての児童福祉行政（すべての子ども家庭福祉行政）」	22.3%（5位）	32.4%（5位）	27.0%（6位）	47.1%（5位）	73.0%（4位）	55.6%（3位）

※要養護 73.2%，非行 48.4%，情緒障害児 26.8% の平均
出所：柏女（2017: 32）

表４－１－３　子ども家庭福祉行政の分権化に対する市町村担当者の肯定的意向の推移

	2005 年	2008 年	2016 年
現状での評価	45.6%	53.7%	21.1%
将来の評価	33.7%	69.1%	42.1%

出所：柏女（2017: 32）

　これらによると，障害，要養護・非行・情緒障害児童福祉行政について，調査のたびに市町村担当者の移譲に対する肯定的評価が高くなっていたが，2016年調査においては，時期はずれるが，都道府県と同様，肯定的意向が減少する結果となっている。これも，子ども虐待対策をはじめとして介入的機能の強化が影響している可能性が示唆される。また，「すべての子ども家庭福祉行政」を市町村で実施することに肯定的な意向が徐々に順位を上げており，市町村の相談援助が，保育・子育て支援サービスだけでは対応できないとみなされるようになってきたことが考えられる。

　これらの結果を概括的に見れば，子ども家庭福祉サービス供給体制の地方間分権については，時代とともに肯定的意向が高まる傾向にあったが，近年では，子ども虐待を中心として司法との連携を要する介入的支援が強化されるに伴い，市町村では困難と考えられるようになってきているという傾向が見て取れる。子ども家庭福祉サービス供給体制のあり方検討は，こうした都道府県，市町村の動向も踏まえながら検討していかなければならない。

（2）全国市町村を対象とした調査結果と若干の考察

　続いて，子ども家庭福祉における地域包括的・継続的支援のための市町村の

課題について考察する。具体的には，第3章で述べた結果について見ていくこととする。

　この調査は，子ども家庭福祉分野における地域包括的・継続的支援のための現状把握を進めたものである。調査は麦の子会が事務局となり，柏女，北川，藤井の研究会座長，副座長のほか，研究会メンバーである佐藤まゆみ氏，永野咲氏により実施された。調査は，全国市区町村を対象とする郵送法による質問紙調査と，質問紙調査の回答自治体のうち「地域包括的・継続的支援の拠点」設置に前向きとされる自治体から選定された10自治体を対象とするインタビュー調査とからなっている。集計，分析は，佐藤，永野の両氏が行った。

　まず，質問紙調査結果においては，「地域包括的・継続的支援体制を構築するにあたって一番重要な要素」は，「全体をコーディネートできる専門職の確保」であった。その職種としては，社会福祉士や保健師が多く挙げられていた。また，拠点となりうる機関・施設については21％があると回答していた。さらに，拠点の機能としては，ケアマネジメント支援の機能，制度横断的活用のための調整機能，総合相談機能などが挙げられていた。また，クロス集計結果からは，拠点となる機関・施設があると回答した市区町村は，子ども家庭福祉の分権化に肯定的であった。このように，現状では，地域包括的・継続的支援体制の拠点となりうる機関・施設の有無，拠点の機能に対する期待とそれを確保することの重要性が読み取れる結果であった。

　また，インタビュー調査では，「切れ目のない支援」のために拠点が果たす機能としては，4つの切れ目（組織，専門分野，年齢，種別）をつなぐ機能が重視されていることが示唆された。そのための方策として，近接領域（特に教育）と一体となる機構改革によって，分野の垣根のないソーシャルワークが可能となるのではないかと示唆された。また，マネジメントについては，人口によって差があり，小規模自治体の拠点の場合は広く全体を把握し関与するケアマネジメント型，大規模自治体の拠点では，全体を把握しつつも虐待重点型で担当し，その他の領域の事例はそれぞれのプラットフォームに委ねたり社会資源の開発を提示したりするソーシャルワーク型の拠点として機能するという特徴が見られた。

　そういう意味では，人口規模によって拠点の事例への関わり方の相違が見ら

れる結果であり，境目となる人口規模は約 17 万人と示唆された。すなわち，17 万人未満の自治体では，拠点は，母子保健制度がつかんだ全体の状況とハイリスクの状況の両方を把握し，具体的に関わりながらケアマネジメントすることが想定された。また，17 万人から 20 万人未満の自治体では，母子保健がつかんだ全体の状況とハイリスクの両方を把握してマネジメントすることが困難で，直接関わるのはリスクを把握した部署であって，拠点は主担当の部署に取り次ぐ役割を果たしていることが想定された。一方，20 万人以上の自治体においては，拠点は全体を把握しながら主に虐待のハイリスク事例に重点化して関わり，その他は他の機関・施設ならびにその領域のプラットフォームに振り直す役割を担っていることが考えられた。

　なお，この調査では，第 3 章に整理されているように，国が現在進めている市区町村子ども家庭総合支援拠点の人口規模別機能や支援のあり方，専門職配置に関する示唆も得られている。こうした調査研究を今後も重ねていくことが必要とされる。

(3) 厚生労働省における障害児入所支援のあり方検討

　2019 年 2 月から，厚生労働省障害保健福祉部において「障害児入所施設の在り方に関する検討会」(柏女霊峰座長) が開催されている。これは，社会的養護関係施設の改革が進められるなかにあって障害児入所施設の検討に遅れが生じており，そのあり方について検討を進めるものである。2019 年度内に報告がまとめられる予定となっているが，5 月 8 日開催の第 3 回検討会では関連団体に対するヒアリングが実施された。

　そのなかでは，福祉型障害児入所施設のあり方については社会的養育ビジョンの方向性を是認する意見が出され，また，医療型障害児入所施設については，福祉型と同様の方向性は考えられつつも，医療的ケアのあり方に応じた工夫も必要とされるという意見が多かった。また，そもそも医療型，福祉型の切り分けが困難なほどボーダーレス化が進んでおり，総合型として機能させていくべきとの見解もあった。さらに，障害児入所支援のあり方については，サービス決定権限の相違 (在宅は市町村，入所は都道府県) がアドミッションケア，インケア，リービングケアなどケアの各段階で，大きな切れ目を生じさせてい

ることが指摘された。

　ヒアリングに出席した日本相談支援専門員協会は，意見書[3]のなかで，社会的養護機能のあり方について，「障害児入所施設利用までは地域の多職種連携による相談支援は関わりますが，入所後は施設又は児童相談所からの発信がないと途絶えてしまいます」と整理し，自立支援機能に関しては，「入所の初期段階から市町村を関与させる仕組みを構築する」ことが必要としている。さらに，筆者の「都道府県が有しているサービス決定権限の市町村移譲についてどのように考えるか」との質問に対して，「（市町村への）権限移譲は必要」と回答している。

　先の自治体に対する調査においても，障害児福祉サービスについては市町村移譲が適当との意見が多く見られており，今後，この分野とそれに連動する社会的養護分野のサービス決定権限の市町村移譲は，現実の課題となってくることも考えられる。なお，本検討会は10月に中間報告を公表し，現在，最終報告に向けた検討を進めている。

③ 地域包括的支援の可能性に関するメゾレベルの検討

(1) 東京都児童福祉審議会提言をもとに考える

　続いて，東京都児童福祉審議会提言（2018）「子育て家庭を地域で支える仕組みづくり――多様なニーズに対応した切れ目ない支援の強化に向けて」より一部抜粋する。この提言は，東京都児童福祉審議会専門部会が行ったもので，専門部会長を筆者が務めた。この提言は，母子保健，障害児支援，地域子育て家庭支援（子ども虐待防止を含む）の3分野の市区町村における緊密な連携のあり方について，ヒアリングや議論を重ねて取りまとめられたものである。各分野の連携強化については，第3章において以下の点が提言されている。

　4　妊娠期から子育て期にわたる支援における，各分野の連携強化
【提言⑩】妊娠期から子育て期にわたる母子保健，子育て支援，障害児支援の各分野の連携を強化すること
○　支援が必要な子どもや家庭に早期に気付き，必要な専門的支援につなげ

る体制を整備すべきである。

○　そのために，保健センターなど母子保健部門が妊娠期から把握した支援に必要な情報を，子育て支援部門による支援に活かせるよう，情報システムなどICTを活用した情報連携を検討すべきである。

○　また，母子保健，子育て支援，障害児支援の各分野に精通し，適切な支援につなぐことができる専門人材を育成し，地域の実情に応じて，子供家庭支援センター，子育て世代包括支援センター，子育てひろば等に配置すべきである。

○　あわせて，保健所・保健センターや子育てひろば等の従事者に対して，障害の早期発見と支援につなぐための専門研修を行うなどの人材育成も行うべきである。

○　さらに，保健所や保健センターに子育てひろばを併設し，相互の連携が強化されるよう区市町村の有効な取組事例の共有を促進するとともに，児童発達支援センターの職員が子育てひろば等の乳幼児が集まる場に出張し，専門的な発達相談や従業者への助言を行う等の機能を強化すべきである。

【提言⑪】障害の有無に関わらず，全ての子どもが一般子育て施策を利用できる環境を整備すべき

○　障害の有無に関わらず，全ての子どもが一般子育て施策を利用できる環境の整備も急務である。

○　そのために，保育所や幼稚園，子育てひろば等に障害児や医療的ケア児を支援するための専門職を配置する取組を推進すべきである。

○　また，障害児が子育てひろば等の一般子育て施策を利用する場合に，児童発達支援センターの職員が子育てひろば等の施設を訪問し，障害児支援に関する助言を行うなど，専門的なバックアップも行うべきある。

○　区市町村がそれぞれの実情に合った方策を選定し，実施できるよう，分野を超えた連携の先進事例について集約して整理し，各自治体の事例の共有を促進すべきである。

【提言⑫】子どもの成長の各段階に応じて関わる機関同士及び転居前後の支

援機関の間の連携など，切れ目のない連携体制の強化

○　今回，就学前を対象に議論を行ってきたが，保育所や幼稚園から小学校に上がる際の連携など，子どもの成長段階に応じて関わる機関の連携が重要である。

○　個々の家庭に必要な支援のため，相談に応じるとともに，地域の関係機関や民間団体とのネットワーク構築等を行う利用者支援事業等の活用を図り，出産・子育て応援事業（ゆりかご・とうきょう事業）及び子供家庭支援センター事業等の緊密な連携により，地域における包括的な支援体制づくりを進めることも重要である。

○　こうした連携に関しても，モデルとなるような先進的な取組事例を集約して整理し，各自治体の事例の共有を促進すべきである。

○　虐待死亡事例には，子どもの成長段階や転居等の変化の中で生じた支援の切れ目が要因となっている事例もあり，家庭の問題点や連携上の留意点等，検証結果から得られた教訓を今後の支援に活かすため，関係機関に周知すべきである。

○　社会全体で全ての子どもを虐待から守る観点から，行政，都民，関係機関などが果たすべき役割を明らかにし，虐待防止の取組を一層推進していくことを目的とした児童虐待防止等に関する条例の検討を推進すべきである。
（以上）

　この提言で今後の検討に値する事項を列記すれば，以下のとおりである。第一に，各部門をつなぐICTシステムの検討・整備が挙げられる。母子保健分野の子育て支援包括支援センターが作成したケアプランやその作成過程で聞き取った子育て家庭のニーズと，たとえば，地域子育て支援拠点や子ども発達センター（児童発達支援センターなど）の情報等の関係者間の情報共有が望まれる。これについては，後述する担当者間ケース・カンファレンスの必要性とも関わってくることとなる。

　第二に，母子保健，子育て支援，障害児支援の各分野に精通し，適切な支援につなぐことができる専門人材を育成していくことが必要とされる。いわゆるワンストップ支援にも通ずるものである。その人材は，必ずしも，それぞれの

領域で一流である必要はないが，両者の価値観の違い等について翻訳のできる人材である必要があろう。それがうまく機能しないと，両者の情報や見立てのいわゆる翻訳ミスが生じてしまったりするといったことも起こりうるため，留意が必要とされる。

　第三に，それぞれの分野の支援者が相互に出会えるシステムづくりや合同研修が必要とされる。日ごろから顔の見える関係をつくるとともに，合同研修などにより，援助観，援助方法の相互理解を進めていくことが必要とされる。

　続いて第四に，それぞれの専門職や部門を，物理的にも近距離に整備していく工夫が必要とされる。必要に応じ，すぐに顔を合わせて協議することのできる距離の近さが重要である。むろん，それには心理的距離の近さを伴っていなければならない。

　第五に，市区町村子ども家庭総合支援拠点，利用者支援事業や子育て世代包括支援センターが役割分担のうえで中核となって，地域の関係機関や民間団体とのネットワーク構築を進め，公民協働による包括的支援体制づくりを進めることが重要である。そして，最後に，こうした分野を超えた連携の先進事例について集約して整理し，各自治体の事例の共有を促進すべきである。このことにより，各自治体の特性に合わせた包括的支援のモデルを提供することができる。今後は，このような取り組みが進められていくことが必要である。

(2) 子ども家庭福祉分野における地域包括的支援のための研修事業 ——いしかわ結婚・子育て支援財団の実践

　石川県のように，市町村担当者等を対象に子ども家庭福祉分野における地域包括支援に関する研修を開始する自治体も出てきている。筆者が顧問を務める石川県の外郭団体であるいしかわ結婚・子育て支援財団では，2019年度から試行的に「対人援助技術研修」を開始している。

　これは，「各地域における子どもやその家族の多様な課題に対する包括的な支援を行うため，子育て分野の対人援助職者等を対象に，援助者同士の援助観の共有，家族システムの理解，アセスメント力の向上を図り，事例検討の進め方を学ぶ」（「対人援助技術研修」実施要項）ことを目的として行われるものであり，いわば多職種連携のための領域横断的な共通要素に関する研修といえる。

表4−1−4　対人援助技術研修の内容

	内容・日時・場所・講師				
	第1日目【同時開催】	第2日目	第3日目	第4日目	第5日目
内容	【講演会】子ども家庭福祉における地域包括支援とは	【講義, 演習】当事者・家族の理解　等	【講義, 演習】多職種連携, チームアプローチ　等	【演習】包括的支援に効果的な事例検討の進め方①	【演習】包括的支援に効果的な事例検討の進め方②
講師	大学教授・社会福祉士	社会福祉士, 精神保健福祉士, 主任介護支援専門員, 保育士, 利用者支援事業コーディネーター, NPO法人代表等 (所属：地域包括支援センター, 障害福祉サービス事業所, 子育て世代包括支援センター等)			
会場	1会場	3会場×4回			

出所：いしかわ結婚・子育て支援財団（2019）「『対人援助技術演習』実施要項」を筆者が一部修正

県内3地域で実施されるが，そのプログラムは表4−1−4のとおりである。

　このカリキュラムに見るように，プログラムは子ども家庭福祉分野における地域包括支援の考え方，当事者・家族の理解，多職種連携・チームアプローチ，包括的支援に効果的な事例検討の進め方をその内容とし，講義，演習方式で進められる。また，講師は地域包括的な支援に実績のある社会福祉士，精神保健福祉士，保育士資格を有する実務家が中心となっている。今後は，こうした研修のあり方も模索されていく必要がある。

④　公民の協働──プラットフォームの創設

（1）活動事例

　第1章において，2014年，全国社会福祉協議会につくられた検討会が「子どもの育ちを支える新たなプラットフォーム──みんなで取り組む地域の基盤づくり」と題する報告書（以下，プラットフォーム報告書）を作成したことを述べた。この報告書が出来上がると，それを参考にプラットフォームを創設しようという動きが出てきた。

　筆者の地元でも，子育てネットワーク「流山子育てネット」が立ち上がった。「流山子育てネット」は，流山市子ども・子育て会議のメンバーが発起人となって設立された。子ども・子育て会議副会長ほか有志が呼びかけ人となり，「流山子育てネット」の発足シンポジウム開催を計画することとなった。「どの子も見守られる街，流山」にすることを目標とし，お互いの活動に対す

る理解を深め，交流を促すことにした。シンポジウムには 100 名を超える参加があり，また，今後の活動のための寄付金も集まった。何より，各団体がパネルを持ち寄り，活動の様子を参加者が閲覧し，交流パーティも行ったことにより，団体，個人のつながりが出来上がっていった。ある課題を抱えた団体が，専門の市民団体とつながって新たなプロジェクトを開始することもできた。

2 年目は，運営委員を決めて総会も執り行った。寄付金と会費を財源に予算を立て，団体のリーフレットを作成し，シンポジウムや啓発活動を実施した。シンポジウム・テーマについては，多くの子育て支援団体が，気になりつつ支援方法に戸惑いを感じている「発達障害」を取り上げ，当事者や支援者が課題を共有し，また，知的障害のある子を育てる議員を招き，政策提言の方法等も学んだ。3 年目を終えるころには，ホームページ，ブログを運営し，発達障害や子ども虐待防止等のセミナーなどを開催するようになった。このように，「流山子育てネット」は行政と緩やかにつながりつつ，会費や寄付金をもとに手弁当で活動を続けている。

また，社会福祉協議会（以下，社協）を中心として新しい活動を始めた団体もある。山梨県笛吹市社協が開始した活動事例 [4] を，以下に紹介したい。

笛吹市社協では，プラットフォーム報告書について学びを深めたのち，市内の子ども・支援活動を行っている NPO，各種団体（以下，NPO 等），行政等と話し合いを行い，地域づくりの視点から，NPO 等が情報交換と情報共有を行い，協働した活動を行えるようなネットワークを立ち上げることとなった。その後に開かれた会議では，各 NPO 等のそれぞれの活動のなかでは手が届かない部分があり，活動の間口を広げその隙間を埋めるためのネットワークが必要であることが共通認識され，「ふえふき子ども・子育て関係者連絡会」（以下，連絡会）を設立し，笛吹市社協が事務局を担当することとなった。

活動内容は，地域における子ども・子育て支援事業についての検討と実施で，具体的には，構成員が共有できる活動の実践，構成員の独自活動の共有や各種情報提供，子ども子育て支援に関する学習等である。当面は，実施可能な構成員による学校の長期休業中の子どもの居場所づくり（第 1 回は 2016 年冬休み）を行うこととなった。その後，連絡会は定期的に開催し，2018 年 10 月までの 2 年間で 14 回となった。

居場所づくりでは，回を重ねるに従い食材や物品の協力団体が増え，地域役員等の協力が得られるようになった。また，新たに自分の地区でも実施したいという個人が参加し，構成員の協力を得ながら実施する地区もあった。実施箇所は当初5団体5か所であったが，2018年夏には9団体11か所となった。今後は，活動のノウハウの蓄積，構成員の増加，構成員の独自活動や連絡会の活動からの課題の共有と，それに対する新たな活動の創出等プラットフォームとしての機能をより充実していくこととしている。

なお，筆者が理事長を務める社会福祉法人興望館が事務局を務める東京都城東地区地域福祉施設協議会（略称，東地協）も，プラットフォームとして子ども食堂等の活動を展開している。以上のような，民間団体の協働による支援のプラットフォームづくりが必要とされる。

(2) 好事例集の発刊

ノウハウを事例で紹介する事例集もできている。たとえば，全国社会福祉協議会が2018年度末に発刊した『子どもの育ちを支えるプラットフォームの継続，発展に向けて』では，2014年度のプラットフォーム報告書[5]で取り上げた15事例から5事例を選定し，報告書掲載から4年後の様子について，取り組みの経緯と概要，取り組みの充実，発展，プラットフォームの意義と効果の3点について，それぞれの活動の中心者に取りまとめてもらったものを収載している。取り上げた事例は，稚内市の子ども支援ネットワーク，新潟市のこゆるねっと，荒川区子育て支援ネットワーク，新宿区四谷地区乳幼児支援機関関係者連絡会（略称，よんこれん），富田林市の地域と親子をつなぐネットワークである。

取り上げたプラットフォームは，活動内容も対象もさまざまであるが，そこから見えてくるものには，普遍性もある。活動のいわゆるPDCA（Plan ⇒ Do ⇒ Check ⇒ Action）の展開が，新たな活動に広がっていった事例も見られる。こうした実践を積み重ね，そこに見られる普遍的なノウハウを集積，提供していく作業が望まれる。

(3) 協働の原理と活動の継続に向けて

ただ，実際の協働や連携は，そう簡単にできることではない。いくつかの原

理ともいうべき事項を，しっかりと確認しておくことが必要とされる。連携・協働に求められる事項を整理すると，以下のとおりになる。

　第一に，協働・連携とは，「異なる主体の対等な関係」であることを銘記しておくことが必要とされる。決して，どちらかがどちらかを補完する，あるいは上下関係になるということではない。このことの自覚がまず基本となる。

　第二に，互いに協働・連携の「相手を知る」ことが必要とされる。相手を知り，顔の見える関係をつくることにより協働・連携は進めやすくなる。第三に，協働・連携の「ミッションと目標を共有する」ことが大切である。協働・連携によって何を実現するのかという共通理解がないと，どこかでほころびが生じる事態となる。そのうえで，第四に，「対話と活動を重ねる」ことが大切である。価値や文化の異なる主体同士では，思わぬところで行き違いが生じがちである。そのたびに対話を重ね，活動をともに行うことで相互信頼が生まれてくることとなる。

　その際，第五として，「長所を生かし短所を補う（互いの資源を生かす）」という視点を忘れるわけにはいかない。それぞれの機関・施設の得意分野と限界，特性の最適な組み合わせが協働・連携を効果的にしていくことが必要とされる。そのためには，第六として，「それぞれの得意分野を生かし，かつ，それだけに限定せずそれぞれの機関・施設の活動ののりしろ部分を増やす」ことが必要とされる。のりしろ部分，つまり，相手とつながる余裕がなければ協働・連携には無理が生じてうまくいかない。

　最後に，それぞれが「自在になる」ことが重要である。いたずらに自らのミッションに拘泥することなく，相手の価値，ミッションに対しても開かれていることが大切である。これらの視点は，具体的実践を振り返る指標の一つとして肝に銘じる必要がある。

　以上のように，プラットフォームは，民間活動，特に地域公益的活動の活性化に大きな役割を果たすものと考えられる。しかし，その継続にはいくつかの困難があることもわかっている。

　その一つは，ネットワークのメンバーがすべてそれぞれの団体固有の業務を抱え，しかも手弁当で行っているため，活動に手を割く時間と財源のゆとりがなくなりがちということである。そのため，一部の役員や事務局に負担が集中

しがちとなる。また，行政や議会との関係のあり方，距離のとり方も難しい点がある。ネットワークの活動はあくまで自主的活動であり，行政の肩代わりではない。そのためには活動のための自主財源を確保していくことが必要となるが，そのことは困難を伴いがちである。

⑤ 包括的・継続的支援のツールとしての子育て支援プラン

（1）ポピュレーション・アプローチの一環としての子育て支援プラン
──子育て世代包括支援センターによる子育て支援プラン

　高齢者福祉や障害児・者福祉では，地域包括的支援のツールとしてのケアプランが大きな役割を果たしている。たとえば，介護支援専門員が毎月ケアプランを介護者とともに確認し，事態が深刻な場合には，専門員が主導する会議を介護者ならびに支援事業者が集まることによって開催する。その場で，サービスの調整などが行われることとなる。

　しかし，子育て支援分野においては，利用者支援専門員がこうした機能を担うことはほとんどない。利用者支援専門員の機能はサービスの紹介やつなぎ等であって，利用調整までは行いにくい。それは，ケアプランの子育て版ともいうべき子育て支援プランを作成し，それを権威づける制度的担保ができていないことが最大の理由である。

　そのような状況ではあるが，全国には，子育て支援プランについての実践を進めている自治体もある。たとえば，子育て世代包括支援センター（利用者支援事業母子保健型）では，ポピュレーション・アプローチの一環としてではあるが，妊娠届出時や出生時などに子育て支援プランを保護者と面接しつつ作成することが行われている。

　たとえば，千葉県浦安市では，市独自に認定している子育てケアマネジャーを中心に，対面で保護者の悩みや希望等を聴きながら「子育てケアプラン」を作成している。具体的には，妊娠届提出時，出産前後，1歳誕生日前後の3回のプランを作成して子どもの成長と保護者の子育ての状況を確認し，必要に応じ，専門機関につなぐ作業をしている。そして，その事業効果について大学との共同研究[6]を進めている。

(2) ハイリスク・アプローチとしての子育て支援プラン
——マイ保育園登録事業と子育て支援プランの作成（石川県）

　筆者は，2006年度から石川県少子化対策担当顧問として，マイ保育園登録制度の実現やマイ保育園みんなで子育て応援事業（2007年度），マイ保育園地域子育て支援拠点化推進事業（2008年度）の創設，評価等に携わってきた。

　マイ保育園登録制度とは，保護者を妊娠中から支援するいわば家庭園となる保育所等を乳幼児登録園として指定して一時保育券を複数枚配布するとともに，希望者には，指定された在宅育児支援事業者（保育所等）に配置された在宅育児支援専門員（石川県が実施する一定の研修を受けた子育て支援コーディネーター）が，保護者とともに乳幼児発達支援計画（子育て支援プラン）を作成しつつ，親子の生活をともに創造していくシステムのことである。開始された2005年度当初は登録と一時保育券の配布や相談のみであったが，モデル事業のマイ保育園みんなで子育て応援事業を経て，2008年度からマイ保育園地域子育て支援拠点化推進事業として本格実施されている。

　本事業では，これまで全国に先駆けて実施しているマイ保育園登録制度において一時保育券を複数枚配布して使用できるようにし，また，保護者がマイ保育園に配置された子育て支援コーディネーターとともに，子育て支援プランを作成する事業を実施してきた。子育て支援コーディネーター養成・配置後のフォローアップ研修等では，子育て支援プラン作成事例の報告や演習なども進めてきた。その事例のなかには，週1度など定期的に一時保育を活用することによって，親子関係や子どもの成長，発達に有益な影響が見られる事例も報告されていた。たとえば，以下の事例[7]などが挙げられる。

【事例】母親に育児負担感があっても一人で頑張ろうとする事例
（家族の状況・課題）

　核家族。生後6か月の双子。祖父母が遠方のため，育児への協力を得られない。離乳食が思うように進まず，悩んでいる。一人が泣くともう一人も泣くなどのため，母親にゆとりが感じられず，表情が固い。母親は「育児は特に大変ではない」という。

（支援内容）

・母親の負担軽減と子どもの育ちの見守りのため，週1回の一時保育を実施。

・信頼関係ができるよう，送迎時など母親になるべく声かけを行う。

・母親同士の交流及び育児サポート（ふれあい遊びなど子どもとの関わり方の紹介など）のため，週1回のマイ保育園登録者対象の育児教室に参加。

・母親への傾聴の機会として，月2回，離乳食その他，育児について相談を実施。

・同じ立場の母親が集まる多胎児サークルを紹介。

（支援結果）

　母親の表情が明るくなり，育児教室では，お互いの悩みや苦労，楽しみを共感できる仲間ができた。個別の育児相談を進めていくにつれ「育児が大変」と本音が言えるようになった。子どもも母親の後追いが減り，活発に遊ぶようになった。

　この事例では，図4-1-1の月間プラン，図4-1-2の長期プランが作成されている。

　このほかにもさまざまな事例があるが，こうした子育て支援プランは，前述のポピュレーション・アプローチの一環として行われるものではなく，コーディネーターが普段の様子を観察したうえで提案しているものであり，いわゆるハイリスク・アプローチによるプランの作成ということができる。ここでは，ポピュレーション・アプローチからハイリスク・アプローチへとつなげていく情報の突合や担当者相互の合同カンファレンスなどが重要とされる。こうした実践の集積が，包括的で継続的な支援に結びついていくのである。

(3) 切れ目のない支援サービスの創設
——在宅育児家庭通園保育モデル事業（石川県）

　このような実践を続けていくと，支援サービスの空白に気づかされる。これに対応する新しいサービスを創設していくことも必要とされる。たとえば，前述のように育児不安や育児の負担感が高い事例などにおいては，それらの解消のため，保育認定外であっても定期的に保育サービスを利用できるようにすることが必要である。また，親の子育てに注目するばかりでななく，子どもの成

0000年7月

作成年月日	0000年6月26日
保護者氏名	A・A
プラン作成者名	B

区分		月曜日	火曜日	水曜日	木曜日	金曜日	土曜日	日曜日
第一週	日	【 30 日】	【 31 日】	【 日】	【 日】	【 日】	【 日】	【 1 日】
	時間 内容 (場所)	：～： □	：～： □	：～： □	：～： □	：～： □	：～： □	：～： □
第二週	日	【 2 日】	【 3 日】	【 4 日】	【 5 日】	【 6 日】	【 7 日】	【 8 日】
	時間 内容 (場所)	9：00～12：00 一時保育 △保育園 □	10：00～12：00 多胎児サークル ○△センター ■	9：00～12：00 育児教室 △保育園 ■	：～： □	：～： □	：～： □	：～： □
第三週	日	【 9 日】	【 10 日】	【 11 日】	【 12 日】	【 13 日】	【 14 日】	【 15 日】
	時間 内容 (場所)	9：00～12：00 一時保育 △保育園 ■	：～： □	9：00～12：00 育児教室 △保育園 ■	：～： □	10：00～12：00 育児相談 △保育園 ■	：～： □	：～： □
第四週	日	【 16 日】	【 17 日】	【 18 日】	【 19 日】	【 20 日】	【 21 日】	【 22 日】
	時間 内容 (場所)	9：00～12：00 一時保育 △保育園 ■	：～： □	9：00～12：00 育児教室 △保育園 ■	：～： □	：～： □	：～： □	：～： □
第五週	日	【 23 日】	【 24 日】	【 25 日】	【 26 日】	【 27 日】	【 28 日】	【 29 日】
	時間 内容 (場所)	：～： □	：～： □	9：00～12：00 育児教室 △保育園 □	：～： □	14：00～15：00 育児相談 △保育園 □	：～： □	：～： □

注：利用実績があった場合は，□を■のように塗りつぶすこと

※子育て支援プランについて説明を受け，内容に同意しました　0000年6月26日　保護者氏名（署名）　A・A

※子育て支援プランにかかる利用実績確認　0000年7月31日　保護者氏名（署名）　A・A

図4－1－1　子育て支援プラン（月間用）

出所：石川県健康福祉部少子化対策監室主催の子育て支援コーディネーターフォローアップ研修で事例検討課題として収集した事例から引用

		作成年月日	0000 年 6 月 15 日

作成年月日　　　0000 年 6 月 15 日
初回 ・ 継続　　 変更　　 回目
＊初回プラン作成日　　　年　　月　　日

保護者名　　　　　　A・A 生年月日　　　　年　月　日　　32歳	マイ保育園名 　　　　　　　　△保育園
子の名前　　　　　A・B　A・C 生年月日　　　　年　月　日　　歳6か月	子育て支援コーディネーター 　　　　　　　　B

子育てに関する保護者の意向
　　健康に，人と仲良く関われるように。
　　双子のため子育ての負担が大きいため，少しでも自分の時間が持てるようにしたい。

総合的な援助の方針（子育て支援，子どもの発達支援）
　　心身ともに安心して育児ができるよう，ともに考えていく。
　　一時保育が母の休息にもなるように配慮する。
※サービス提供上の留意事項
　　母の思いを受け止めながら，押し付けにならないようにする。

目標	長期目標 心身ともに安心して生活を送ることができる。 子の発達の経過を見守ることができる。
	短期目標 身近に相談相手を作ることができるようになる。 他児とふれあう機会を作ることができるようになる。

サービス内容	サービス種別	サービス担当機関	頻　　度
子どもの相談	保育園での育児相談	△保育園	月　2　回
母親の休息，子の発達の見守り	一時保育	△保育園	月　4　回
母親同士の交流の場	育児教室	△保育園	月　4　回
多胎児の母同士の交流	多胎児サークルの紹介	多胎児サークル	月　1　回
			月　　　回
			月　　　回
			月　　　回

次回プラン見直しの時期　　　0000 年 9 月 15 日ごろ（6か月以内）
備考

※子育て支援プランについて説明を受け，内容に同意しました。　　　0000 年 6 月 15 日

　　　　　　　　　　　　　保護者氏名（署名）　　　　　A・A

図4−1−2　子育て支援プラン（長期用）

出所：石川県健康福祉部少子化対策監室主催の子育て支援コーディネーターフォローアップ研修で事例検討課題として収集した事例から引用

長のために支援者たる大人と子どもとで構成される集団を確保することが必要な場合もある。しかし，こうした親子は，親の事情に着目した保育認定がなければ，恒常的に子ども集団を利用することができない。

　こうしたことを受け，石川県では，2015年度から「在宅育児家庭通園保育モデル事業」を開始している。紙幅の関係で詳細は省略するが，この制度は，満3歳未満児が子ども・子育て支援制度下において「通園」による保育サービスの対象外とされていることを受け，子どもに「同世代の子どもや親以外の大人との関わりの中で健やかに育つ機会を提供」するとともに，親にとっても「保育士や他の親等の関わりや社会活動に参加することで，精神的不安を軽減」することを目的に実施する事業である。この目的のため，在宅育児家庭の満3歳未満児が，定期的に集団保育を受けることができるよう支援するモデル事業として実施するものである。

　石川県では，県立看護大学と連携して本事業の効果測定を進めている。2016年には，利用群38名，対照群35名を分析対象とした報告[8]を日本母性衛生学会にて行った。その結果，「育児困難感Ⅰで利用群では0歳，2歳児の母親で改善したものが多かった。育児困難感Ⅱでも，利用群の2歳児の母親で改善している人が多かった。子どもの生活リズムは，顕著な改善は両群で認められなかった」という。少数の短期間の評価ではあったが，2歳児の母親で育児困難感の改善が多かったことから，通園保育の効果があるといえる結果であった。今後も，利用事例データを積み重ね，事業の評価を継続していくこととしている。

⑥ 子育て世代包括支援センター，子ども家庭支援センター，児童発達支援センターの合同カンファレンスによる包括的支援の可能性

　筆者は，関東地方某自治体で，子育て世代包括支援センターの利用者支援専門員や保健師が子育て支援プラン作成時に相談に応じた事例について，他の関係機関（児童発達支援センター，子ども家庭総合支援拠点，母子保健部門など）を交えて合同の意見交換，ケース・カンファレンスを行ったことがある。半日の時間内にセンターからいくつかの事例紹介があり，子どもの発達上の心配や育児

の不安のほか，上の子の障害に対する相談もいくつか見られた。以下は，その事例とカンファレンスの概要の一部である。なお，事例については，差し支えない範囲で必要な改変を行っている。

【事例1】脳性麻痺の障害がある子の療育に奮闘する母の育児疲れについて

兄4歳，妹1歳0か月。妹の1歳ケアプラン作成時に対応。妹は定型発達。兄は3か所の療育機関に通園しており，土日に療育が入ることもある。妹も連れて療育に通い，疲れている。母は，「本当はみんなやめて家でのんびりしたいが，療育の先生たちが一生懸命頑張ってくれているのに悪いと思い頑張っている。母子分離になればいいのだが……」「夫も，土日に療育があるときに外出の準備など一切しないので不満。家事育児などは一切しないが子どもを可愛がってくれているのであきらめている」と。

（カンファレンス結果）

カンファレンスに参加した児童発達支援センターにも通所していたが，母が疲れた様子を見せないので気づかなかった。こんな気持ちでいたのかと心が痛む，とセンター職員は言う。妹の保育所入所を提案する。上の子の日中一時支援の活用，療育の間の保育室利用も。地区担当保健師が家庭訪問を行い，センターと連携して対応することとする。

【事例2】早産，未熟児で生まれた次男への対応と，視覚障害があり盲学校に通園する長男への対応がある母が，利用できる社会資源について

兄3歳，弟生後1か月。弟のケアプラン作成のため来室。兄は視覚障害があり，車で2時間以上かかる特別支援学校幼稚部（視覚障害）まで母が付き添い通園している。市内の児童発達支援センターにも親子で参加。実家は特別支援学校の近くだが，祖母は実父を介護中。夫は自営業で，顧客との関係で特別支援学校近くへの転居が困難。近くへの転居も難しい。母は，産後であるなか，長男の盲学校と療育の付き添いで疲労感が大きいと訴える。

（カンファレンス結果）

センターはこの母の疲れに気づいていたが，母が頑張っていたこともあり対応は後手に回っていた。ここまで切迫していたのかと，兄の預け先，日中一時

支援，一時預かりなどの検討を開始することとする。弟については拠点が所管しているエンゼルヘルパー紹介を提案し，地区担当保健師がこれらを受けて訪問することとする。その後，複数のサービスを調整することとする。

　これらの事例のように，親は主訴によって相談先を変えている。子どものことを思って熱心に療育してくれるセンター職員に疲れたとは言えない，そんな思いが見えてくる。そんな思いを，別の相談の場で吐露するのである。また，自営業でせっかく獲得した顧客がいる場合などには転居もできない。生活課題はさまざまな問題が輻輳して顕在化していくのであり，対応も包括的に進めていく必要がある。こうした実践を積み重ねていくことが，地域包括的支援やプラン間の切れ目のない支援を実現に向かわせるのである。

⑦　社会的養護における包括的・継続的支援の可能性
　　　──里親応援ミーティングの実践

　最後に，都道府県レベルと市町村レベルのサービスの切れ目の克服にも対応することが必要とされる。具体的には，一例として，要保護児童の里親委託時ないしは委託後の支援が考えられる。
　社会的養護分野では，今後の方向として家庭養護の推進をめざしているが，そのためには，家庭養護，里親子に対する支援の充実が喫緊の課題とされる。しかし，里親委託を行うのは都道府県の権限に属することであり，市町村は責任も費用負担も行わないシステムとなっている。このことが市町村の関心のなさにつながり，委託後の支援も児童相談所が担わざるをえない状況となっている。地域包括的な里親支援を進めるためには，このシステムに市町村を巻き込むことが必須とされる。このために，一部の自治体では，里親委託時に里親のほかに委託児童の関係者を集めて行う「里親応援ミーティング」や「個別ケース検討会議」が，実施されている。
　里親支援機関や里親支援専門相談員のほか，子どもが幼児であれば保健センター，入所する可能性のある保育所・幼稚園，各種手続きに対応する市町村窓口等の関係者が一堂に会し，里親子と対面して情報共有を行うものである。里

親子や市町村の実情によりさまざまなバリエーションがありうるが，こうした機会はその後の困難に対応できる素地をつくるうえで，大きな意義をもつと考えられる。また，里親も，市町村の子育て支援サービス，たとえばファミリー・サポート・センターや，つどいの広場，地域子育て支援センターなどを利用しやすくなる。里親は子どもの心理的親，キーパーソンではあるが，だからといってすべてを抱え込む必要はない。サービスを上手に使って，子育てできることが重要である。里親にとって地域とのつながりは特に重要であり，里親自身も地域のなかに入り，子育てネットワークの一翼を担っていっていくことが必要ではないだろうか。

おわりに

　本節では，子ども家庭福祉分野における地域包括的・継続的支援につながるさまざまな実践について紹介してきた。いずれも筆者が関わりをもったものであるが，これ以外にも多くの実践が進められているであろう。こうした実践を集積し，システム化していくことで，子ども家庭福祉分野の地域包括的・継続的支援体制の整備を実現に向かわせることが必要とされる。

■注
(1) それぞれの調査報告等については，以下の文献による。
　・全国児童相談所長会（1988）全児相（別冊）「今後の児童相談所のあり方に関する調査」結果報告書，全国児童相談所長会
　・全国児童相談所長会（1994）参考資料1「今後の児童相談所のあり方に関する調査──結果報告（概要）」，平成6年度全国児童相談所長会資料（平成6年6月22日〜23日），全国児童相談所長会事務局
　・全国児童相談所長会（2001）これからの児童相談所のあり方について調査結果，全国児童相談所長会
　・柏女霊峰・有村大士・板倉孝枝ほか（2009）子ども家庭福祉行政機関の機構改革と運営に関する研究（3）──障害児童福祉分野のあり方と総合的考察，日本子ども家庭総合研究所紀要，第45集，37-83
(2) それぞれの調査報告等については，以下の文献による。
　・柏女霊峰・山本真実・尾木まりほか（1998a）区市町村における児童家庭福祉行政と実

施体制——児童育成計画及び児童家庭福祉行政事務移譲に関する意向調査を通して，平成9年度 日本子ども家庭総合研究所紀要，第34集，151-171
- ・柏女霊峰・山本真実・尾木まりほか（1998b）家庭児童相談室の運営分析——家庭児童相談室の運営に関する実態調査結果報告，平成9年度 日本子ども家庭総合研究所紀要，第34集，35-59
- ・柏女霊峰・山本真実・尾木まり（2002）平成13年度子育て支援ネットワークに関する調査研究事業調査報告書，こども未来財団
- ・佐藤まゆみ（2007）子ども家庭福祉行政実施体制のあり方に関する研究——質問紙調査の分析を通して，協議会型援助による役割強化の可能性を探る，子ども家庭福祉学，第7号
- ・佐藤まゆみ（2012）市町村中心の子ども家庭福祉，生活書院，p.209
- ・柏女霊峰・佐藤まゆみ・北川聡子・藤井康弘（2017）地域包括的・継続的支援の実現のための子ども家庭福祉行政のあり方に関する調査報告，すべての子どもが日本の子どもとして大切に守られるために，平成28年度日本財団助成事業報告書
(3) 日本相談支援専門員協会（2019）「障害児入所施設の在り方に関する意見等」障害児入所施設の在り方に関する検討会第3回ヒアリング資料・資料1（p.3, 9）。
(4) 事例は，柏女霊峰（2019）「子どもの育ちを支えるプラットフォームの意義とその展開のために」，全国社会福祉協議会編『子どもの育ちを支えるプラットフォームの継続，発展に向けて』の論文中に掲載された笛吹市社会福祉協議会執筆の取り組み事例（pp.3-4）を一部要約して紹介するものである。
(5) 新たな子ども家庭福祉の推進基盤の形成に向けた取り組みに関する検討委員会（2014）『子どもの育ちを支える新たなプラットフォーム——みんなで取り組む地域の基盤づくり』全国社会福祉協議会。
(6) 浦安市（2017）『平成28年度 浦安市こどもプロジェクト事業効果測定研究 調査結果報告書』ならびに同（2018）『平成29年度 浦安市こどもプロジェクト事業効果測定研究 調査結果報告書』。
(7) 事例は，石川県健康福祉部少子化対策監室主催の子育て支援コーディネータフォローアップ研修（2008年，2009年開催）で，事例検討課題として収集した事例から引用。なお，結果に影響しない程度に必要な改変を加えている。
(8) 金谷雅代・西村真実子・柏女霊峰ほか（2016）「在宅育児家庭における『通園保育』利用の効果の検討」，『第57回日本母性衛生学会総会学術集会抄録集』日本母性衛生学会（p.268）。

■引用・参考文献

新たな子ども家庭福祉の推進基盤の形成に向けた取り組みに関する検討委員会．（2014）．子どもの育ちを支える新たなプラットフォーム——みんなで取り組む地域の基盤づくり．全国社会福祉協議会．

金谷雅代・西村真実子・柏女霊峰ほか.（2016）.在宅育児家庭における「通園保育」利用の効果の検討.第 57 回日本母性衛生学会総会学術集会抄録集（p.268）.日本母性衛生学会.

柏女霊峰（編）.（2005）.市町村発子ども家庭福祉——その制度と実践.ミネルヴァ書房.

柏女霊峰.（2008）.子ども家庭福祉サービス供給体制——切れめのない支援をめざして.中央法規出版.

柏女霊峰.（2011）.子ども家庭福祉・保育の幕開け——緊急提言　平成期の改革はどうあるべきか.誠信書房.

柏女霊峰.（2015）.子ども・子育て支援制度を読み解く——その全体像と今後の課題.誠信書房.

柏女霊峰.（2017）.これからの子ども・子育て支援を考える——共生社会の創出をめざして.ミネルヴァ書房.

柏女霊峰.（2018a）.第 1 章　総括報告　すべての子どもが日本の子どもとして大切に守られるために——子ども家庭福祉分野における地域包括的・継続的支援の可能性.すべての子どもが日本の子どもとして大切に守られるために——平成 29 年度日本財団助成事業報告書.日本の子どもの未来を考える研究会（麦の子会設置・柏女霊峰座長）.

柏女霊峰.（2018b）.子ども家庭福祉分野における地域包括的・継続的支援の可能性——共生社会の創出をめざして.子どもの虐待とネグレクト，20（2）（通巻第 53 号），132-142.

柏女霊峰.（2019a）.子どもの育ちを支えるプラットフォームの意義とその展開のために.全国社会福祉協議会（編），子どもの育ちを支えるプラットフォームの継続，発展に向けて.全国社会福祉協議会.

柏女霊峰.（2019b）.平成期の子ども家庭福祉——政策立案の内側からの証言.生活書院.

柏女霊峰.（2019c）.子ども家庭福祉学序説——実践論からのアプローチ.誠信書房.

柏女霊峰（監修），独立行政法人国立病院機構全国保育士協議会（編）.（2018）.三訂版　医療現場の保育士と障がい児者の生活支援.生活書院.

柏女霊峰・佐藤まゆみ.（2017）.共生社会創出のための子ども家庭福祉サービス供給体制.すべての子どもが日本の子どもとして大切に守られるために——平成 28 年度日本財団助成事業報告書.日本の子どもの未来を考える研究会（麦の子会設置・柏女霊峰座長）.

佐藤まゆみ.（2012）.市町村中心の子ども家庭福祉——その可能性と課題.生活書院.

障害児入所施設の在り方に関する検討会.（2019）.第 3 回ヒアリング資料.

東京都児童福祉審議会.（2018）.子育て家庭を地域で支える仕組みづくり——多様なニーズに対応した切れ目ない支援の強化に向けて.

浦安市.（2017）.平成 28 年度浦安市こどもプロジェクト事業効果測定研究　調査結果報告書.

浦安市.（2018）.平成 29 年度浦安市こどもプロジェクト事業効果測定研究　調査結果報告書.

全国社会福祉協議会.（2010）.全社協　福祉ビジョン 2011.

子ども家庭福祉において
地域包括的・継続的支援を確立するための制度的課題

藤井康弘

はじめに

　子ども家庭福祉分野における地域包括的・継続的支援を現場で実践するための課題については，第2章第2節で里親としての経験を踏まえ，施策全体を統括する拠点のあり方や人材確保の重要性を述べた。

　この「人材確保」については，現場のニーズに資格を有する専門職が必ずしも対応できていないケースを，まさに現場において数多く目にするにつけ，国のマクロ政策レベルの最大の課題がこの「人材確保」であることを強く認識するとともに，資格のあり方や処遇のあり方を含めて，抜本的な見直しの必要性を痛感する次第であるが，この点は本書のテーマとは異なるので割愛することとし，ここではそれ以外の，地域包括的・継続的支援を実現していくための制度的な論点について，いくつか提起を試みることとする。

1　すべての子ども・子育て家庭が活用できる普遍的・包括的な制度の　必要性

　2019年2月2日，「全国家庭養護推進ネットワーク」が設立され [1]，同日と翌日3日にかけて，このネットワークによる「第1回 FLEC フォーラム——社会的養護の健全な発展のために」が開催された [2]。

　このフォーラムは，主催するネットワークの名称どおり，基本的には社会的養護における里親委託を中心とした「家庭養護」の推進を基本的なミッションとしているが，それだけではなく，いや家庭養護を推進するためにも，社会的養護の諸施策だけではなく，母子保健，子ども子育て支援，障害児支援，学校

教育等との連携と協働をどのように推進していくかという課題への取り組みも，重要なミッションの一つと位置づけている。

その第 1 回 FLEC フォーラム 2 日目の「今後の家庭養護の推進に向けて」と題したパネルディスカッション[3]のなかで，「今後のネットワークに期待するもの」として数人の設立発起人に思うところをお話しいただいた。

そのなかで，榊原智子読売新聞東京本社調査研究本部主任研究員から大変興味深いご意見をいただいた。少し長くなるが，「第 1 回 FLEC フォーラム〜社会的養護の健全な発展のために〜報告書」の榊原の発言（2019: 70-72）から関連部分のみ抜粋する。

　（現代の日本は）本当に養育の困難が一般化している時代だと感じています。……児童福祉全体，子どもの政策全体が全面建て替えを必要とするような状況にきているのではないかと考えています。……（取材したフィンランドでは）子どもと家庭への支援を救貧福祉ではなく普遍主義で行っている点が新鮮でした。……ハイリスク家庭，特定妊婦などとレッテルを貼った人だけに特別な支援をするのではなく，すべての家庭を無償で支援する政策になっています。……妊娠期からの切れ目ない支援をやれば，恐らく里親さんたちの養育の悩みのかなりの部分は軽減できるのではないかと思います。一般家庭への養育の支援が不足しているから，里親さんはもっと高度な悩みを抱えなければならない状況になっている。だから，川上からの全家庭への支援を考える中で，社会的養護のあり方も整理されるのではないかと思います。（カッコ内は筆者加筆）

また，もう一人，猪飼周平一橋大学大学院社会学研究科教授からも以下のような貴重な指摘をいただいた。以下，同報告書の猪飼の発言（2019: 75-77）から抜粋する。

　現在私たちが周りの政策を背景とした支援はその大部分が，（経済的貧困や障害等の何らかの特定の）問題を解くという方法を採用しているのです。そうではなくて，人を支える支援に変えていかなくてはいけない……それは例え

ば「制度の隙間」とか，「縦割りの限界」とか，いろんな言い方で言われる
ようになってきた……非常に複雑な構図の中で生じている困難の前で生きる
力を失っている人々の支援は，（特定の）問題解決による支援ではなく，人に
寄り添いながら生きてゆく力を回復してゆく支援なのだ……。

　これらの人々を誰が支援するのか，という問題も考えておきましょう。
……社会保障人口問題研究所の「生活と支え合い調査」の結果（によると）
様々な想定で，困ったときに誰に相談しますかという質問をしていますが，
相談相手として答えられるのは圧倒的に家族です。……専門家に相談する人
もとても少ない。もちろん，この結果が意味することの一つは家族が重要だ
ということですが，もう一つ考えておかなければならないことは，家族に過
剰に負担がかかっているということです。つまり，これだけの強度の家族
を営めない人は家族を作れなくなりつつあるということでもあるわけです。
……家族にはこれ以上負担をかけられないという意味で，また地域社会につ
いてはすでに壊れてしまっているという意味で，私たちはこれらを支援のた
めの資源としてあてにできないのです。……子どもの支援を家族に丸投げし
てはいけないわけです。家族それ自体が支援対象でなければならない。それ
ができないと家族は壊れます。それは里親であろうが，実親であろうが同じ
ことなんです。（カッコ内は筆者加筆）

　図らずも二人が一致して指摘されているのは，現在のわが国の社会におい
て，子育て家庭は，すべて普遍的に社会による包括的な支援の対象とするべき
だという主張であり，筆者もまったく同感である。わが家は養育里親であり，
里子たちは当然のこととして実親家庭への復帰を模索する必要があるが，実親
家庭が再び子どもを受け入れることができるほどに立ち直ることは，口で言う
ほど容易なことではない。わが家の里子たちにおいても，もっと早い段階で，
さらには実母が妊娠した段階からもっと然るべき支援，質の高い包括的な支援
が行われていれば……と切ない想いをしたことも一度や二度ではない。

　両者の発言に見るような，すべての家庭を普遍的に支援する制度，特定の課
題の解決だけではなくて，その家庭に寄り添い包括的に支援する制度が必要で
ある。

第2章第2節で記したように，現行制度のもとにおいても，地域の現場における企画力と工夫，人材の確保によって，こうした支援が可能になる場合もある。

　しかしながら，一方でいくつかの論点について議論と改革を進め，マクロレベルの制度をさらに進化させ，諸施策の連携と協働が起こりやすいフレームワークを制度として実現できれば，現場での支援がより的確にスムーズに進むようになることも間違いないところではないか。

　以下では，そうした制度のあり方に関する議論を進める際に，想定される論点をいくつか提起する。

② 包括的な支援に向けて

(1) 国における諸施策の所管関係について

　いうまでもなく，現在の子ども子育て関連施策は，国の所管省庁がいくつもに分かれている。子ども・子育て支援制度は内閣府，幼児・学校教育は文部科学省であり，それら以外は厚生労働省が所管しているものの，厚生労働省内では母子保健や保育所，社会的養護は子ども家庭局，障害児施策は社会・援護局障害保健福祉部と，これまた部局が分かれている。

　制度所管の縦割りは，たかが縦割りではあるものの，されど縦割りである。関係省庁や関係部局の幹部の意識や仕事のやり方，部下職員の評価の基準によって，縦割りの弊害はある程度克服することができるが，長く行政官として働いてきた経験に照らせば，公務員はいくら志が高い職員でも，自分の所管行政，すなわちわが国の国民に対して自らが明確な責任を有している行政をどうしても優先しがちであり，またそうでなければその所管行政自体が滞ってしまうリスクもある。縦割りの弊害，すなわち自らの所管行政を前進させることのみに固執し，それ以外の行政には極力手を出さず関心をもたないという状況は，公務員組織にとってある程度宿命的な現象ともいえる。加えて，国の所管の分かれ方は多くの場合，地方自治体の所管の分かれ方に直結するので，地域のレベルでも縦割りの弊害を引きずることになりがちである。

　このように子ども子育て関連施策の所管がいくつもの省庁に分かれている状

況は，子どもを中心において各施策をどのように連携させ全体をどのように調和したかたちで前進させていくかについて，責任の所在があいまいであるということでもあり，子ども子育て関連施策全体の連携と協働に向けた政策，戦略，戦術を企画し実行していく，権限をもったヘッドクウォーターが霞が関に存在しないということにもなる⁽⁴⁾。

以前から時折話題になる「子ども家庭省」の設置も一つの選択肢であるが，これに限らず，縦割りの弊害を打破できるような組織のあり方について，本格的に検討すべきではないか。

その際の論点の一つは，人事施策である。どんな組織建てを考えるにせよ，公務員たる職員が新たな組織に一定のロイヤリティをもって仕事ができるようにする必要がある。たとえば新省を設置するのであれば，初期の職員，少なくとも幹部職員は現行省庁からの出向ではなく，新省に移籍する方がよいし，新省として新規採用も行うべきであり，一つの組織のなかで基本的なキャリアパスが完結するような仕組みにする必要がある⁽⁵⁾。

もう一つの論点は新省の所掌の範囲である。教育行政の所管をどのように取り扱うかという命題は，教育行政の一体的推進の必要性を一方で考えると難題である。また仮に新たな省を構想するのであれば，現実的な課題として，一つの省がどの程度の規模の行政を所管しうるかという観点からの検討も必要である。

またピンポイントであるが，育児休業制度を子ども子育て関連施策として組織再編の対象とするかどうかも，あらためて議論したい論点である。いうまでもなく，育児休業制度は歴史的に労働法制の世界で生まれ育ってきた労働者たる両親のための制度であり，その文脈のなかで発展してきたものであるが，子どもを中心に置いて考えるとき，子どもが出生してからの一定期間，あるいは乳幼児を里子として里親が受託した後の一定期間は，子どもが特定の大人に対して愛着（アタッチメント）を形成する重要な時期であり，その後の子どもの養育・発達を考えると育児休業を最大限活用することが期待される。里親として愛着（アタッチメント）のできていない，あるいは不安定な愛着行動しか示せない何人かの子どもたちを養育し，彼らの抱える課題の大きさ，養育の困難さに日々直面するにつけ，子どもの発達，成長にとってのこの時期の重要性を痛感

する。その重要性はいくら強調しても強調し過ぎることはない。なかなかエビデンスを示し難いところではあるのだが，少なくともこの時期[(6)]は育児休業を活用した両親による養育が，子どもの愛着（アタッチメント）を安定させ将来愛着障害などの課題を抱えるリスクを低下させる可能性が高いということは主張したい。このように考えると，育児休業制度も子どものための制度として再構成され，子ども子育て関連施策の一環として整理されてもいいのではないかと考える。

(2) 子ども子育てに関わる制度の再編

　制度間の縦割りを打破し，子ども子育て支援に関する包括的な支援体制を構築するための制度再編の手法として，現行の母子保健法，子ども子育て支援制度と児童福祉法，母子及び父子ならびに寡婦福祉法の全部もしくは一部を再編して，新たな子ども・子育てを総合的に支援する制度を創設する方向が考えられる。現在の子ども子育て支援制度が創設される際の各省間の所管の整理を含む諸々の議論も乗り越え，あらためて一つの制度を創設する方向である。

　そうした制度の再編をイメージするにあたり，私がかつて所管していた「障害者総合支援法」の制度体系を参考にしつつ，検討すべき論点をいくつか挙げてみたい。

　一つは，障害者総合支援法と同様，すべての子ども，すべての家庭が権利としてサービスを利用できるようにすることを基本とすること，すなわち子どもまたは家庭に対する個別給付（国の予算の区分でいえば義務的経費による給付）を基本とすることである。現行の保育サービスや子育て支援サービス，障害児支援サービスは利用者との契約に基づき個別給付として提供されているので，この点に違和感はないと思う。ただし，一方で社会的養護など措置により給付が行われる部分も多く残ることになるが，この点はやむをえない。

　より重要な論点は，それぞれの子ども，それぞれの家庭に伴走し一般的な相談対応を行うとともに，保育サービス，子育て支援サービス，障害児支援サービス，社会的養護等々の諸サービスに対するニーズを総合的にアセスメントし，必要な家庭には必要なサービスを組み合わせて「家庭支援計画」といったイメージのものを策定する役割――障害者総合支援法における「計画相談支

援」あるいは相談支援事業者――に相当するサービスを確立することである。現行制度上も，障害児支援の各サービスに限った同様のサービスは児童福祉法上に存在するし（障害児相談支援），子ども子育て支援制度にも「利用者支援事業」が存在するので，こうした従来の制度のカバレッジを子ども子育て施策全体に広げていくイメージである。地方自治体の公務員組織ではなく，民間の社会福祉法人が担うこととなれば，社会的養護を所管する都道府県とそれ以外のサービスを所管する市町村の橋渡し的な役割も担えるかもしれない。こうした事業を，すべての子育て家庭を対象として構築できれば，子ども子育て支援に関するあらゆるサービスをコーディネートすることができる。これも法律上個別給付として位置づけることが重要である。もちろんそうした機能を担うための人材の育成には相応の覚悟をもって取り組まなければならない。

(3) ハイリスクの家庭を施策に結びつけるために

こうした制度の再編に関し，もう一点議論しなければならない重要な課題として，どうやってあらゆる子育て家庭を施策に結びつけていくかという論点がある。虐待等に関してハイリスクである家庭ほど，支援する自治体や事業者と結びつこうとしない傾向が強いからである。

これまでも「こんにちは赤ちゃん事業」を通じてすべての乳児は保健所を中心とした行政機関に把握されることとされているが，その後行政とのパイプを維持することは容易ではなく，多くのハイリスク家庭が事実上手の届かないところとなっている。

どんなハイリスク家庭でもほぼ100%行政が把握できるような手法を検討する必要がある。

将来的にはすべての子どもを認定こども園や保育所に登録する仕組みとするなど，これらを把握の拠点にすることも考えられるが，当面はフィンランドのネウボラがネウボラとつながることによって母親手当を受給できる仕組みになっていることを参考にしつつ，わが国でも上記の相談支援事業者への訪問によって初めて児童手当が受給できるシステムにするなどの方向の施策を検討する必要があるのではないかと考える。地域や親類縁者による支えが崩れ，子育て家庭の孤立が深まっていく現状においては，こうした方法によってでもすべ

ての子育て家庭を社会的に支援可能とし，ハイリスク家庭は少しでも早期に把握して必要な支援を早期に提供できるような体制を構築しなければ，虐待家庭は増加する一方である。虐待を予防し子どもたちを守るためにも，こうした方策が必要であると考える。

■注

(1) このネットワークは社会的養護や関連分野に深い見識をもつ学者，専門職団体の代表，メディア，関係省庁 OB 等 34 名を設立発起人として設立され，潮谷義子前熊本県知事（社会福祉法人慈愛園理事長），柏女霊峰淑徳大学総合福祉学部教授，相澤仁大分大学福祉健康科学部教授の 3 名が共同代表を務めることとされた。筆者も設立発起人の一人に名前を連ねるとともに，実際の運営に携わる幹事会の代表を務めさせていただいている。詳細は事務局を務める一般社団法人共生社会推進プラットフォーム（ISEP）のホームページ（http://isephp.org/）を参照されたい。

(2) FLEC は "Family Life for Every Child" の略である。

(3) 座長は村木厚子元厚生労働事務次官，潮谷義子全国家庭養護推進ネットワーク共同代表。

(4) 閣僚レベルにおいては，内閣に少子化対策担当大臣が置かれており，そのスタッフとして内閣府子ども・子育て本部が設置されていて，各省庁に対して一定の調整機能等を果たしている。

(5) もちろんキャリアパスのなかで他省庁や地方自治体等に出向する期間は必要である。

(6) どの程度の期間が適切なのかについて定説はないように思う。なお，育児休業を活用して子育てに携わるのが男女双方であるべきことはいうまでもない。

■引用・参考文献

猪飼周平．(2019)．シンポジウム・今後の家庭養護の推進に向けて．全国家庭養護推進ネットワーク（編），第 1 回 FLEC フォーラム～社会的養護の健全な発展のために～報告書（pp.75-77）．一般社団法人共生社会推進プラットフォーム．

榊原智子．(2019)．シンポジウム・今後の家庭養護の推進に向けて．全国家庭養護推進ネットワーク（編），第 1 回 FLEC フォーラム～社会的養護の健全な発展のために～報告書（pp.70-72）．一般社団法人共生社会推進プラットフォーム．

第3節

地域包括支援に向けて：地域での実践から

北川聡子

① 地域にはさまざまな人が住んでいる――コミュニティの再構築

　高度経済成長のなか，かつての地縁・血縁的なコミュニティから，核家族化が進み，地域に長く住んでいる人が減り，転入・転出も増加し，都会では人間関係が希薄なコミュニティが形成された。地方は過疎化・高齢化が進み，かつて田植えの時期などに地域総出で協力し合った伝統的なつながりが希薄になってきている現状がある。かつてのつながりは，村で暮らす人たちにメリットがある利益をもたらすゲマインシャフトという側面もあったかもしれない。また地域の規範に対する束縛が強く，そのなかで生きていくために個人が尊重されず苦しくなることも多かったと思われる。かつての地域のつながりは3世代の子育て助け合いなどのいい点もあったが，個人の尊重という点においては，課題も大きかったのではないだろうか。このような日本の伝統的な共同体がなくなりつつある。

　しかし，人が育つということを考えたときに，核家族だけでは困難なことは明白である。このような状況で，人が育つための新たな地域の共同体の形成が必要と考える。

　それは，ゲゼルシャフトが利益中心であることに対して，ゲイマンシャフトと呼ばれる人間関係を重視する共同体である。

　新たな共同体は，さまざまなかたちが考えられるが，私たちが自然発生的につくってきた共同体は，2006年に行われた翻訳家上野圭一との対談で，精神科医の斎藤学が語っていた「問題縁」かもしれない。問題縁とは，問題によってつながり合う関係やネットワークのことである。問題縁は，これまでの地縁・血縁ではなく第三の地域ともいわれる。問題縁でつながり，そこで生きる

力を育み，地域に居場所をつくっていく営みであり，新しい絆である。

　むぎのこでは，子どものことや子育てでの悩み・家族の悩みを通して，つながり合い，助け合い，そして助けの輪が広がっていく。自然発生的に助け合わないと子育てできないと前向きに感じた人たちが集まってできた共同体といえる。ニーズがあったから出来上がった面と，当事者の方々が子育てを相談し合い，助け合うために必然的につながってきた面があると思う。

　そして，この仕組みは，むぎのこのある地域だけに必要なことではない。子育てという領域は，本当にたくさんの人の助けが必要なのだと思う。

② 気軽に相談・支援できる場を

　地域に，子育てのどんな悩みでも気軽に相談する場があれば，それを受け止め聞いてくれる人がいれば，そして具体的に子育てを一緒に担ってくれる人がいればいい。お母さんたちお父さんたちは，教えられていないのに子育てはできない。中高生などもっと小さなころから，子育てのことは教えられるべきだと思う。中高生に一度はペアレントトレーニングを教えてもいいと考える。表4－3－1に「子どもの未来を考える研究会」(日本財団助成)でまとめた子育ての援助論を，中学生から記載したのはそのような意味がある。もっと子育ての英知を集めて子どもの時代から子育てを伝えていく必要がある。このようにライフステージにわたっての子育ての援助論とシステムが結びついて，包括的な子ども・子育て支援といえるのではないだろうか。

　田中哲は「子どもが自立していくのは，知らない人の間でやっていけるようになるのが前提です。(中略)自分のことをわかってくれる人のところで社会に出ていく勉強をし，そこから社会へ出ていく。これがコミュニティの役割です」(田中 2016: 130)と書いている。そんなに強くはない，弱さを抱えた人間が次世代の子どもたちを少しでも豊かに育てるためには，地域におけるすべての子どもと親のための包括的支援が必要な時代なのだと思う。人はいつの時代も完璧ではない。子どもの発達を理解し，ライフステージに沿った子どものニーズを子どもから聞き，そのことをみんなで共有し，専門家も交えて何が子どもにとって大切なのかを解き明かしていく作業が，もっともっと必要である。そ

表4-3-1　子育ち・子育て援助論

○：子育て　△：障害児　◇：社会的養護

年齢	養育者との関係	子ども	養育者	援助・支援	現在の制度
中高生		・性教育―命の大切さ 　　　　　―能力ではなく存在の肯定 ・ペアレントトレーニング ・保育関等の見学 ・能力	・思春期の養育支援		
妊娠期		・10代の妊娠と人工中絶	・若年妊婦 ・とびこみ出産 ・外国人 ・育児不安 ・遺伝子検査 ・出産への学び→具体的対処方法 ・不妊治療 ［ハイリスクの把握／心の安定のフォロー］	・母子手帳交付 ・妊婦健診 ・両親教室 ・ペアレントトレーニング（ピア） ・カウンセリング	・母子健康包括支援センター ・子育て世代包括支援センター（妊娠から子育てでワンストップ拠点）
0〜3か月		・新生児訪問 ・母胎から外界への急激な変化 ・著しい発達 ・3か月健診	・産後ケア事業（心身のケア、育児サポート） ・授乳 ・育児不安、孤立 ・低体重、疾病、障害 ・虐待への学び→家庭訪問 ・シングルマザー	・妊娠・出産包括支援事業（助産師） ・乳児家庭全戸訪問（助産師、保健師、ファミリーサポート） ・母乳の出ない母親への支援 ・傾聴型、家庭訪問、グループ（小帰） ・医療機関、保健所との連携（未熟児） ・疲労サポート→お母さん離婚生活支援 ・心理療法 医療／心理療法	○利用者支援事業 ○地域子育て支援拠点 ○妊婦健康検査 ○こんにちは赤ちゃん事業 ○養育支援訪問事業 ○ショートステイ ○トワイライトステイ事業 ○ファミリーサポートセンター事業 ○一時預かり事業 ○延長保育事業 ○病児保育事業
1歳6か月		・予防接種 ・4か月健診 ・6か月健診（94.9%） ・1歳6か月健診（92.9%）	・家族支援 ・育ちへの学び・ペアトレ ・親同士のつながり ・困り感を持つ親のつながり ・カウンセリング ・経済的支援	・保育園・里親・乳児院 ・医療機関とのつながり ・子育てお母さん支援 ・発達支援	○認定こども園 ○幼稚園 ○保育所 ○地域型保育事業（小規模保育事業） （家庭的保育事業） （居宅訪問型保育事業） （事業所内保育事業） ○子どもを育む地域ネットワーク機能強化事業（要保護児童）
3歳		・3歳児健診（92.9%）	発達の心配	・幼稚園・こども園・児童発達支援 ・家族支援 ・ペアレントトレーニング カウンセリング	☆児童発達支援センター ☆発達障害者支援センター ☆児童相談支援事業（計画相談）

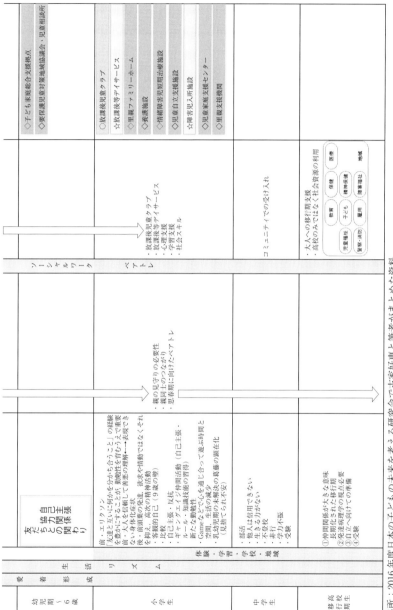

出所：2016年度日本の子どもの未来を考える研究会で古家好恵と筆者がまとめた資料

れでも完璧ということはない，子どもが困り感を抱えたとき，気軽に相談できる場が必要である。幼児期からの課題が積み重なって思春期に影響する場合があるが，思春期に表に出る行動は幼児期とまったく違ってくる。そのため，乳幼児期から思春期，移行期と，継続的に育ちを支える援助論と仕組みが必要である。

　困り感を抱えて支援の場に登場する子どもたちの心の状態と，大人の配慮を表4-3-2にまとめた。この表は，不適切な養育を受けた子どもが，大人のどのような配慮や関わりによって回復するか，その道筋を示したものである。
　第2章第3節の事例2の男性は，15歳で里子になってから表4-3-2のような道筋をたどり，人との関係が回復された。
　当事者の思いを大切に，主人公に，そして専門家も専門職として専門性を磨き，関係者が子どもの幸せを願い，協力し合っていく時代が，求められているのだと思う。

③ 地域包括的支援・継続的支援に向けて

　地域にはさまざまな困り感がある。シングルマザー，子育て不安，貧困，不登校，発達が心配，虐待，DVなど，いろいろな課題がある。また，支援は特定の問題のある家族だけではなく，どの家族にも必要であるというこの観点が必要な時代である。しかし，地域のなかで施策的に分断やバリアがあるため，相談や助けを求める声に応じることができにくい仕組みになっている。
　具体的には，子どもへの施策が，母子保健，子ども子育て施策，社会的養護，障害児施策と分かれている。ところが，そのつながりが弱い。そしてこの弊害は大きい。他の情報がないと，養育者が選んだ施策がすべてになって，相談と支援が，子どもや家族の状況によって分断されてしまう事態になる。特に障害児施策では，その施策やシステムのなかで完結してしまいやすい。これは，国の仕組み自体がインクルージョンではなく，エクスクルージョン（排除）の論理につながったものだからである。これだけが要因とはいえないが，この分離システムも障害のある子どもと家族が生きにくい社会ということにつなが

表4-3-2　人間関係の道筋

	子どもの状態	大人の配慮，関わり
1. 初めての出会い	・人との関係を警戒している ・表情がない　甘えない ・気持ちを出さない ・大人の言うことを聞く	・存在の全面肯定　生存権 ・大人がいつも側にいる ・安心，安全感，ホッとできる環境 ・あなたに会えてよかった ・乳児期初期のように温かい眼差し 　（悲しみ，苦しみへの共感，共有） ・ソフトなタッチ，声かけ
2. 少し慣れてくる	・試し行動（大人の関わりを見ている） ・言葉での表現少ない ・いたずら　暴力 ・身体症状（頭痛，腹痛）	・受け入れる　大人がいつもそばにいる ・問題行動に注目しない ・チームでの対応　話を聞く ・日常生活の枠づくり ・看護，いたわり
3. ここで暮らしていこう	・生存，生き直しの欲求が高まる ・赤ちゃん返り　甘えが出てくる ・大人にベタベタ ・大人から離れない ・2歳から3歳の発達段階へ ・反抗 ・第2次感情としての怒りの表現（思いどおりにならないと，なぐる，ける，どなる，物に当たる，自傷，飛び出し） ・過食	・人格の尊重　育て直し ・甘えを受け入れる ・反抗を受け入れる　チームで対応 ・解決策をともに考え実行 ・問題行動に注目しない ・第1次感情（不安，寂しい，苦しい，涙を流して泣く等）に寄り添う ・その年齢に合った体験を拡げる
4. 家庭の生活に慣れる	・人と過ごすことの喜び ・5，6歳の発達段階 ・ルールの理解 ・暴力がない　ときどき暴言 ・話し合いできる	・大人の考えを提示　家庭のルール ・多様な体験への環境づくり　励まし ・達成感の共有　失敗の肯定 ・子どもの行動の振り返りをともに行う ・仲間集団への導き
5. 安定した生活	・大人との考えのすりあわせ ・10歳の発達段階 ・抽象的概念の理解 ・解決志向　前向きに考える ・暴言暴力がない ・行動の振り返り	・大人チームの安定した関わり ・仲間集団活動の環境づくり ・将来像の共有 ・トラウマを癒やすセラピー等

出所：「むぎのこ職員手帳」の子ども支援部門，p.144

り，出生前診断の後，子どもに障害があるとわかると人工妊娠中絶の割合が高いものになっている実態がある。子どもがどんな状況に生まれても，そして障害のあるなしにかかわらず，すべての子どもは，命を輝かせる権利をもつ大切な子ども，大切な日本の子どもである。それぞれの子どものニーズに沿った援助の専門性が必要である。障害児である前に子どもなのである。

　すべての子どもは，国の大切な宝である。この国のすべての子どもの育ちが

保障され，守られ，差別なく平等に扱われるシステムのために，教育や高齢福祉のように日本の子どもの施策は，国全体で子どもを守り育むために包括的な仕組みになっていく必要があると思われる。少子高齢化の時代，このことをそれぞれの省庁や関係行政，子ども関係者で具体的に考えていく時期にきているのではないだろうか。

■引用・参考文献

斎藤学. (2000). 「家族」という名の孤独. 講談社.

斎藤学. (2006). 対談：斎藤学×上野圭一「死にたい心」はなぜ生まれるのか──死んで勝とうとする心理. 斎藤学ブログＱ＆Ａ.

田中哲. (2016). "育つ"こと"育てる"こと──子どもの心に寄り添って. 教文館.

テンニエス. (1957). ゲマインシャフトとゲゼルシャフト──純粋社会学の基本概念〈上〉. 岩波書店.

真に切れ目のない支援を市町村に構築するために

佐藤まゆみ

　筆者はこれまでの研究において，子どもが地域における生活を通じて生きる基盤をつくることの重要性とともに，市町村中心の子ども家庭福祉に再構築する必要性について述べてきた（佐藤 2012）。子ども家庭福祉分野の切れ目のない支援を市町村で構築することに期待する一方で，理念的・制度的・方法的に整理されていない，あるいは意識されていない課題が多い。本書が示した調査研究の成果の役割は，かなり大きいと受け止めている。

　現在，子ども家庭福祉分野でよく用いられる「切れ目のない支援」という用語は，用いる立場や領域の影響もあり，必ずしも一定の意味で共有されているわけではないのが現状だと考える。そこであらためて，本書の全体にわたって用いられている「子ども家庭福祉における地域包括的・継続的支援」の概念が，本来めざす必要のある「切れ目のない支援」であると筆者が考えていることをお断りしておきたい。したがって，筆者は同義の用語として地域包括的・継続的支援と切れ目のない支援を用いている。「切れ目のない支援」の実現に向けて，この用語を「理念的に理解するための整理」と「制度・方法的に理解するための整理」の2つの観点から考察したい。

1　理念としての切れ目のない支援

(1) 子どもの生活・育ちの「場」の連続性と切れ目のない支援

　私たちは生まれてから死ぬまで，どのような場所・形態であれ，生活の拠点をもつことになる。「今ここで」にしろ，「いずれ」にしろ，生活の拠点は人間のライフサイクルに見られるようなライフイベントによって，移動・形態の変化を伴いながらも常にどこか特定の地域のなかにあり，多かれ少なかれ人と関

わって生きてきたし，生きていく。子ども期の生活の拠点の中心は，多くの場合は家庭であり，家庭を拠点としながら子どもは行動範囲やつながりの範囲を広げていく。

心身が劇的な発達を遂げる子ども期を生きるとき，生活の拠点とその周辺環境はどうなっているだろうか。家族の規模の縮小化や機能の縮小・限定化，夫婦を基盤とした脆い関係性，ひとり親家庭やステップファミリー，非正規雇用の増加や長時間労働等の働き方，狭い社会的ネットワークと結びつきの弱さ，近隣・地域とのつながりの希薄化等，子どもたちの育ちを支える生活の拠点と周辺環境は全体的に不安定な要素を多くもっていると考えざるをえない。

網野（2002: 161）は子育てについて，単相的育児と複相的育児を定義づけている。単相的育児とは「縮小した階層関係，希薄化した近隣関係，そしてしだいに強まる核家族化のなかでもたらされる両親，特に母親による限定的な一面的な育児」とされ，複相的育児とは「多世代家族や多様な階層関係，近隣関係のなかで，両親特に母親に限らない拡大的で多面的な育児」とされている。上述のような子育ての実態は，複相的育児を困難にし，単層的育児へ変化していると考えられる。

また，小さな家庭を中心とした単相的育児のなかで育つ子どもは，大人たちとの関わりも少なく，モデルの獲得や多様な人間関係，社会性の発達，親準備性や大人準備性の機会を乏しくさせているだけでなく，特別な他者との出会いや安心していられる場所も少なくしている（網野 2002: 161）。このことから，すべての子どもの育ちの連続性のなかに切れ目があるともとらえられる。

危機に陥るリスクが大きくなった生活の拠点や周辺環境は，生活の連続性に対し，暴力や失業，貧困，人間関係の疎遠等，何らかの切れ目を生じさせ，福祉的課題と直面しうる可能性があることと結びつく。つまり，暴力や男女共同参画，労働，貧困等，必ずしも子ども家庭福祉の分野の社会資源に限って支援を完結できない可能性をもっている。このように，子ども家庭福祉の分野は，時に当該分野における領域横断的な対応を必要とするだけでなく，他の福祉分野，近接領域を超えた横断的な対応を必要とすることも可能性として考慮すべき分野といえる。

こうした支援が，子どもの家庭・家族への支援を含めた「子どもの育つ場」

の安定に関わる支援の連続性を担保すると考える。

(2) 子どもの成長・発達の「時間的」な連続性と切れ目のない支援

子どもにとって安定した育ちの「場」を獲得することは，成長・発達の連続性の基盤を確保することにもつながると考えられる。児童の権利に関する条約に見られる子どもの生きる権利や育つ権利には，「地域で」生き，育ち，育てられるということが子どもの権利として含まれる。これは，生きることそのものを包括的にとらえることを意味すると考えられる。

柏女は，子どもの身体的・心理的・社会的特性を整理している（柏女 2007: 8）。「すなわち，低年齢の児童は，①心身の発達が未分化であること，②日々発達する存在であること，③言語による表現が不十分であること，④保護者の監護が必要であること，⑤社会的発言権が乏しいこと」を挙げ，「一方，思春期・青年期の児童については，①身体の発育と変化への対応，②自我同一性の確立，③親からの心理的離乳をめぐる種々の課題に遭遇し大きく揺れ動く存在であること」を挙げ，「これらの特性は，児童に対する福祉に対し，いくつかの固有の配慮を要請することとなる」と，子どもに対する配慮の必要性について指摘している。こうした特性を見ても，子どもの成長・発達の時間的な連続性を考慮することの必要性を理解できる。

(3) 子どもの権利と切れ目のない支援

成長・発達する子どもにとっては，意見表明権や思想良心の自由の権利をはじめとする能動的権利の行使や保障の前に，一人の人として生きるために必要なものを用意し与えてもらう受動的権利を十分に保障することが不可欠である。

網野（2002: 80）は，受動的権利について「義務を負うべき者から保護や援助を受けることによって効力を持つ権利」としている。能動的権利は親や社会によって受動的権利が十分に保障されたうえで実現するものととらえられており，網野（2002: 80）は能動的権利について「人間として主張し行使する自由を得ることによって効力を持つ権利」としている。子どもの権利もそれぞれ独立した不連続なものではなく，連続性のあるものとしてとらえることが重要とい

える。

　子どもの受動的権利を保障するということは，国や地方公共団体，国民といった子どもが育つことや最善の利益について義務を負うべき者から，保護や援助を受けることで効力をもつのである。児童福祉法第2条第1項に「全て国民は，児童が良好な環境において生まれ，かつ，社会のあらゆる分野において，児童の年齢及び発達の程度に応じて，その意見が尊重され，その最善の利益が優先して考慮され，心身ともに健やかに育成されるよう努めなければならない」と規定している。

　子どもの生活・育ちの場の連続性，子どもの成長・発達という連続性とともに，子どもの権利の連続性も切れ目のない支援を考えるために不可欠といえる。

(4) レジリエンスを支える切れ目のない支援

　門永・岩間・山縣（2008）によれば，レジリエンスは「欧米の子ども家庭福祉・近接領域における，エンパワメントやストレングスの流れをくむ実践の概念」であり，「心理・精神保健の領域；『回復力』『立ち直る力』」を意味する。レジリエンスとは，「個人や環境の非常に大きな逆境にもかかわらず良好に適応すること」をいう。レジリエンスは「リスクに曝されること」と「良好な適応をすること」という2つの条件を満たす必要があるとされている。レジリエンスは，「継続的な，肯定的な適応能力を特長とするもの」であり，「生涯を通して必要なもの」とされる（ボス 2015）。

　筆者は，レジリエンスがソーシャルワークの文脈において「固定的な特性ではなく，むしろ社会的な環境とともに変化する力動的な特性」（門永 2011）ととらえられていることから，個人の内的特性にのみよるものではなく，外的特性ともあいまって「支えられる」ものであると考察してきた（佐藤 2019）。

　岡野（2009）によると，レジリエンス因子の外的な特徴を見ると「安全性」「模範となる人がいること」「支持的な人がそばにいてくれること」が示されており，レジリエンスを高めるファクターとして，生まれつきもっている本人の気質や知能も深く関わっているとされるが，「大人とのよい関係がもてていること」「指導者や模範的な先達をもつこと」等も重要であるとの指摘がある。

さらに，「子どもが支持的な他者や成長のための機会に触れることで，すぐれた機能を促進する」ような性質をもつものもあるとされ，レジリエントな状態に至った個人には「すぐれた対人関係や環境の資源が見受けられる」（門永2011）という。

　松嶋（2014）もリスクから防御してくれた要因として「家庭や地域の人々からの関わり」を挙げている。マーク・W・フレイザーらによって，リスク要因と防御推進要因の相互作用の一つに，文脈的な影響（脆弱性に影響を与える諸条件）として，子どもが所属する集団や近隣の特性や雰囲気，文化的要素が挙げられており（門永2011），子どものレジリエンスを「支える」ための防御推進要因となる公的・私的なつながりを含めた関係性や社会資源を生活の拠点のある市町村に用意することが有益であると考えられる。

　地域で生きている子どもはもちろん，直面した危機によって地域から離れなければならない事態が起きた子どもにも，子どもが生まれ育った地域や人との接点や関係性をもち続けることができる仕組みが必要である。現在の二元的な実施体制と領域別の縦割りとなっている支援システムでは，それを十分保障できない。

　子ども期のある特定の時期に，特定の専門領域だけが関わるのではなく，子ども期全体，必要があればその先まで見通した支援チームを中心として，子どもの「場」「時間」「権利」の連続性を担保できる支援が必要である。

　ここでいう支援チームの中核は専門的な社会的親である。網野（2002）によれば，社会的親とは「実の親以外の人で，恒常的，部分的，間歇的，一時的に子育てに関わる人をいう」とされ，広義には実の親以外の家族・親族も含まれる。子どもの成長・発達とともに所属が変わるため専門的な社会的親のメンバーは変わっていくが，そのときそのときを大切に子どもと関われば，子どもが「人生のどこかで良い人間関係を経験すること」（庄司2011）に寄与できると考える。

　ソーシャルワークの実践的な概念としてのみではなく，「レジリエンスを取り入れた子ども家庭福祉政策のあり方を提言していること」（門永2011）もあり，市町村中心の実施体制へと再構築する際，子どもを中心に据えた理念，実践的概念の一つとして，レジリエンスをとらえる必要があると考えられる。子

どもがレジリンスを支えられ，できる限り地域のなかで孤立せずに生きられるよう，地域のなかにいる社会的親を探し，つなぐことも必要となるだろう。これが専門的な社会的親による公的なネットワーク，拠点を子ども家庭福祉の支援の基盤とする意義であると考える。子ども家庭福祉の切れ目のない支援においては，個別の丁寧なケアマネジメントとともに，子どもと社会的親が結びつく仕掛けと重層的なソーシャル・サポート・ネットワークを構築するソーシャルワークが重要である。

(5) あいまいな喪失と切れ目のない支援

　家族の小規模化と家族機能の縮小化，危機対応能力の弱体化や役割交代の難しさ，離婚をはじめとするひとり親家庭，再婚や内縁関係に伴うステップファミリーなど，家族に起因するストレスや支援を要する状況は多岐にわたる。ポーリン・ボスは，「あいまいな喪失のモデルの概念的な基盤は，家族のストレス理論にあります」（ボス 2015）と述べている。親が「生きてはいるけれどもいない」状況は，あいまいな喪失の2つのタイプ「身体的には不在であるが，心理的に存在していると認知される場合」「身体的に存在しているが，心理的に不在であると認知される場合」（ボス 2005）の前者にあたる。これは離婚に限らず，関係性において生じる喪失と考えられる。

　ポーリン・ボスのあいまいな喪失の定義は「はっきりしないまま残り，解決することも，終結することもない喪失」（季刊ビィ編集部 2013）とされている。あいまいな喪失のモデルの根本は，「レジリエンスに重点を置いた文脈的なストレスという視点にあります。……クライアントが自らのレジリエンスを高めることによって特有のストレスや不安とともに生きられるようになることだということです」。そして，「あいまいな喪失の場合，このレジリエンスは特に必要となる」と指摘している（ボス 2015）。あいまいな喪失とともに生きていくうえで力となるもののなかに，「新たな役割をもつ」「新たな関係を育てる」といった，新しい関係性によるものが含まれており，先述のように子どもが身近な地域のなかで社会的親に出会ったり，ソーシャル・サポート・ネットワークと関わり合って生きていくことの有用性を示唆していると考えられる。

（6）子どものイノセンスと切れ目のない支援

　子どもにとって，その生活拠点や周辺環境の抱える課題や問題から受ける心身への影響が大きいことはいうまでもなく，「自分のせいではない」「自分にはどうすることもできない」という意味で，子ども家庭福祉において支援しようとしているニーズそのものが，そもそも子ども本人の責任に帰することが難しい事態によって生じていると考えられる。

　芹沢（1997: 21）は，「生まれてくる子どもは，自分が生まれるべきか否かを考えたり，選んだりすることができない。もうひとつ，生まれてくる子どもは，自分の身体及び性を選ぶことができない。もちろん生後に親によってつけられる名前さえも選べない。生まれてくる子どもはこうした幾重にもわたって受身であることは確かである。この根源的な受動性をイノセンスと呼ぶ」としている。

　生まれてくる子どもたちに生活の場や周辺環境を含む場や条件を整備することを求めることができない以上，子どもが安心して生まれ，育つための体制づくりは社会の問題であり，課題である。それを実現することが児童福祉法第2条第1項の意義であり，本人の責任に帰することができない諸課題を社会全体で支え合おうとする社会連帯を次世代育成支援に盛り込んだ意義と考えられる。

2　制度・方法としての切れ目のない支援

（1）「孤立」と切れ目のない支援

　子どもと家庭の生活の連続性に何らかの切れ目ができるときを理解するために，生活困窮者支援や高齢者福祉，障害者福祉等でも大きな課題に挙げられている「孤立」に着目して見てみたい。地域共生社会の構築においても「孤立」は大きな課題として取り上げられているが，「孤立」という言葉は用いる人間や立場によってさまざまな解釈がされていることが多い。たとえば「高齢者の社会的孤立」については，小辻（2011）によって，①雇用労働者化の進行に伴う世帯構成の変化，②家族・地域関係の変化，③低所得問題，④政策による医療・介護環境の変化がその論点であるとされており，子ども家庭福祉にも参考

になる。

　ここでは，複数の要因が挙げられている実態を踏まえつつ，社会的孤立ではなく孤立という言葉を用いる。子ども家庭福祉での「孤立」とは，「子どもの育ち・生活の拠点である家庭とその周辺環境において，関わる人や資源が少なくなり，つながりと付き合いが狭く小さくなったことによって，危機に直面したとき対応しきれず生活そのものが立ち行かなくなり，結果的に子どもの育ちや生活に切れ目ができること」という意味で使う。「孤立」に関して，援助を拒否することによるものを含むことがあるが，子どもや家庭が拒否する・受け入れるという状況は，ここでは別の課題ととらえた。

　「子ども虐待による死亡事例等の検証結果等について（第9次報告）」（厚生労働省 2012）から，そのリスク要因の一つに「孤立」が加えられた（もちろんそれまでにも地域社会との接触がほとんどない，乏しいといった指摘はすでにあった）。「子ども虐待による死亡事例等の検証結果等について（第15次報告）」（厚生労働省 2019）において，第5次～第14次報告までの「転居」事例に焦点を当てて分析したその考察の一つに，「転居により今までの社会的支援が途切れた中で，新しい家族関係を構築する等，家族に大きなストレスがかかっている状況であること，社会的な支援の希薄さや，社会的な孤立が深まっていることが想像できる」とし，こうした家庭への切れ目のない支援の必要性が示されている。

　第15次報告書では「転居」に着目しているが，こうした生活拠点の物理的な変動はライフイベントによっては特別なことではない。しかし，それでも生活は連続していくため，それまで関わってきた人間との別れや疎遠になるという関係の切れ目をつくり，孤立につながる要因となっていることは見過ごすことはできない。

　「孤立」は，特定のニーズのある子どもや家庭だけに起きていることではなく，すべての子どもや家庭が何らかの拍子に「孤立」する可能性も考えておかなければならない。特に，2016年の国民生活基礎調査の結果を見たとき，単身世帯や夫婦のみ世帯の割合が増加し，核家族が最も多い。一方で，全世帯に占める三世代世帯の割合が5.9％しかいないという現在の世帯構造の変化を考えれば，生活拠点である世帯の構成メンバーが減り，その周辺の環境が小さく関係が希薄になっていることは，人間の生活に共通する福祉的課題と考えられ

る。「孤立」は，子ども家庭福祉分野の領域を問わないだけでなく，どの福祉分野であるかさえ問わないといえる。何かの拍子に生活が分断されてしまわないためにも，切れ目のない支援が果たす役割は大きいといえる。

(2) 制度の縦割りを超える「拠点」と切れ目のない支援

　子ども家庭福祉分野が，都道府県と市町村という二元的な実施体制で行われていることについて，本書では言及してきた。現在，子ども家庭福祉分野にはいくつものネットワーク，プラットフォームが形成されているが，多くは領域ごとのものである。それは，障害児，母子保健，要保護児童，不登校やひきこもりなど，個別の領域を土台としたものであり，切れ目のない支援は受け入れられるかもしれないが，必ずしも分野横断的に対応する資源とはいいきれず，個別のケアに関わるマネジメントや情報共有が中心と考えられる。

　要支援児童や特定妊婦に関しても，市町村の要保護児童対策地域協議会（以下，要対協）の活用が図られているが，多くは支援方針の決定や役割分担，進行管理などの個別のケアマネジメント機能を中心に担っていると考えられる。

　現在整備されつつある市区町村子ども家庭総合支援拠点（以下，法定拠点）には，そうした領域別・縦割りのネットワークやプラットフォームを超えて，人口規模ごとの特徴を理解した整備が必要であることを踏まえ，各市町村域の関係者に「切れ目のない支援」のとらえ方や視点を提供し，共通認識を図るような調整機能を担うことが期待される。

　切れ目のない支援は，子どもと保護者の「今ここで」の生活と「その先に続いていく」生活のために行われるものであり，子ども家庭福祉分野において領域横断的にするだけでなく，保護者の障害や疾病，貧困や失業など，時には子どもと大人の分野を横断しなければならない場面も想定される。

　そのため，地域包括的・継続的支援の拠点は，要対協をはじめ支援対象を限定して対応する既存のネットワークやプラットフォームを一つの社会資源として活用する視点をもち，地域にある社会資源を分野問わず把握・整理して，ニーズのある子どもや家庭に届ける支援の全体を，子どもの育つ「場」「時間」「権利」を踏まえてコーディネートできるソーシャルワーク機能が必要と考える。

(3) ネットワークをつむぐ方法としての切れ目のない支援

　市町村における子ども家庭福祉の地域包括的・継続的支援（切れ目のない支援）体制が構築されることは，子ども期に社会的親となる大人たちとの関わりを多くつくり，複相的育児を可能にする実施体制を構築することにつながる。先述の「孤立」を防ぐ意味でも，子どもが親以外の大人と関わる機会を通じて，安全基地の形成や再形成が可能となるよう，また保護者が他者とのつながりをつくれるよう，市町村における専門職を含めた分野横断的なネットワーク型の援助を活用していくことが必要である。

　しかし，そのネットワークにつなぐことが目的になることは防ぎたい。専門職から見れば，そのネットワークはケースの進行管理やマネジメントをするための社会資源の一部であって，そこで援助を検討することは地域での生活を継続していくための一つの方法であり，選択肢だと考えられる。このネットワークは，この時点で子どもや家庭にとっての公的なネットワークではあるが，本人たちは活用する主体になっていない。要対協などの公的なネットワークは「何かが起きたとき」あるいは「起きないために」活用するのだが，その活用の主体は専門職や関係機関であろう。

　子ども家庭福祉分野の実際は，実施体制が分断され，かつ縦割りの領域別となっている。実施体制や領域を超えて，専門職や関係機関の全体を把握しつつ，子どもや家庭の状態に合わせて何が活用できる資源であるかを専門職や関係機関に対しても示すことができる機能が重要となる。それが，社会資源同士の継ぎ目と継ぎ目をつなぎ合わせるハブとしてのソーシャルワーク機能といえる。

③ 切れ目のない支援システムをつくるために

(1) 切れ目のない支援を実現するための三層構造

　本書において記述してきた質問紙調査やインタビュー調査の結果を踏まえて，切れ目のない支援を整備するにあたっては，以下の3点を重層的に実現することが必要と考えられる。

①具体的な支援方針・サービス提供を含めた個別のケアマネジメント，②要対協や各領域のネットワークを活用し，市町村内の複数の区域での進行管理を含めたケアマネジメント担当拠点，③市町村全体の社会資源を把握・コーディネートできる地域包括的・継続的支援のソーシャルワーク担当拠点の3つである。

　①は地域の各施設・機関，専門職が担当する子どもや家庭に対する個別具体的な相談援助とそのケアマネジメント機能，②は中学校区程度の範囲の区域における支援やケアマネジメントが効果的に，継続的に実施されているかどうかを進行管理するためのマネジメント機能，③は①や②に対する全体的な社会資源の把握・情報提供と調整，困難なケース対応に関わるアセスメントから終結等に対するスーパービジョン，コンサルテーション等を含めた包括的なソーシャルワーク機能である。市町村内の区域の数や広さによって，一つである必然性はないと考える。重要なことは，①〜③は市町村における切れ目のない支援のために，それぞれが同時に必要だということである。実践としては支援対象に直接関わる①のレベルが中心であり，そのマネジメント機能に対して支援するのが②のレベル，そして全体の包括的支援を担当するのが③という関係にある。

　現状では，市町村には一時保護や措置の権限はない。また，法定拠点が想定している目的や役割，職員配置から考えれば，③の拠点に対して困難事例に特化した具体的対応を求めることは，権限もない市町村においては，より現場での対応を困難にするように思われる。市町村子ども家庭支援指針や児童福祉法に基づいて児童相談所との役割や権限の違いを認識したうえで，市町村がもともともっている強みを活かした支援を整理する方が，切れ目のない支援を現実的に構築しやすいのではないかと考える。

(2) 人間の生活と一生を見通した支援が「常にともにある」状態にする

　筆者は，子どもや家庭が「自然に」援助につながっていくことが重要だと考えてきた。すべてを継ぎ目のないシームレスな状態にはできないかもしれないが，子どもと家庭の生活の一部への支援をするのではなく，人間の生活全体の連続性に切れ目を生じさせないための支援をめざしていくことはできると考え

る。援助者や関係機関が子どものニーズに合わせて急に登場するのではなく，人の生活と一生を見通して子どもやその家庭と公的な支援ネットワークが「常にともにある」状態にして，必要に応じて一緒に取り組めるようにすることが大切である。相談援助やサービスを利用するハードルを下げるには，それらが生活のなかにあたりまえに存在していることが必要であろう。

　そのためには，相談やサービスの利用そのものが，生活のなかで困難に取り組むための選択肢になるようにする必要がある。専門家に相談すること，サービスを利用することがあたりまえになっていないと，困難な状況に直面しても，それらは課題に取り組むための選択肢にはなりえないと考える。

　継続的な支援には，子どもが生まれる前・妊娠期からの母子保健分野での保健師等による支援，子どもが生まれてから一番支援を必要とする（受けたい）時期から保護者に寄り添って子どものために何が必要か，最善かを一緒に考えていくことが必要になる。それには，たとえば各分野の専門家と子育て支援コーディネーターがタッグを組んで，包括的な支援となるようケアマネジメントすることが必要になる。このとき，保護者や子ども自身が相談の仕方やサービスの受け方を知ることができること，協働して課題と向き合うパートナーであることを理解できるための支援も重要だと考える。担当者が交代しても，次に相談やサービスを必要とした際，支援にアクセスしやすくなるためである。

　子どもと家庭の状況に応じて，要対協などネットワークを活用し，地域のなかで把握して進行管理する。子どもの成長に合わせて，ソーシャルワーク機能を活用した包括的な支援と連動しながら進めていくことで領域の切れ目を埋めることができると考える。

　包括的な支援には先述の切れ目のない支援を実現するための三層構造を踏まえるほか，生活のなかで相談や福祉サービスの利用が選択肢になること，地域包括的・継続的支援の拠点においてソーシャルワーカーが社会資源と子どもや家庭をつなぐために，専門職や専門機関同士をもつなぐハブの役割を担い，子どもの育つ「場」「時間」「権利」の連続性を見据えたソーシャルワークを展開することが期待される。これらが同時に展開されて初めて，切れ目のない支援になっていくものと考えられる。

　今後も，他の分析枠組みを用いてさらなる分析をしつつ，まずは子ども家庭

福祉における支援の切れ目をつなぎ，真に切れ目のない地域包括的・継続的支援の構築に向けて考えていきたい。

■**引用・参考文献**

網野武博. (2002). 児童福祉学――〈子ども主体〉への学際的アプローチ. 中央法規出版.

新たな子ども家庭福祉の推進基盤の形成に向けた取り組みに関する検討委員会. (2014). 子どもの育ちを支える新たなプラットフォーム――みんなで取り組む地域の基盤づくり. 全国社会福祉協議会.

ボス，ポーリン (著)，南山浩二 (訳). (2005).「さよなら」のない別れ　別れのない「さよなら」――あいまいな喪失. 学文社.

ボス，ポーリン (著)，中島聡美・石井千賀子 (監訳). (2015). あいまいな喪失とトラウマからの回復 ――家族とコミュニティのレジリエンス. 誠信書房.

フレイザー，マーク・W (著)，門永朋子・岩間伸之・山縣文治 (訳). (2009). 子どものリスクとレジリエンス――子どもの力を活かす援助. ミネルヴァ書房.

門永朋子. (2011). 子ども家庭福祉実践におけるリスクとレジリエンスの視座の可能性. 子ども家庭福祉学, *10*, 1-10.

門永朋子・岩間伸之・山縣文治. (2008). 子ども家庭福祉実践における「リジリエンス」の可能性――マーク・フレイザー (Mark W. fraser) らによる概念整理を通して. 日本子ども家庭福祉学会第9回全国大会当日配布資料, 47.

柏女霊峰. (2007). 現代児童福祉論 [第8版]. 誠信書房.

柏女霊峰・佐藤まゆみ. (2017). 共生社会創出のための子ども家庭福祉サービス供給体制――子ども家庭福祉における地域包括的・継続的支援をめざして. すべての子どもが日本の子どもとして大切に守られるために. 平成28年度日本財団助成事業報告書.

季刊ビィ編集部. (2013). 特集「あいまいな喪失」にどう向き合うか　PART1 来日公演ポーリン・ボス博士が提唱すること. 季刊ビィ, *29*(1), ASK, 9-14.

小辻寿規. (2011). 高齢者社会的孤立問題の分析視座. Core Ethics, *7*, 立命館大学大学院先端総合学術研究科, 109-119.

松嶋秀明. (2014). リジリアンスを培うもの――ハワイ・カウアイ島での698人の子どもの追跡研究から. 児童心理, *68*(11), 40-45.

岡野憲一郎. (2009). 心的外傷とレジリエンスの概念. トラウマティック・ストレス, *7*(2), 52-60.

佐藤まゆみ. (2012). 市町村中心の子ども家庭福祉――その可能性と課題. 生活書院.

佐藤まゆみ. (2017a). 子どもが育つ生活の舞台とその土台を考える――市町村中心の子ども家庭福祉. 世界の児童と母性, *82*, 資生堂社会福祉事業財団, 36-42.

佐藤まゆみ. (2017b). 市町村における子ども家庭福祉行政実施体制の評価と課題. 和洋女子大学紀要, *57*, 119-131.

佐藤まゆみ．(2018)．市町村中心の子ども家庭福祉の必要性に関する一考察——子どものレジリエンスに着目して．日本子ども虐待防止学会大会抄録集．日本子ども虐待防止学会．

佐藤まゆみ．(2019)．市町村を中心とする子ども家庭福祉行政実施体制の必要性に関する研究——子どものレジリエンスと社会的親に着目して．和洋女子大学紀要, *60*, 97-108.

佐藤まゆみ・永野咲・柏女霊峰ほか．(2018)．地域包括的・継続的支援体制の実現のための子ども家庭福祉行政のあり方に関する研究（その2）——質問紙調査のクロス集計結果から．日本子ども家庭福祉学会第19回全国大会抄録集（pp.94-95）．神奈川県立保健福祉大学．

佐藤まゆみ・柏女霊峰・永野咲ほか．(2019)．地域包括的・継続的支援体制の実現のための子ども家庭福祉行政のあり方に関する研究（その4）——人口規模毎に拠点に重要な機能に関する分析と考察．日本子ども家庭福祉学会第20回全国大会抄録集（pp.68-69）．立命館大学．

芹沢俊介．(1997)．現代〈子ども〉暴力論（増補版）．春秋社．

社会保障審議会児童部会「新たな子ども家庭福祉のあり方に関する専門委員会報告（提言）」（平成28年3月10日）．厚生労働省．

庄司順一．(2009)．リジリエンスについて．人間福祉学研究, *2*(1), 関西学院大学, 35-47.

庄司順一．(2011)．子ども虐待．家庭的保育研究会編　家庭的保育の基本と実践（改訂版）——家庭的保育基礎研修テキスト（p.185）．福村出版．

総務省統計局．(2016)．平成27年国勢調査世帯構造等基本集計（母子・父子世帯，親子の同居など）．https://www.e-stat.go.jp/dbview?sid=0003193700（参照2018.1.17）.

あとがき

　子ども家庭福祉全体における地域包括的・継続的支援に関する類書はあまり例がない。それは，子ども家庭福祉分野における地域包括的・継続的支援の実現のためには，マクロ，メゾ，ミクロのそれぞれのレベルにおける改革が必要とされるからなのであろう。

　幸い，本書の執筆者は研究者，実務家のバランスがとれており，また，マクロ（藤井，柏女），メゾ（北川，柏女），ミクロ（北川，藤井，柏女）それぞれのレベルで実践を積み重ねてきた者が，若手研究者2名と，対話と討議を積み重ねるなかで，基本的方向性において一致を見ながら進めていくことができた。5名が所属した「日本の子どもの未来を考える研究会」における研究者，政策立案の実務家，福祉臨床の実務家など幅広いメンバーによる意見交換も大きな影響を与えた。いわば，研究者，各レベルの実務家の共同作業が，本書を実現に向かわせたといえ，本書の編集自体が包括的支援の壁を乗り越える作業の一環であったといえるのだろう。

　それでも，本書の筆致は研究者と実務家とでは微妙な違いがある。また，同じ実務家でも，政策立案者のそれと福祉臨床家のそれとでは異なるものがある。読みやすさを重視するという点では，編者として筆致を統一する方がよかったかもしれない。しかし，本書においては，あえて各執筆者の筆致，筆調を尊重することとした。その方が，本書にふさわしいと判断したためである。

　研究会で調査を担当した若手研究者が調査報告と考察を行った。学会では普通の調子である。しかし，実務家には「何を言っているかちっともわからない」「実態と違う」などとすこぶる不評であった。実務家からの意見は，その地域の特性を踏まえた個別具体的な事象から実感される意見であり，研究者の報告はそれらを捨象し，研究上大切とされる概念を用いた報告であったからである。正式な報告会では，できる限り，それらのズレを克服する努力がなされ，質問の時間も多く設けた。

　研究者の使命は抽象化による法則定立である。一方，実務家の使命は個別的

な具体性である。また，政策立案の実務は「制度的福祉」に属する事柄である。しかし，福祉臨床家のそれは「臨床的福祉」に属する部分であり，両者は「制度」を媒介として相対する関係にある。本来はその相互翻訳が必要とされるが，それは編者の力量を超えることであり，また，安易な翻訳による誤解を避けることが必要と思った次第である。地域包括的支援による多職種連携や専門職と地域の人々との対話も，お互いを理解しようとする努力のなかに成立すると考えたい。

　本書を出版するにあたっては，四者の方々にお世話になった。まず，第一に，社会福祉法人麦の子会に心から感謝したい。麦の子会がこのような企画を提案しなければ，本書は生まれなかった。法人の先見の明に敬意を表するとともに深く感謝したい。第二は，麦の子会が設置した「日本の子どもの未来を考える研究会」の22名（執筆者5名を含む）の方々である。紙幅の関係で一人ひとりのお名前を挙げることはできないが，研究会の内外で皆様方からいただいた意見や実践報告が私たちの今回の報告に活かされていることを実感している。貴重なご助言を頂戴したこと，本書の執筆を5名が代表して行うことについてご了解いただいたことに心から感謝したい。

　第三に，2か年にわたって貴重な助成をいただいた公益財団法人日本財団に心より感謝したい。特に，公益事業部の高橋恵里子氏には，助成後も研究会の運営や成果報告会の準備などに心を砕いていただき，そのことに私たちがどれだけ励まされたか計り知れない。心より感謝申し上げる。そして，最後に，本書の出版をご快諾いただいた福村出版の宮下基幸社長，ならびに直接丁寧な校正等をしていただいた小山光氏に心より感謝申し上げる。

2019年11月

柏女霊峰

巻末資料

2019 市町村の取り組み

本書では，第3章において質問紙調査とインタビュー調査の分析結果を示したが，具体的事例の紹介は巻末資料につけることとした。市町村において切れ目のない支援を実現するために，具体的にどのような工夫が可能であるのかに対する関心が高い読者も多いと思われる。

　以下の取り組みは，「日本の子どもの未来を考える研究会」が地域包括的・継続的支援に前向きな10自治体に対して実施したインタビュー調査結果と，新たに同様の自治体1か所の取り組みを加え，子どもと家族のために実践されている仕組みや工夫，姿勢等のエッセンスに注目してまとめたものである。なお，10自治体の人口規模は2016年4月1日現在，新たに加えた自治体は2019年4月1日現在の情報に基づき，参考のため示している。

　ここには，切れ目のない支援のために取り入れていただけそうなアイディアやヒントが多数散りばめられている。ぜひ本文とあわせてご参照いただきたい。

出所：日本の子どもの未来を考える研究会（2018）「市町村の取組み紹介」『すべての子どもが日本の子どもとして大切に守られるために――平成29年度日本財団助成事業報告書』日本の子どもの未来を考える研究会（麦の子会設置・柏女霊峰座長）　pp.37-73を，佐藤まゆみが一部修正

（佐藤まゆみ）

地域既存施設の有効活用

1．子ども家庭支援の拠点として，閉校になった小学校を活用

自治体情報	
人口規模	面積
5万人未満	約100km^2

　現在，子ども家庭福祉の支援拠点となっているセンターは，公営幼稚園／公営保育園／子育て支援センターの3つの機能を統合した，自治体で唯一の乳幼児向け施設である。

　閉校した築10年の小学校を利用し，老朽化した幼稚園・保育園を一つの建物へ移した。少子化という背景と，施設管理などの負担の軽減，子どもたちも一緒に上がっていけて，支援者が0歳～小学校入学前までをずっと見ていける体制づくりにも適していた。校舎は国の補助金利用で建設したため，閉校により補助金を返還しなければならなかったが，幼稚園を残したことで有効活用できている。体育館，校庭もあり，部屋数や面積も十分確保できる。トイレ，部屋の一部は開設前に改修を行い，乳幼児向けの環境にした。幼稚園と保育園の境界は，防火扉を利用し，利用面積を割り振りしている。

　職員は，9割が幼稚園の教員免許と保育士資格をもつため，配置基準を満たしつつ，実務上では兼務することで効率化を図っている。

　施設内では幼稚園と保育園の園児同士が年間行事や合同保育を通じて交流し，通園していない子どものために月1～2回の頻度で子育て支援サークルが開催され，地域の老人クラブと年間行事を楽しむなど，地域に開かれた施設として親しまれている。

【現在の取り組み】
　幼稚園と保育園は，管轄省庁も異なり，必要な事務作業などが異なるため，業務効率化のために「こども園」化を検討。

2．地域の空き家活用

自治体情報	
人口規模	面積
10万人以上 30万人未満	100km^2 未満

近年，メディアにおいても「空き家問題」がしばしば取り上げられる。日本各地で増加する空き家は，放置されると，メンテナンス不足による倒壊などの危険や害獣・害虫の温床になりやすく，不衛生な状態になりやすいこと，また治安上の不安をもたらすなど，さまざまな問題が指摘されており，国や自治体が対策を講じている。

当該自治体では，国の補助金も利用し，地域の空き家をNPO法人に貸し出しを行っている。

貸し出された空き家は，乳幼児とその保護者のために地域に開かれている。交流，情報交換，友だちづくりができるほか，季節のイベントや保護者向けの講座も開催される。住宅地のなかにこのような交流の場があることで，利用者が気軽に何度も足を運べるという利点もあり，子どもとその家族が利用できる行き先のバリエーションの一つとして大切な地域資源となっている。

3. 保健センターを拠点として有効活用

自治体情報	
人口規模	面積
30万人以上	約300km^2

当該自治体の保健センターは，保育所などの施設の担当課，手当など子育て支援の担当課，家庭児童相談室，児童発達支援センター，母子保健，障害福祉課（成人）が棟続きの建物に統合されて配置されている。保健センターを拠点とするメリットは，駐車場・面接スペース・プレイルームなど，建物に求められる機能がすでに揃っていること。ペアレントトレーニング実施など，保護者支援も同施設内で行う。

利用者にとっては，保健センターに出向けば，さまざまな手続きや情報提供を受けることができるという点で，このような子育て関連窓口が集まっているのはメリットが大きい。支援の担当者にとっても，関係者が近い場所にいることで，対面での情報交換も支援の動きも迅速に行うことができる環境になっている。

【現在の取り組み】

子どもたちがよりよい就学を行うために，就学前相談や，就学前相談を踏まえて学校現場と調整する機能をもつ他部署と関係者間でデータ共有を行っている。就学にあたっては，保護者の不安を軽減することも重要ととらえている。

教育と福祉の連携

1．教育委員会の機能充実

自治体情報	
人口規模	面積
5万人未満	100km² 未満

　当該自治体では，母子保健，障害関係を除き，子どもに関わる行政の担当を教育委員会の配下に置くという方針をとった。この決断を行った当時，それまで福祉部門で担当していた公立保育園を民営に移管している。

　地域では，就学前の子どもたちは，0〜2歳まで私立の保育園に通い，3歳〜就学前は公立幼稚園に通う。幼稚園としての教育標準時間は8時半〜16時であるが，就労している保護者のために，朝7時半〜8時半までと16時〜19時まで延長保育を実施して子どもを預かる。自治体の方針で，幼稚園標準部分は無料で利用可能。保護者は給食費と預かり延長保育の部分を利用料として負担する。

　小学校の校区と幼稚園の通園エリアを完全一致させているため，同じ地域の子どもたちが3歳〜小学校まで一緒に一日過ごせることと，保護者の費用負担が少ないことで，保育園から幼稚園へ移ることへの抵抗はない。

　自治体内の3つの小学校区それぞれにスクールソーシャルワーカー（以下，SSW）を1名配置し，園や学校で発生したこと，保健師が預かる問題，児童相談所（以下，児相）が関係する事案などの情報が所属の相談センターに集約されるようにしている。

【現在の取り組み】
　幼稚園は，現在「こども園」として運営されている。

2．子どもに関する行政サービスを一つの課に集約

自治体情報	
人口規模	面積
5万人以上 10万人未満	約100km²

　当該自治体では，教育委員会の配下に子どものための行政サービスを行う課を配

置。この課では，家庭児童相談，保育所など子ども・子育て支援施策担当係，児童手当関連，社会教育や育成会を各係が分担する。ここで現在主力となっているのは，元教職員。現在の立場は嘱託職員で，教育長の一本釣りにより任命された。人脈と経験を活かし，福祉と教育の連携がスムーズに取れるよう力を尽くしている。相談員として活動するための相談のテクニックなどは，都道府県も研修を充実させており，身につける機会が多く設けられている。できていることをほめる・否定しない・保護者の話を十分に聞くなどを行うことで，相談の糸を断ち切らないようにし，家庭支援までつなぐことで最終的に子どもの支援になることをめざす。丁寧に話を聞くと8割くらいの保護者は解決へと向かう，というのが現場の実感だという。相談支援のテクニックのほか，多様な行政サービスに関する知識や提供のノウハウについては，庁内の他部署との連携によって利用者の困り感の払拭に努めており，職場内の風通しのよい雰囲気がそれを後押ししている。

　福祉以外の現場経験を積んだ人材の人脈・経験を活かしつつ，研修や実際の支援を通じてスキルアップを図り，地域の子どもたちとその家族を支えている。

3. 現職教員を福祉職に派遣

自治体情報	
人口規模	面積
10万人以上 30万人未満	100km² 未満

　当該自治体の子ども・児童に関する相談窓口は，職員約20名体制で運営される。ケースワーカーは，現職の中堅クラスの学校教員が教育委員会から派遣されている（実際には一度退職し，自治体で一定期間雇用）。教員のスキルアップも兼ねた取り組みだという。相談部門には心理士も配置。その他，社会福祉士，精神保健福祉士，保育士，幼稚園教諭，生活保護のワーカー経験者，児童相談所勤務経験者などが在職。

　現職教員の福祉職派遣については，基本の任期は3〜4年で設定し，教育現場へ復職する前提。学校とのやり取りの仲立ちとしても活躍する。虐待スキルや面接スキルを磨くために，児相のスキルアップ研修を受講したり，児童福祉司の任用資格研修にも参加する。復職予定の元教員であるために，学校側も安心感をもって協力してくれる。福祉職の役割上，学校へ改善を求める場合もあるが，使命感をもって毅然と実行してもらえている（例：DV避難の子どもにクラスでお別れ会をするなど安全に関わる情報漏れが懸念される場合）。

子どもたちへ「いのちの授業」

1．自分の命と相手の命を大切にするための授業

自治体情報	
人口規模	面積
5万人未満	約100km^2

　当該自治体では，小学4年生から中学3年生までの児童生徒に対し，自分の命が大切なものであること，相手の命も自分と同じく大切であることを学校授業のなかで教える。始まりは自治体の福祉担当係の起案によるもので，自殺対策も兼ねているという。

　授業を受ける子どもたちの発達の段階に合わせて，教育課程に「赤ちゃん抱っこ経験」など実習も含めたカリキュラムが設定される。カリキュラムの作成は，各学校の学年の先生と養護の先生が微調整しつつ行い，小学校と中学校で取り扱う内容のつながりにも配慮する。

2．中学校で「赤ちゃん」とふれあう授業

自治体情報	
人口規模	面積
5万人以上 10万人未満	約200km^2

　自治体の福祉担当課と子育て支援センターが連携して，自治体職員と子育て支援センターを利用する母子が中学校に訪問し，中学生が赤ちゃんとふれあう授業を開催している。対象は中学3年生。福祉担当課が実施する性教育の一環として行われており，「いのち」の大切さを伝える場になっている。

子どもたちの健康を守るために

住民の健康課題に継続的に取り組む

自治体情報	
人口規模	面積
5万人未満	約100km²

　およそ20年前より，毎年，自治体内の住民がそのとき抱える課題を検討し，正しい知識の呼びかけや教育を行い，評価する取り組みを行っている。主体となっている会の会長は自治体の首長。副会長が教育長。その他，各学校長，養護教諭，栄養士，自治体の福祉担当課の保健師，教育担当課で構成されている。

　以前は多かった自治体内のう歯も，現在は3歳児でほぼ全員ゼロになった。保護者が子どもの口腔ケアをしっかり行っているということの結果であるが，これは単に衛生状態がよいということだけでなく，子育ての意識や姿勢の向上とリンクしているのだという。

　母子に対し，妊娠中から出産・育児のいろいろな場面で，衛生・食生活などそのときに合った健康課題について教育する取り組みや，保育園・幼稚園・小学校・中学校・高校までをも含めて，健康とケアについての正しい知識と生活習慣を身につけるためのサポートを行っており，住民全体の健康を守るために大きく貢献している。

障害があってもなくても，大切な地域の子どもたち

1．みんな一緒に地域で育てる

自治体情報	
人口規模	面積
5万人未満	約100km²

　自治体内の乳幼児保育施設では，障害のある子ども1名（発達遅滞・精神）も，そうではない子どもたちと一緒のクラスでともに過ごす。サポートの先生が1人配置され，日々の保育や地域との交流をする年間行事イベントにもすべて参加する。

　地域の小中学校には特別支援級があり，必要な場合はサポートを受けられる。

　自治体内での障害に関する相談は，保健師が窓口になり，近隣自治体のドクターや専門職，各種教室も活用し，必要に応じて都道府県にもつなぐ。少し離れたところには，障害福祉施設があり，そこの相談支援のコーディネーターとも連携する。

2．障害児のための介助員確保

自治体情報	
人口規模	面積
5万人未満	100km² 未満

　自治体内の乳幼児施設では，基本は障害児も一緒に保育。例外として，特別な設備や介助を要する医療的ケアニーズ，自治体エリア外の専門機関に通園の場合がある。障害児のために，自治体は乳幼児施設と小中学校に介助員を雇用し配置している。乳幼児施設と小中学校介助員の人数は，毎年，自治体の委員会で見直しをし，必要人数を確保する。自治体の考え方として，障害があってもなくてもみんなで一緒にここで育っていくという方針があるので，サービスの利用についても保健師，子ども家庭相談センター，社会福祉協議会の三者が情報連携しつつ，当事者とその家族とともに適切に考えていく。

1．スクールソーシャルワーカー（SSW）の担い手

自治体情報	
人口規模	面積
5万人未満	100km² 未満

　自治体では，現在3名のSSWを配置している。SSWの担い手になっているのは，元大学助教授で社会福祉士と精神保健福祉士の有資格者，元公立幼稚園園長，保健師で養護教諭有資格者である。一見多彩な経歴にも見えるが，学識・現場経験・国家資格など実際の支援に役立つ知識や対人スキルなどの経験値が大いに高く即戦力となる人材をうまく活用している。

　その他，自治体では地域の保健師，臨床心理士とも契約を結んで専門分野を補う。保健師は，公的機関に長く勤務した後，子どもとその家族への支援について全国のいろいろな施設を実際に訪問して研究した経歴の持ち主であるため，その知識と経験を見込んで，月に3回のスーパーバイズを行ってもらっている。臨床心理士は，中学校に設置した相談スペースで月に2～3回保護者や生徒本人からの相談を受けたり，幼稚園や小学校に上がる際に心配があるときの見立てや発達検査を行い，必要に応じて医療機関の受診につなげるなどする。また，乳幼児と保護者のために開催される保健センター内での子育てサロンに年に2回ほど入り，行動観察や保護者との面談にも対応する。

　この自治体では，即戦力になる人材の登用とともに，難しいケースにも対応するためのスーパーバイズや専門分野を委託で補い，支援体制を整え続けている。

2．嘱託職員の活用

自治体情報	
人口規模	面積
5万人以上 10万人未満	約100km²

　自治体全体として，3分の2が嘱託職員である。経験が豊富で，よい意味でのおせっかいをやいてくれる職場環境をつくっている。学校関係（教職員）のほか，行政

職の退職者も人材として活用されている。庁内の連携がよいことで，業務が効果的に進むという。

　たとえば，子ども家庭福祉の主管課は他の課とも日々連携しているが，利用者も複数の窓口で手続きする必要がある場合がある。こんなときは担当者が申し送りし，子ども家庭福祉主幹課での手続きをしている間に，フロア違いであっても，次の手続きのために必要な課が利用者を迎えに来てくれることもある。また，利用者本人がまだ自分の困り感を整理できていないときでも，行政サービスによってそれを軽減できそうな場合には，課同士が連携し対応する。住民の困り感に対し，それぞれの課が利用可能な行政サービスの情報を提供し，解決の糸口を探るという雰囲気が庁内に行き渡っているのは，経験豊富な職員が「よい意味でのおせっかい」をやいて，適切に情報連携しながら業務を進めていることが大きい。

３．保育士のスキルアップ／虐待対応のケースワーカー育成

自治体情報	
人口規模	面積
30万人以上	約300km^2

　当該自治体では，公立の保育所がいろいろな背景をもつ子どもを保育する役割の重要性に配慮し，保育士のスキルアップに取り組んでいる。具体的には，現職の保育士を２年程度，自治体の子ども家庭福祉担当課に配属し，対人援助の方法や発達障害を抱える子どもたちへの関わり方，子育て支援の教室の企画運営などを経験してもらい，保育現場に戻す。中堅クラスの副所長候補やそれが期待される人を対象に実施されており，視野を広げ，制度や政策を知ってもらい，保護者への個別援助（相談対応）のスキルを身につけてもらうことで，現場に戻ってから若手育成に活かしてもらいたいというねらいもある。

　また，虐待対応のケースワーカーの育成にも力を入れており，社会福祉主事を配置し，育成している。社会福祉主事が，児童虐待のケースワークを２年経験し，特定の研修を受けると，児童福祉司の任用資格が得られるため，大いにスキルアップにつながる。その他，虐待対応には，生活保護のケースワーカーや経験者を積極的に配置する。関係機関との調整や現地訪問，個別援助などの基本動作が身についている強みがあるのだという。生活保護のケースワーカーの業務もメンタル面での負担が大きいので，負担軽減の意味でも取り扱う内容に変化をつけるという試みでもある。

4．有償ボランティアの活用

自治体情報	
人口規模	面積
30万人以上	100km² 未満

　当該自治体では，有償ボランティアを積極的に活用する。ここでは2種類のボランティアを紹介する。

　一つは，直接子どもを支援するボランティアサービス。ボランティアが1〜3時間，子どもと遊んだり話を聞いたりする。場所は，家庭や児童館や図書館や商業施設などいろいろで，子どもや家庭の状況に応じて待ち合わせする。ボランティア報酬は1回3500円。自治体が設定する資格が必要で，大学の先生など各専門家や里親など実際の支援者の講座を受講し，面接を受けて認定される。資格は毎年更新。現在活動するのは，30人程度。福祉を学ぶ学生の登録も多く，サービスを受ける子どもに好評で効果も上がる一方，試験前に活動できない，就職すると活動が続けられなくなるなど学生ならではの課題もある。この訪問支援を受けて，勉強して高校へ入ったり，働いたりできるようになった子どもたちもいる。

　もう一つは，公共の子育てサロンなどで，地域のおばちゃんや，子育ての終わったママが子どもを3時間預かる。ボランティア報酬は1回1500円。自治体が設定する資格が必要で，9回の講座受講に加え実習を受けると認定される。

外部委託の活用

1．医療・学識者・社会福祉法人との連携

自治体情報	
人口規模	面積
5万人以上 10万人未満	約200km²

　自治体では，近隣の社会資源を大いに活用し連携することで，「切れ目のない支援」をめざす。

　たとえば，精神科の開業医の指導のもと，事例検討も含めて学習会を行い，エジンバラの読み取りや聞き取りのスキルを磨き，記録の方法にも反映した。記録は，電話や訪問によるフォローの際にも，状況が解消されているかどうかチェックするなど，データとして活用される。

　学識者とも連携があり，大学の先生に児童相談所との連携や市の守備範囲の考え方についてスーパーバイザーとして助言を受けたり，別の先生の協力のもと1歳半健診の際には発達障害を見抜くテストを臨床心理士が実施する。

　障害に関する相談支援センターは，「子ども」「就労支援」「お金の管理など日常生活支援」のサポートを行うが，「子ども」「就労支援」に関しては社会福祉法人へ委託している。障害児が大人になる際の移行に関しては，機関連携により支援の切れ目が発生しないように配慮されている。

　地域には発達障害に特化した市民自助グループがあり，その下部組織である発達障害の子どもたちと市民が運営する会も活発である。市が運営する集団療育の教室（診断が確定した子どもが対象）には，年中の子どもと家族を対象に入会が案内される。入会の説明会では，先輩お母さんによる就学時の体験発表や，参加者同士での意見交換が行われ，不安の軽減・孤独感の払拭が図られている。子どもが18歳を過ぎると，上部組織の自助グループに移行する。この自治体の自助グループには，障害児をもつ親，きょうだい，祖父母のほか，賛助会員として誰でも入れるようになっており，特別支援学級の担任は全員入っている状況である。

2．専門相談支援・委託による育児スキルトレーニングの実施

自治体情報	
人口規模	面積
10万人以上 30万人未満	100km² 未満

　当該自治体では，専門相談として，不登校の相談を臨床発達心理士が予約制で受ける。また，「子どもの最善の利益を考える」という観点から，数年前より弁護士が対応する相談窓口を開設した。離婚の際の親権・養育費・面会回数などについても，法的根拠に基づいたアドバイスを受けることができる。弁護士に対しては，自治体が謝礼を支払う仕組みをとっている。

　また，近隣の社会福祉法人に委託して，ペアレントトレーニング講座を年に2回開催する。トレーニングは全7回のカリキュラムで構成されており，座学とロールプレイングなどの実習も含まれる。基本は，参加希望者を募り抽選を行うが，子どもに手を上げてしまうケースや，育児やしつけに困り感がある保護者に対して参加を促す場合もある。

3．指定管理者制度の活用

自治体情報	
人口規模	面積
30万人以上	100km² 未満

　当該自治体では，子育て支援・虐待対応の拠点に関して，指定管理者制度を利用している。拠点では，子育てサロン，相談支援などの役割をもつほか，一部では虐待対応，ショートステイの調整，ヘルパー派遣，ボランティア派遣も行う。自治体の子ども家庭福祉主管課とは役割分担しつつさまざまなケースに対応する。ケース担当の決め方は，最初に受けた方が担当し，相談記録を共有することで重複担当を防ぐというルールにしている。

　指定管理者制度を用いて支援を自治体と拠点が行う場合，相談機能や虐待対応は両方が行っても，自治体は庁内の部署や要保護児童対策地域協議会（以下，要対協）・児相との連絡調整を受け持ち，拠点からの相談を共有し，大事な場面では表に立って対応するなどの姿勢を明確にしており，拠点との信頼関係が良好に保たれている。自治体としても施設を重複してもたないようにするなど，業務効率化の面でのメリットは大きい。

指定管理者制のよいところは，専門の職員の数を揃えられて，勤務歴が長いこと。また，業務委託より拠点に裁量があるので，プラスアルファのことができること。たとえば，子どもが大きくなり年齢的に支援対象から外れても見守りの必要があるという場合に，拠点の判断で月に数回，集まって，温かい食事を一緒に作って（おにぎりや味噌汁）一緒に食べて，「最近どう？」と世間話をし，居場所づくりをしている。ご飯が炊けるまでドリルをしたり，お誕生会やスイカ割りなど企画があり，集まった子ども同士も徐々にしゃべるようになる。不登校や特別支援級の子，家庭でご飯が十分食べられない子などが，都合のつく範囲で参加し，就職など自立すると巣立っていく。巣立ったOBが会をお手伝いに来ることもある。このように，自治体直営ではやりにくいチャレンジングなことも実行し，効果を上げることに成功している。

　ただし，情報共有では配慮が必要である。たとえば，拠点には住民基本台帳のシステムを置いていないので，情報照会は手続きが必要。自治体の職員と同じようにはいかない部分がある。

【現在の取り組み】
　ケースを自治体と拠点のどちらが担当するかの決め方は，施設の立地の区域とリンクさせて地域による担当割を考案中。

早期からの親子支援と情報の蓄積

1．保健センターが提供する親子遊びの場

自治体情報	
人口規模	面積
5万人未満	100km² 未満

　自治体の保健センターでは，保健師主催で，週に1回，保育園通園児または2歳児以下の家庭保育の子どもとその保護者を対象に親子遊びの場を提供している。このイベントのねらいは，発達に心配があるときの相談，親子での遊び体験不足の解消，お母さんたちに子どもとの関わりを学んでもらうこと。

　プログラムは保健師が作成しているが，大まかな流れは，参加者を確認し，リズム体操やおもちゃでの自由遊びをし，最後に紙芝居や絵本で締める。気候のよいときは，外に出て近隣を散歩することもある。保護者には，スマホ・おしゃべり禁止に協力していただき，自分の子どもとの関わりや声のかけ方を学んでもらう。

　臨床心理士も，年に2回ほど参加し，子どもの行動観察や保護者と面談する機会が設けられているほか，自治体のSSWも交代で参加する。

2．保健師による妊婦の全員面接とエジンバラの継続的な活用

自治体情報	
人口規模	面積
5万人以上 10万人未満	約100km²

　妊娠届・母子手帳交付のときに，自治体の保健師が全員面接を行っている。これにより，困り感や不安要素の聞き取りを行うほか，エジンバラの質問票も用いて，要対協の特定妊婦としてフォローするか，そこまでいかなくても相談で対応するなど孤立しない流れをつくる。エジンバラに関しては，妊娠届時，出産後，赤ちゃん訪問時に継続的に実施し，産後うつなどのお母さんを早期に支援できるよう，データとして活用する。

3．対面での情報収集と資料の蓄積

自治体情報	
人口規模	面積
5万人以上 10万人未満	約200km^2

　当該自治体では，「こんにちは赤ちゃん事業」は，100％近く実施。特定妊婦に該当するかどうか，エジンバラの回答結果，職業，実家との関わり，支援者の有無など，訪問スタッフが情報を共有できるかたちに資料作成し，もし学齢期に問題が起きた場合にも，この資料をもとに背景の分析が行われる。

　対面での情報収集には力を入れており，たとえば，保護者からの聞き取りが必要な場合は，「こんにちは赤ちゃん事業」で訪問したスタッフが同席し，話しやすい雰囲気づくりに努め，乳幼児定期健診でも，お母さんの待ち時間にスタッフが気さくに声かけし，近況の聞き取りを行う。必要に応じて，子育て情報を盛り込んだ定期発行のお便りを自宅訪問で手渡しすることもある。

　身近に支援者がいない，または，子育て支援のあそび場や教室に来ない家庭には，育児支援の家庭訪問・電話訪問などを継続的に実施していくことで，見守りを続け，地域や仲間とつながっていくことをめざす。育児不安が強い傾向にある第一子の母親に対しては，第一子の母子専用に教室を開催しており，赤ちゃんが3か月になったら一緒に外出する機会を設定し，自信をつけてもらう。

4．民間主催の子育てサロンに自治体が補助金を出し，社会資源を後押し

自治体情報	
人口規模	面積
10万人以上 30万人未満	100km^2 未満

　民間主催で，小さな子どもをもつ母親が集まる場が地域内に多数できていることを受け，自治体からそのような団体に補助金を出している。社会資源を増やし，見守りを増やすことで虐待などが少なくなると期待する。

5．支援の入り口の確保

自治体情報	
人口規模	面積
30万人以上	100km² 未満

　子育てに困り感やリスクがある場合でも，「支援を受けること」自体にハードルが高いと感じる保護者は少なくない。

　自治体の子育て拠点では，支援の入り口として非定型の一時保育サービスを提供している。保護者のリフレッシュや，あまり家庭から外に出たことがない子どもたちに対しても発達に有効であることを伝え，まずは拠点を使ってもらうツールとしても活用したい考えである。拠点を利用してもらい，保護者とのやり取りのなかで，信頼関係を構築していく。この一時保育は有料だが減免も設けられており，経済的な負担は少なく設定してある。

　一時保育のほかに，子育てママが参加するグループ懇談会というイベントも，支援の入り口の一つとなっている。全6回（1回2時間）のプログラムで，受講中の保育は無料という設定。懇談会の中身は海外で発祥した親教育支援プログラムで，参加者主体の懇談形式で子育てスキルを高め仲間づくりも目的としているため，スキルアップしたい保護者にも受け入れられやすい。

　支援の第一歩は，敷居の低いサービスを「まずは使ってもらうこと」と位置づけしている。

相談窓口をわかりやすく，使いやすくする工夫

1．課題別の支援機関一覧を作成，利用者にも提示・配布する

自治体情報	
人口規模	面積
5万人以上 10万人未満	約100km²

　自治体では，課題別（例：発達障害，医療ケアニーズ，教育関係など）に支援の機関のつながりと連絡先を記載した一覧を作成している。支援機関は，その機能と特色別にグルーピングされ，つながりを図表化されており，視覚的にもわかりやすく工夫されている。自治体の子ども家庭福祉主管課が業務で参照しているが，実際に保護者が相談に訪れた際に提示し，「子どもの周りにはこのような応援団がいますよ」という説明にも用いる。保護者は，この一覧表をもとに，必要な支援先に自ら連絡をすることも可能。一覧表のなかには，公的機関だけでなく，地域の医療機関，民間で運営するNPO法人や親の会や自宅サロンなども記載されており，さまざまな場所とつながることができる。一覧表上の機関同士は，横連携もしている。

2．相談の受け付け方法を多様化，留守電・メールもOK

自治体情報	
人口規模	面積
10万人以上 30万人未満	100km² 未満

　子ども家庭福祉にまつわる相談には，多様な内容が含まれることも多い。

　当該自治体では，この「よろず相談」をできるだけ利用しやすく，敷居を低くするための工夫として留守番電話やメールでの相談にも応じる。たとえば，平日の日中は仕事をしているために自治体などが開設する相談窓口に来ることが負担になるという保護者や，福祉のサービスを手続きする窓口に自ら行くことにハードルを感じるような場合でも，まずは，利用者の都合のよい時間に気軽に連絡していただきたい，というのがこの試みのねらいであるという。利用者が「困り感」を発信するための方法を選択できることは，相談の掘り起しと適切な支援に結びつくと期待される。自治体と

しては，近年，問題視される「子どもの貧困問題」の掘り起しにも力を入れたい考えである。

3．外国籍の方への支援（言葉の壁の克服）

自治体情報	
人口規模	面積
30万人以上	100km² 未満

　外国籍の方への支援にあたって難しい点として，言葉の壁，子育て文化の違いなどが挙げられる。

　当該自治体では，言葉の壁を，インターネット回線とタブレットを使用したリアルタイム通訳サービスを使って克服できている。インターネットや情報処理技術の有効な活用例といえる。ただし，この仕組みを導入するにあたっては，個人情報を扱うので，個人情報保護審議会の承認が必要であった。

５歳児へのフォロー　〜就学支援〜

１．地域のすべての５歳児を見守り，フォロー

自治体情報	
人口規模	面積
５万人以上 10万人未満	約100km²

　スタッフ６名体制で，公立・私立のすべての保育所に年６回程度の訪問を実施。保育所等訪問支援とは別に行われる。対象は，すべての５歳児とし，保護者や園がピックアップした子どもに限らない。訪問時には，５歳児クラスをすべて見回りし，事前に保育所が全保護者から回収した質問や困り事の文書をもとにカンファレンスを１時間半程度行う。１回の訪問は，半日程度を要する。学校教育の担当課も関わり，就学相談や適正就学にもつながるよう関係者が情報交換する。隣の自治体の保育所に通う場合も，ときどき出向いて情報収集に努める。就学後も，新１年生を対象に自治体主催の親子教室を半年間（月に１回）実施し，保護者の困り感や学校の対応について話を聞く。

　この事業の始まりは，児童精神科のドクターと保健師が中心となり，早期支援がどんなに子どもの発達に有効かという研究の追跡書を出したことによる。

２．相談の受け付け方法を多様化，留守電・メールもOK

自治体情報				
人口規模	面積	主要産業	出生数	
			平成27年度	平成28年度
10万人以上 30万人未満	約500km²	農業 卸売業・小売業 宿泊業	1,170	1,246

　当該自治体の５歳児健診は，５歳児をもつ保護者全員にアンケート調査をし，必要に応じて，近隣大学に精密検査委託というかたちで，個別の２次健診を行う。個別２次健診の対象児の保護者には，結果説明会（大学の先生，臨床心理士が説明）を設けて，就学支援を担っている担当者が同席し，保育所の先生が立ち会うこともある。必要な方には，自治体の教育センターの先生との面談もあり，療育機関の紹介も行われる。

この健診の実施前には，関係機関が顔合わせを行い，その年の受け入れ体制について説明が行われる。5歳児健診を始めてから，療育機関が足りないということが判明したため数を増やし，障害福祉の担当課が療育的な事業を行い，病院も増えた。保育所の保育士向けに大学の先生に研修会を実施していただき，保育士が対応のスキルアップをするなどの積み重ねで，現在の支援体制ができてきたという面もある。自治体では，保育士が提供する保育の質の確保に力を入れており，年間計画での保育士研修が設定されている。

　5歳児健診に力を入れ始めたのは，数年前からで，教育委員会の要望による。

専門機関の連携会議

1. 社会的養護の子どものために開催される支援会議，里親も参加

自治体情報	
人口規模	面積
5万人以上 10万人未満	約100km^2

　当該自治体では，要対協のケース会議とは別に，3か月に1回程度の頻度で，社会的養護のもとに養育されている子どものための個別会議も開催される。これは，子どもごとに関係者が集まって支援会議を行うもので，里親，児童養護施設の関係者，児童相談所，保育士や園長（学齢期の場合は学校の先生）など，その時点で子どもの生活圏に関わる支援者が参加する。会議を主催するのは，障害児のケースでは相談支援担当のケアプランナーであったり，小学生の場合は学校が中心になることもあり，さまざまである。

2. ケースを網羅した要対協

自治体情報	
人口規模	面積
5万人以上 10万人未満	約200km^2

　当該自治体の要対協は，中学校区に一つの割合で実務者会議が設けられており，それぞれの部会の構成は子どもたちの状態の変化によって柔軟に，しかし取りこぼしがないようにきめ細かくつくりこまれている。

　「こんにちは赤ちゃん事業」の訪問・面談から得られた情報をもとに，要支援・要保護を一括検討。家庭保育のケースを扱う部会で見守られる。保育所・幼稚園に入った子は別の部会に引き継がれ，就学した後でも虐待や要保護世帯の場合は就学児用の部会が支援を検討する。その他，乳幼児健診を経て，発達に心配がある場合は，発達支援担当の部会が受け皿になる。不登校があれば，原因別に，家庭に要因がある不登校のための部会で扱うか，いじめや学校の先生との人間関係などに原因があれば教育委員会が対応する。この切り分けは就学児用の部会が行う。中学校を卒業後に高校進

学や通信教育を受けずどこにも行かない場合には，社会的立ち直りを促す部会（ハローワークや若者サポート就労センターとも連携）があり，要保護児童をもれなく支援する体制をとる。最近の傾向では，援助交際などは事件化すると，問題行動を扱う部会に，小中学校の先生のほかに警察・保護司会・児童相談所も関わる。

　会議の開催は，実務者会議が月に1回。その他，各部会は3〜5ブロックに分かれて1学期ごとに1回開催しているため，延べで年間78回程度。

　会議の開催回数も多いため個別ケース検討会議はチーム編成し，リーダー主軸で行うというのがルールになっている。身体的虐待の職権保護を除き，自治体の子ども家庭福祉主管課では会議を開催しない。リーダーを人選したらチームで適宜会議を開催し，リーダーと子ども家庭福祉主管課で情報交換する。ただし，児童相談所とのやり取りは，必ず子ども家庭福祉主管課が窓口になり，リーダーに伝達する。

【現在の取り組み】
　部会の構成は，必要に応じて見直され，現在は療育部会の立ち上げを検討中。

里親の育成と活用

1. 里親育成講座を都道府県と共催，ファミリーホーム設置促進

自治体情報	
人口規模	面積
5万人以上 10万人未満	約100km²

　当該自治体では，数年前より自治体内にファミリーホームを増やすための設置促進事業に取り組み，都道府県とは別に自治体が助成金を出す仕組みをつくったが，そのなかでわかったことは，ファミリーホームの管理者になる担い手が少ないということであった。そこで，管理者の育成という目標で里親を育成するための事業を考案し，自治体が独自に里親育成のための入門講座を開催した。ちょうど都道府県でも同様の講座を設けていたため，別々に行うよりは共催でやりましょうとなり，現在に至る。

　当初の目的であるファミリーホームの設置促進のためには，実際に里親をしている方々からお知恵をいただきたいという思いもあり，自治体が都道府県と相談したところ，里親会を紹介されてつながりをもつことができるようになった。国内の法人型ファミリーホームを見学し参考にするなど，地道な取り組みが実り，新規に法人型のファミリーホームを設立するに至っている。

2. 一時保護先の確保

自治体情報	
人口規模	面積
10万人以上 30万人未満	100km² 未満

　ハイリスクだが何かが起こっているわけではない場合，自治体が一時保護で対応するが，当該自治体は区域内に児童養護施設がある（乳児院はない）ので里親を保護先にできない。このような状況下，施設に空きがない場合や2歳未満の子どもを保護する場合には，これまで対応に苦慮してきた。打開策として，里親会の事務局を通じて，里親を保護先に利用できるように関係機関と調整を行っている。また，老朽化した児童養護施設の改修時に，一時保護用にスペースを確保することも検討し，計画的

に体制を整えている。

3．個人宅をショートステイに活用

自治体情報	
人口規模	面積
30万人以上	100km² 未満

　当該自治体では，将来的な里親育成も念頭に，個人宅をショートステイとして活用する試みを始めた。

　ショートステイの実情として，定員3名でも必ずしも3名は受けられない。高学年で男女の場合や，発達に課題があり大人の手が必要な場合，静かな環境でないと落ち着けない子の預かりなどは，定員に満たなくても受け入れができないこともある。近隣の施設型ショートも要支援で8〜9割埋まっている状況のため，自治体では，個人宅でショートステイを受け入れていただくという事業を開始する。これにより，要支援ではない家庭のショートステイのニーズ対応もできればと考える。報酬は，1日1人預かりにつき1万2000円。そのうち，自治体が9000円委託料として負担し，利用者は保育料3000円を負担する。現在3件の登録あり。ショートステイを受け入れる家庭には資格を設け，研修と登録と面接と実際のお宅の状況確認を経て，自治体が認定する。

地域密着の包括支援

地域密着のなんでも相談室

自治体情報	
人口規模	面積
5万人以上 10万人未満	約100km^2

　当該自治体では，地域密着で，子どもからお年寄りに関することまで何でも受け付ける相談室を小学校区に一つの割合で設置している。これらの相談室を束ねるのは，地域包括支援センターが担う。

　自治体の人口規模では，地域包括支援センターは5か所程度必要だが，現在直営1か所を置き，ブランチとして相談室を機能させている。「幼児が大きな道路まで出てきていた」「近所にいつも泣いている子がいる」「犬が市内を走っている」等，住民が気がついたことは何でも寄せられ取り扱う。情報伝達も，住民や地域ボランティア⇒民生委員や班長⇒相談室（守秘義務をもつ市の職員）⇒本庁の担当課⇒専門機関（フィードバック時は，逆の流れ）などと滞りなくつながるよう，相談室のスタッフは相談事をどこにつなぐのが適切かについて普段から研修や連携会議を行う。

　地域の情報は，相談室以外にも，保育園・小学校から地域の担当保育士が情報を受けるケースもあり，地域住民と自治体がいつでも気軽に情報連携できるための窓口が多様に用意されている。

【人事異動について】

　この相談室は，2005年から地域福祉計画に基づき設置されてきた。地域に根付かせるために，人事異動は控え，2017年4月に初めて大きな異動があった。10年以上大きな異動を行わなかったことになるが，取り組みの甲斐があり，相談室は地域にしっかりと根を張っている。現在は，職員への教育的配慮も兼ねて，相談室単位の地域のまちづくり，住民特性，健康課題に合わせて，看護師・介護福祉士・社会福祉士・ケアマネージャーの資格をもつ職員をバランスのいいかたちに再配置にしている。高齢者が多い地区には，昔の方言が使える職員が配属されるなど，住民への配慮はきめ細かい。15の相談室に配置される職員数は31名。

支援機関同士の情報共有

1．正確な情報連携で福祉部門間が連携

自治体情報	
人口規模	面積
5万人未満	約100km²

　子ども家庭福祉主管課と母子保健，教育委員会，生活保護など他の福祉部門とは，連携し情報交換できる体制が出来上がっている。

　情報共有の方法については，記録の閲覧と職員同士の対話によるが，細かなニュアンスや正確な状況の伝達が可能な対話による方法をとることが多い。同じ施設内に関係者が揃うと，すぐに確認や簡易な打ち合わせができ，同行訪問など支援の機動力が上がるメリットがある，というのが現場の実感であるという。

2．データを蓄積し，支援関連の4課で共有

自治体情報	
人口規模	面積
10万人以上 30万人未満	100km² 未満

　自治体では，2006年ごろから，子ども家庭福祉の支援で収集したデータを蓄積している。家族が世代を超えて同じ課題を抱える「連鎖」にもデータを活かしたい考え。

　データ，課内の4部門間で情報にリンクを張って共有を始めている。要対協でも情報のとらえ方が専門分野で異なるので，処遇（緊急度）の判断も部会によりばらつきがある。共通情報をもちつつ支援について意見交換する環境が好ましいと考える。

　膨大な量なのでコンピューターシステム化して，情報共有のツールとしても使いたいという希望はあるが，現時点ではシステム構築までは至っていない。システム構築には，個人情報をどこまで開示するか，セキュリティー対策をどうするか，費用をどう捻出するか，など課題も多いが，情報共有のほか，連携ミスなど人為的な要因で支援の取りこぼしをチェックできればメリットは大きい。

３．共有サーバーにデータを蓄積，情報保護にも配慮

自治体情報	
人口規模	面積
30万人以上	約300km^2

　当該自治体では，敷地内の建屋に母子保健，子ども・子育て支援施策の担当課，障害福祉担当課など，子ども福祉に関連する部署が集結する。

　情報共有の方法は，同じ建屋の部門間では共通のサーバーに情報を保管し，必要な情報を特別なシステム構築なしに共有している。一部，ネットワークの接続制限などで閲覧ブロックを設定し，情報の保護にも配慮する。共通情報に基づき，関係者は近くにいるためいつでも相談でき，いつでも同行訪問できる機動力がつく。

　共有情報の内容は，住民基本情報，児童扶養手当システム，ひとり親家庭の情報など。納税（所得）に関する情報は一部の関係者のみが閲覧可能である。

　敷地外の他部署との情報連携が必要な場合は，電話などを利用している。現状では，生活保護に関する情報，教育委員会の情報がこれにあたる。

４．離れた拠点ともネットワーク回線を結ぶリアルタイム情報共有

自治体情報	
人口規模	面積
30万人以上	100km^2 未満

　当該自治体では，子ども家庭福祉主管課と支援の拠点が離れた場所に存在する。

　それぞれが相談支援の窓口として機能し，なおかつ重複してケース管理することがないよう，相談履歴はリアルタイムで共有できるようにネットワーク回線を結んだ。情報保護の観点から，支援拠点では住民情報を閲覧できるわけではないので，そのつど関係機関に電話確認することによって取得する情報と組み合わせて活用している。

　情報連携は支援連携においてなくてはならないが，たとえば，支援拠点で開催したイベントの相談窓口で発達に関する相談が寄せられた場合には発達支援センターへつなぐなど，それぞれの担当課が連携する流れができており，支援の機関・部署・人がしっかりとつながっている。そのうえで，情報処理技術やネットワークの構築を利用し，支援が適切に行われることをめざしたい考えである。

【今後の取り組み】

　専門機関同士が連携する場合の情報連携も大変重要となるが，たとえば，保健所と

虐待対応の支援拠点の機関連携において，母子保健で保健師がもつ情報を虐待対応に引き渡すときに，属人的な判断になってしまうのでは対応がバラついてしまい，問題がある。共通のアセスメントシートを持ち，一定のルールでハイリスクの把握をしていくなど体制整備が必要と考えている。

子どもに関わる分野横断的な仕組み

地域ニーズを追いかけながら，新しい仕組みを構築していく

自治体情報	
人口規模	面積
5万人未満	450km² 未満

【経緯】

　当該自治体では，2016年に，住民に求められているニーズを把握するためのワークショップを市内数か所で開催した。その結果，潜在的な地域ニーズとして「手帳を持たない児・者の支援」「保育，教育，福祉の連携」が求められていることがわかった。これを受け，2017年に「発達支援室」を，2019年には「子ども家庭総合支援室」（子ども家庭総合支援拠点のこと）を市役所内に立ち上げ，現在は発達支援と児童福祉（虐待予防），教育が切れ目なく連携しながら子ども家庭支援の充実に向けて動き出している。

【体制】

　「発達支援室」は保健師，保育士，事務職，教員OB，「子ども家庭総合支援室」は事務職，保健師，保育士の体制を組んでおり，また，教育委員会職員が「発達支援室」「子ども家庭総合支援室」の兼務となっており，教育と福祉の連携強化を図っている。

【特徴】

　2016〜18年に「発達支援室」を設置するプロセスのなかで，自治体職員が「地域ニーズを追いかけながら，自治体が新しい仕組みを構築していく」ことを体験的に認識できたことが大きかった。その後，「発達支援室」はもちろん，障害，児童福祉，生活困窮，教育委員会など担当者同士が実務的に連携していくなかで，現状の行政サービスでは対応しきれていない層の住民に目が向き，「子ども家庭総合支援室」を設置することとなった。2019年度からは，関係機関の連携はもちろん，発達支援室が市内小中学校の教員向けに研修を行うなど，福祉と教育による新しい試みも行っている。

　また，こうした流れを受け，自治体内では，年齢別・症状別の支援形態に軸足を置

きつつ，ひきこもりや生活困窮など社会的困り感にも対応した「切れ目のない相談体制の整備」（地域共生社会の実現）への機運も高まっている。

■編著者紹介

柏女霊峰（かしわめ・れいほう）

児童相談所，厚生省を経て，現在，淑徳大学総合福祉学部教授・同大学院教授

近著に，『平成期の子ども家庭福祉——政策立案の内側からの証言』（生活書院，2019年），『子ども家庭福祉学序説——実践論からのアプローチ』（誠信書房，2019年）

■著者紹介（執筆順）

藤井康弘（ふじい・やすひろ）

厚生労働省を経て，現在，養育里親，NPO法人東京養育家庭の会参与，全国家庭養護推進ネットワーク代表幹事，一般社団法人共生社会推進プラットフォーム理事長

論文に，「里親と施設の連携と協働」（『子どもと福祉』Vol.12，2019年）

北川聡子（きたがわ・さとこ）

社会福祉法人麦の子会総合施設長

論文に，「巻頭寄稿　発達障害の子どもたち」（『社会的養護とファミリーホーム』Vol.9，2019年），「発達障がいの子どもを地域で育むソーシャルワーク」（『ソーシャルワーク研究』44(4)，2019年）

佐藤まゆみ（さとう・まゆみ）

淑徳大学短期大学部准教授，博士（社会福祉学）

著書・論文に，『市町村中心の子ども家庭福祉——その可能性と課題』（生活書院，2012年），「市町村における子ども家庭福祉行政実施体制の評価と課題」（『和洋女子大学紀要』57，2017年）

永野　咲（ながの・さき）

昭和女子大学人間社会学部助教，博士（社会福祉学）

論文・著書に，「社会的養護措置解除後の生活実態とデプリベーション——二次分析による仮説生成と一次データからの示唆」（『社会福祉学』54(4)，2014年），『社会的養護のもとで育つ若者の「ライフチャンス」』（明石書店，2017年）

子ども家庭福祉における
地域包括的・継続的支援の可能性
──社会福祉のニーズと実践からの示唆

2020 年 1 月 10 日　初版第 1 刷発行

編著者　　柏 女 霊 峰

発行者　　宮 下 基 幸

発行所　　福村出版株式会社
〒113-0034　東京都文京区湯島 2-14-11
電　話　03-5812-9702
Ｆ Ａ Ｘ　03-5812-9705
https://www.fukumura.co.jp

印　刷　株式会社文化カラー印刷

製　本　協栄製本株式会社

© 2020 Reiho Kashiwame　Printed in Japan
ISBN978-4-571-42073-3 C3036
乱丁・落丁本はお取替えいたします。
定価はカバーに表示してあります。

福村出版◆好評図書

柏女霊峰 監修／槇 英子・齊藤 崇・江津和也・桃枝智子 編著

保育者の資質・能力を育む
保育所・施設・幼稚園実習指導

◎2,000円　　ISBN978-4-571-11045-0　C3037

保育所・施設・幼稚園実習を通して保育者の資質・能力を総合的に育み，学生主体の学びを促す実践的テキスト。

加藤邦子・牧野カツコ・井原成男・榊原洋一・浜口順子 編著

子どもと地域と社会をつなぐ
家庭支援論

◎2,400円　　ISBN978-4-571-11037-5　C3037

子どもをとりまく環境の著しい変化や多様な家庭を受け止め，子育ての困難さの原因を見極める技量を養う。

林 浩康 著

子どもと福祉
子ども・家族支援論〔第3版〕

◎2,300円　　ISBN978-4-571-42067-2　C3036

子ども福祉の理念・原理論と制度論および子ども・家族支援の実践論から，子どもを取り巻く社会的制度を解説。

家庭的保育研究会 編

地域型保育の基本と実践
●子育て支援員研修〈地域保育コース〉テキスト

◎2,400円　　ISBN978-4-571-11043-6　C3037

3歳児までの保育の基礎知識と保育者の基本的態度を学ぶ，地域型保育に携わる全ての保育者のためのテキスト。

松宮透髙・黒田公美 監修／松宮透髙 編
子ども虐待対応のネットワークづくり1

メンタルヘルス問題のある
親の子育てと暮らしへの支援
●先駆的支援活動例にみるそのまなざしと機能

◎2,300円　　ISBN978-4-571-42514-1　C3336

子ども虐待と親のメンタルヘルス問題との接点に着目し，多様な生活支援の取り組みを実践者が例示した書。

C.A.ネルソン・N.A.フォックス・C.H.ジーナー 著／上鹿渡和宏 他 監訳

ルーマニアの遺棄された子どもたちの
発達への影響と回復への取り組み
●施設養育児への里親養育による早期介入研究（BEIP）からの警鐘

◎5,000円　　ISBN978-4-571-42071-9　C3036

早期の心理社会的剥奪が子どもの発達に与えた影響を多方面から調査し，回復を試みたプロジェクトの記録。

川崎二三彦 編著

虐　待「嬰　児　殺」
●事例と歴史的考察から考える子ども虐待死

◎6,000円　　ISBN978-4-571-42072-6　C3036

新生児など0歳児の虐待死について，公判傍聴などにより詳細な実情把握を行い，発生要因や防止策を検討。

◎価格は本体価格です。